MANUAL DE IMPROBIDADE ADMINISTRATIVA

FELIPE FERNANDES
JOSÉ ROBERTO MELLO PORTO
RODOLFO PENNA

MANUAL DE IMPROBIDADE ADMINISTRATIVA

PREFÁCIO
RAFAEL CARVALHO REZENDE OLIVEIRA

Copyright © 2022 by Editora Letramento
Copyright © 2022 by Felipe Fernandes
Copyright © 2022 by José Roberto Mello Porto
Copyright © 2022 by Rodolfo Penna

Diretor Editorial | **Gustavo Abreu**
Diretor Administrativo | **Júnior Gaudereto**
Diretor Financeiro | **Cláudio Macedo**
Logística | **Vinícius Santiago**
Comunicação e Marketing | **Giulia Staar**
Assistente de Marketing | **Carolina Pires**
Assistente Editorial | **Matteos Moreno e Sarah Júlia Guerra**
Designer Editorial | **Gustavo Zeferino e Luís Otávio Ferreira**

Conselho Editorial | **Alessandra Mara de Freitas Silva; Alexandre Morais da Rosa; Bruno Miragem; Carlos María Cárcova; Cássio Augusto de Barros Brant; Cristian Kiefer da Silva; Cristiane Dupret; Edson Nakata Jr; Georges Abboud; Henderson Fürst; Henrique Garbellini Carnio; Henrique Júdice Magalhães; Leonardo Isaac Yarochewsky; Lucas Moraes Martins; Luiz Fernando do Vale de Almeida Guilherme; Nuno Miguel Branco de Sá Viana Rebelo; Renata de Lima Rodrigues; Rubens Casara; Salah H. Khaled Jr; Willis Santiago Guerra Filho.**

Todos os direitos reservados.
Não é permitida a reprodução desta obra sem
aprovação do Grupo Editorial Letramento.

Dados Internacionais de Catalogação na Publicação (CIP) de acordo com ISBD

F363m	Fernandes, Felipe
	Manual de improbidade administrativa / Felipe Fernandes, José Roberto Mello Porto, Rodolfo Penna. - Belo Horizonte, MG : Casa do Direito, 2022.
	198 p. ; 15,5cm x 22,5cm.
	Inclui anexo.
	ISBN: 978-65-5932-165-0
	1. Direito público. 2. Direito administrativo. 3. Improbidade administrativa. I. Porto, José Roberto Mello. II. Penna, Rodolfo. III. Título.
2022-491	CDD 341
	CDU 342

Elaborado por Odilio Hilario Moreira Junior - CRB-8/9949

Índice para catálogo sistemático:
1. Direito 341
2. Direito 342

Belo Horizonte - MG
Rua Magnólia, 1086
Bairro Caiçara
CEP 30770-020
Fone 31 3327-5771
contato@editoraletramento.com.br
editoraletramento.com.br
casadodireito.com

Casa do Direito é o selo jurídico do
Grupo Editorial Letramento

sumário

9 APRESENTAÇÃO
Felipe Fernandes
José Roberto Mello Porto
Rodolfo Penna

11 PREFÁCIO
Rafael Carvalho Rezende Oliveira

13 *IMPROBIDADE ADMINISTRATIVA (LEI 8.429/92)*

15 *CAPÍTULO 1*
PANORAMA GERAL DA IMPROBIDADE ADMINISTRATIVA

- 15   1.1. FUNDAMENTO NORMATIVO
- 16   1.2. CONCEITO
- 18   1.3. DIREITO INTERTEMPORAL: RETROATIVIDADE DA LEI 14.230/2021
- 24   1.4. FISCALIZAÇÃO E PREVENÇÃO

27 *CAPÍTULO 2*
ELEMENTOS CONSTITUTIVOS DO ATO DE IMPROBIDADE ADMINISTRATIVA

- 27   2.1. SUJEITO ATIVO
  - 28   2.1.1. AGENTES PÚBLICOS
  - 29   2.1.2. AGENTES POLÍTICOS
  - 30   2.1.3. TERCEIROS
    - 31   2.1.3.1. PESSOA JURÍDICA
  - 32   2.1.4. PARTICULARES QUE CELEBRARAM AJUSTES COM A ADMINISTRAÇÃO PÚBLICA
  - 33   2.1.5. SUCESSORES

34   2.2. SUJEITO PASSIVO DO ATO

36   2.3. CONDUTA ÍMPROBA (ESPÉCIES DE ATOS DE IMPROBIDADE ADMINISTRATIVA)

    38   2.3.1. ATOS DE IMPROBIDADE ADMINISTRATIVA QUE IMPORTAM ENRIQUECIMENTO ILÍCITO (ART. 9º)

    41   2.3.2. ATOS DE IMPROBIDADE ADMINISTRATIVA QUE CAUSAM PREJUÍZO AO ERÁRIO (ART. 10)

    46   2.3.3. ATOS DE IMPROBIDADE ADMINISTRATIVA QUE ATENTAM CONTRA OS PRINCÍPIOS DA ADMINISTRAÇÃO PÚBLICA (ART. 11)

    52   2.3.4. IMPROBIDADE NA ORDEM URBANÍSTICA (ART. 52 DA LEI 10.257/2001 – ESTATUTO DA CIDADE)

53   2.4. ELEMENTO SUBJETIVO (DOLO OU CULPA)

    55   2.4.1. TEORIA DA CEGUEIRA DELIBERADA (OU TEORIA DO AVESTRUZ) EM ATOS DE IMPROBIDADE ADMINISTRATIVA

59   *CAPÍTULO 3*
SANÇÕES

63   3.1. INDEPENDÊNCIA ENTRE AS INSTÂNCIAS E *BIS IN IDEM*

71   *CAPÍTULO 4*
PROCEDIMENTOS DE APURAÇÃO DE IMPROBIDADE ADMINISTRATIVA

71   4.1. PROCEDIMENTO ADMINISTRATIVO DE APURAÇÃO

73   4.2. INQUÉRITO CIVIL

    76   4.2.1. PROCEDIMENTO

        77   4.2.1.1. INSTAURAÇÃO

        78   4.2.1.2. INSTRUÇÃO

        79   4.2.1.3. CONCLUSÃO

    82   4.2.2. RECOMENDAÇÃO

CAPÍTULO 5
AÇÃO DE IMPROBIDADE ADMINISTRATIVA

5.1. NATUREZA JURÍDICA
5.2. AÇÃO DE IMPROBIDADE ADMINISTRATIVA E AÇÃO CIVIL PÚBLICA
5.3. COMPETÊNCIA
- 5.3.1. COMPETÊNCIA DE JUSTIÇA
- 5.3.2. COMPETÊNCIA TERRITORIAL
- 5.3.3. COMPETÊNCIA DE TRIBUNAL (FORO POR PRERROGATIVA DE FUNÇÃO)

5.4. LEGITIMIDADE
- 5.4.1. LEGITIMIDADE ATIVA
    - 5.4.1.1. PROCESSO DE CONHECIMENTO
    - 5.4.1.2. *DIREITO INTERTEMPORAL*
    - 5.4.1.3. *INTERVENÇÃO DA PESSOA JURÍDICA INTERESSADA*
    - 5.4.1.4. *LEGITIMIDADE BIFRONTE*
    - 5.4.1.5. LIQUIDAÇÃO E EXECUÇÃO
- 5.4.2. LEGITIMIDADE PASSIVA

5.5. PROCEDIMENTO
- 5.5.1. FASE POSTULATÓRIA: PETIÇÃO INICIAL, CONTESTAÇÃO E RÉPLICA
    - 5.5.1.1. DEFESA DO AGENTE PÚBLICO PELA ADVOCACIA PÚBLICA
- 5.5.2. FASE SANEADORA: JULGAMENTO CONFORME O ESTADO DO PROCESSO E DECISÃO DE SANEAMENTO
- 5.5.3. FASE INSTRUTÓRIA: PRODUÇÃO DE PROVAS
- 5.5.4. FASE DECISÓRIA: SENTENÇA
    - 5.5.4.1. CRITÉRIOS E FUNDAMENTAÇÃO
    - 5.5.4.2. PRINCÍPIO DA CORRELAÇÃO
- 5.5.5. DESPESAS PROCESSUAIS
- 5.5.6. MEIOS IMPUGNATIVOS
- 5.5.7. FASE EXECUTIVA: CUMPRIMENTO DE SENTENÇA

- 111 5.5.7.1. LEGITIMIDADE
- 113 5.5.7.2. UNIFICAÇÃO
- 114 5.5.7.3. PARCELAMENTO
- 114 5.5.7.4. MEIOS EXECUTIVOS

116 **5.6. MEDIDAS CAUTELARES**
- 116 5.6.1. INDISPONIBILIDADE DOS BENS
  - 117 5.6.1.1. REQUISITOS
  - 119 5.6.1.2. EXTENSÃO
  - 120 5.6.1.3. SUBSTITUIÇÃO E READEQUAÇÃO
  - 121 5.6.1.4. VEDAÇÕES
  - 123 5.6.1.5. MOMENTO
  - 124 5.6.1.6. RECURSO
- 125 5.6.2. AFASTAMENTO DO AGENTE PÚBLICO

127 *CAPÍTULO 6*
ACORDO DE NÃO PERSECUÇÃO CÍVEL

127 **6.1. HISTÓRICO**

131 **6.2. REQUISITOS**

132 **6.3. MOMENTO**

133 **6.4. DESCUMPRIMENTO**

135 *CAPÍTULO 7*
PRESCRIÇÃO

135 **7.1. PRAZOS**
- 136 7.1.1. IMPRESCRITIBILIDADE DAS AÇÕES DE RESSARCIMENTO AO ERÁRIO

139 **7.2. INTERRUPÇÃO**

141 **7.3. SUSPENSÃO**

143 QUADRO COMPARATIVO DE LEGISLAÇÃO

171 QUESTÕES COMENTADAS

APRESENTAÇÃO

Após intensos debates na doutrina, jurisprudência e em âmbito legislativo, a Lei nº 8.429/1992 foi profundamente alterada pela Lei nº 14.320/2021, o que resultou em um diploma consideravelmente modificado, levando boa parte dos operadores do direito a falaram em uma Nova Lei de Improbidade Administrativa.

Diante desse novo paradigma legislativo, torna-se imperioso que os estudantes e profissionais do direito tomem conhecimento das principais mudanças e consigam se situar perante a lógica doravante imposta no sistema de responsabilização por atos de improbidade administrativa.

Cientes disso, buscamos elaborar uma obra, de leitura completa, mas também simples e objetiva, para que os leitores possam desenvolver uma visão analítica, mas também crítica acerca do novo diploma.

Felipe Fernandes

Procurador do Estado de São Paulo. Doutorando e mestre em Direito Administrativo pela PUC-SP. Especialista em Direito do Estado pela Escola Superior da Procuradoria Geral do Estado de São Paulo (ESPGE).

José Roberto Mello Porto

Defensor Público do Estado do Rio de Janeiro. Ex-assessor da Presidência do Supremo Tribunal Federal. Doutorando e mestre em Direito Processual pela UERJ. Presidente da Comissão de Estudos em Processo Civil da OAB - Seccional Rio de Janeiro.

Rodolfo Penna

Procurador do Estado de São Paulo (2018). Ex-Técnico Judiciário do TRF2. Mestrando em Direito Administrativo pela PUC-SP.

PREFÁCIO

A preocupação crescente com o combate à corrupção integra a agenda dos países que buscam implementar instrumentos de governança capazes de garantirem uma Administração Pública ética, transparente e eficiente.

Como já afirmei, em outra oportunidade, a corrupção é inimiga da República, uma vez que significa o uso privado da coisa pública, quando a característica básica do republicanismo é a busca pelo "bem comum", com a distinção entre os espaços público e privado.

Em sua obra clássica, Raízes do Brasil, Sérgio Buarque de Holanda afirma que a corrupção pode ser historicamente diagnosticada no Brasil pela caracterização do brasileiro como "homem cordial". Nesse contexto, a "cordialidade" não é utilizada como sinônimo de "boas maneiras" ou civilidade, mas, sim, para se referir à tendência do povo brasileiro em afastar o formalismo e o convencionalismo social em suas relações.

Com o intuito de prevenir e combater os atos de corrupção, o ordenamento jurídico pátrio tem consagrado um arsenal normativo de combate à corrupção que denomino de "Sistema Brasileiro de Combate à Corrupção" (SBCC). No interior desse sistema não faltam leis que buscam prevenir e reprimir atos de corrupção, tais como: Lei 8.429/1992 (Lei de Improbidade Administrativa – LIA), leis que definem os denominados crimes de responsabilidade (exemplos: Lei 1.079/1950 e Decreto-lei 201/1967), Código Penal, LC 64/1990 (hipóteses de inelegibilidade), Lei 12.846/2013 (Lei Anticorrupção), entre outros diplomas legais.

No cenário de diplomas legais que integram o SBCC, destaca-se a Lei 8.429/1992 (Lei de Improbidade Administrativa – LIA), profundamente alterada pela Lei 14.230/2021, considerada um dos principais instrumentos no combate à corrupção administrativa.

Esse é exatamente o tema do novo livro "Manual de Improbidade Administrativa", escrito pelos competentes professores Felipe Fernandes, José Roberto Mello Porto e Rodolfo Penna.

Honrado, recebi o convite para elaborar o prefácio da obra, que é marcada pela atualidade do tema e pela objetividade do texto dentro da proposta de constituir um "breve manual" como indicado no seu título.

Os autores possuem experiência em sala de aula e visão prática, fruto das respectivas atuações profissionais, o que reforça a relevância da obra.

José Roberto Mello Porto é um amigo fraterno, Defensor Público no Estado do Rio de Janeiro, ex-assessor do Supremo Tribunal Federal, Doutorando em Direito pela UERJ, professor e escritor. Felipe Fernandes e Rodolfo Penna são professores em cursos preparatórios e colegas de advocacia pública, exercendo suas funções junto à prestigiosa Procuradoria-Geral do Estado de São Paulo.

A obra pretende servir de material de apoio e de rápida consulta para os candidatos que se preparam para concursos públicos, inclusive com a apresentação de quadro comparativo da legislação (antes e depois da reforma promovida pela Lei 14.230/2021) e questões comentadas.

Desejo aos leitores uma ótima leitura, com a convicção de que o livro pode servir como aliado na preparação de concursos públicos.

Fevereiro/2022.

Rafael Carvalho Rezende Oliveira

Visiting Scholar pela Fordham University School of Law (New York). Doutor em Direito pela UVA-RJ. Mestre em Teoria do Estado e Direito Constitucional pela PUC-RJ. Especialista em Direito do Estado pela UERJ. Professor Titular de Direito Administrativo do IBMEC. Professor do Programa de Pós-graduação Stricto Sensu em Direito – Mestrado e Doutorado – da Universidade Veiga de Almeida. Professor do Mestrado Acadêmico em Direito da Universidade Cândido Mendes. Professor de Direito Administrativo da EMERJ. Procurador do Município do Rio de Janeiro. Árbitro. Advogado. Sócio fundador do escritório Rafael Oliveira Advogados Associados. E-mail: contato@roaa.adv.br. Autor dos livros: Curso de Direito Administrativo, 10. ed., Rio de Janeiro: Forense, 2022; Improbidade administrativa, 9ª ed., Rio de Janeiro: Forense, 2022 (coautoria); Comentários à Reforma da Lei de Improbidade Administrativa, Rio de Janeiro: Forense, 2022 (coautoria); ente outros.

IMPROBIDADE ADMINISTRATIVA (LEI 8.429/92)

capítulo 1
PANORAMA GERAL DA IMPROBIDADE ADMINISTRATIVA

1.1. FUNDAMENTO NORMATIVO

Do ponto de vista do fundamento normativo, a responsabilização por improbidade administrativa tem base constitucional, prevista no art. 37, §4º, da **Constituição Federal**:

> Art. 37 § 4º Os atos de improbidade administrativa importarão a suspensão dos direitos políticos, a perda da função pública, a indisponibilidade dos bens e o ressarcimento ao erário, na forma e gradação previstas em lei, sem prejuízo da ação penal cabível.

Por sua vez, a **lei 8.429/92** regulamentou o dispositivo constitucional[1], prevendo os atos de improbidade administrativa, as sanções, os sujeitos que podem ser responsabilizados por estes atos e os procedimentos administrativo e judicial de apuração pertinentes, por meio dos quais, segundo José dos Santos Carvalho Filho, "se pretende o reconhecimento judicial de condutas de improbidade na Administração, perpetradas por administradores públicos e terceiros, e a consequente

---

[1] Sobre a importância da lei de improbidade administrativa, citamos Waldo Fazzio Junior: "Com o advento da Lei nº 8.429/92, diploma legal concretizador do programa explicitado no art. 37, §4º, da Constituição Federal, se tornou possível alcançar gama mais expressiva de ilicitudes cometidas por agentes públicos e terceiros, bem como a imposição de sanções mais enérgicas, no sentido de que disponibilizam alternativas dotadas de potencial intimidativo mais consistente". (FAZZIO JÚNIOR, Waldo. Improbidade administrativa: doutrina, legislação e jurisprudência. 2. ed. São Paulo: Atlas, 2014, p.13)

aplicação das sanções legais, com o escopo de preservar o princípio da moralidade administrativa[2]".

No entanto, posteriormente, tivemos a publicação da **lei 14.230/2021**, que alterou substancialmente a lei de improbidade administrativa, modificando o regime de responsabilização com base nesta lei.

1.2. CONCEITO

O **ato de improbidade administrativa** é uma **conduta desonesta com a coisa pública**, que afronte valores juridicamente protegidos (pela lei) e relevantes para o interesse público.

Mais amplamente, a **improbidade** é assim definida por Ricardo Marcondes Martins[3]:

> "Improbidade" vem do substantivo latino *improbitas, tatis*, que significa "má qualidade", "maldade", "perversidade". Daí o conceito jurídico: improbidade é uma *imoralidade qualificada pela desonestidade do agente*.

O intuito do legislador e do constituinte, no combate à improbidade, **é resguardar o erário e, ainda além, manter a lisura no trato da coisa pública** (*res publica*), finalidade tradicionalmente presente em nosso ordenamento, desde as ordenações lusitanas, na ação popular. O **direito protegido é difuso**, pertencente a toda a coletividade.

A esse respeito, pode-se apontar que os direitos difusos são[4]:

a. Transindividuais, pertencentes a coletividade formada por sujeitos indeterminados e indetermináveis;

b. Indivisíveis (impassíveis de serem divididos – de fato, seria impossível que a probidade fosse resguardada para parcela da sociedade e não para outra);

---

2 CARVALHO FILHO, José dos Santos. Manual de direito administrativo. 24. ed. Rio de Janeiro: Lumen Juris, 2011, p. 984.

3 MARTINS, Ricardo Marcondes. Estudos de Direito Administrativo Neoconstitucional. São Paulo: Malheiros, 2015, p. 641.

4 Assim conceitua a lei o direito difuso, no Código de Defesa do Consumidor: Art. 81 Parágrafo único. A defesa coletiva será exercida quando se tratar de: I - interesses ou direitos difusos, assim entendidos, para efeitos deste código, os transindividuais, de natureza indivisível, de que sejam titulares pessoas indeterminadas e ligadas por circunstâncias de fato.

c. Decorrentes de situação de fato (homogênea) – ou seja, não existindo necessária relação jurídica anterior entre os membros ou entre cada membro e a parte contrária.

Um exemplo esclarecedor é o direito ao meio ambiente saudável, em todas as suas acepções, protegido quando se pretende cessar a poluição gerada por uma fábrica, já que o ar prejudicado será partilhado por toda a coletividade. Igualmente, é o que ocorre no trato do patrimônio público e, mais amplamente, da probidade.

A probidade administrativa **não se confunde com o princípio da moralidade**, embora esteja ligada a ele. Alguns autores entendem que a probidade está contida na moralidade, sendo esta mais ampla que aquela. Outros autores, por sua vez, defendem o contrário, que a moralidade está contida na probidade, sendo esta mais ampla. Certo é que as expressões não se confundem, mas estão conectadas.

O ato de improbidade administrativa sempre configura uma violação do princípio da moralidade. Por sua vez, a violação do princípio da moralidade acarreta a anulação de um ato administrativo, mas nem sempre configurará ato de improbidade administrativa, porque, para se configurar ato ímprobo, a conduta deve estar assim tipificada na lei. Semelhantemente, a mesma conduta que tipifica um ato de improbidade administrativa pode ou não configurar crime – isso dependerá de estar também tipificada como delito pela legislação penal.

O art. 1º, com a redação dada pela lei 14.230/2021, passou a vigorar com o seguinte texto, reforçando a ideia de probidade e proteção ao patrimônio público:

> Art. 1º O sistema de responsabilização por atos de improbidade administrativa tutelará a probidade na organização do Estado e no exercício de suas funções, como forma de assegurar a integridade do patrimônio público e social, nos termos desta Lei.

A lei reformadora visou, claramente, a diminuição da discricionariedade na apuração dos atos tidos como de improbidade, além de aperfeiçoar o sistema. Nessa linha, o art. 1º ainda trouxe algumas das principais alterações promovidas pela lei 14.230/2021, dentre elas, a impossibilidade de responsabilização, com base na referida lei, por ato culposo. Apenas os atos dolosos, portanto, são capazes de ensejar a responsabilização por improbidade administrativa – a conduta culposa jamais autoriza a responsabilidade por improbidade administrativa[5].

O legislador também optou por esclarecer que **divergências na interpretação da lei**, quando não houver jurisprudência pacificada no momento da prática do ato, também não caracterizam ato de improbidade:

> Art. 1º §8º Não configura improbidade a ação ou omissão decorrente de divergência interpretativa da lei, baseada em jurisprudência, ainda que não pacificada, mesmo que não venha a ser posteriormente prevalecente nas decisões dos órgãos de controle ou dos tribunais do Poder Judiciário.

O que se percebe com essa dupla mudança, que será esmiuçada mais adiante, é a intenção do legislador de respaldar o agente público que eventualmente não aja da maneira mais perfeita ou que adote interpretação possível da norma jurídica porque não rechaçada por meio de precedente judicial, deixando a tipificação dos atos de improbidade para condutas intencionais.

Por fim, a lei determina expressamente que se aplicam ao sistema da improbidade disciplinado na lei os **princípios constitucionais do direito administrativo sancionador**.

1.3. DIREITO INTERTEMPORAL: RETROATIVIDADE DA LEI 14.230/2021

A lei 14.230/2021 trouxe inúmeras modificações no regime de responsabilização por improbidade administrativa, sendo que a maioria contém **normas mais benéficas aos agentes** submetidos à lei 8.429/92.

Diante deste cenário, surge o **questionamento acerca da retroatividade** da lei para beneficiar agentes públicos ou terceiros que foram responsabilizados com base na redação anterior.

---

5 "Aquilo que, paradoxalmente, chamava-se de "improbidade culposa" (a expressão é contraditória pois, se improbidade é ato praticado com desonestidade, não se compreende 'desonestidade culposa'), se não mais é considerado ato de improbidade pela nova lei, não mais será penalizado." (MEDINA, José Miguel Garcia. A nova lei de improbidade administrativa deve ser aplicada retroativamente?. *Gazeta do Povo*. Disponível em: https://www.gazetadopovo.com.br/opiniao/artigos/a-nova-lei-de-improbidade-administrativa-deve-ser-aplicada-retroativamente).

Para exemplificar, imagine um agente público que tenha sido condenado na vigência da lei anterior por ato de improbidade administrativa que causa prejuízo ao erário em virtude da prática de conduta culposa. Suponha que foi aplicada pena de suspensão dos direitos políticos por 8 anos, tendo transcorrido apenas 2 anos.

No entanto, a nova redação impede expressamente a responsabilização culposa por improbidade administrativa. Deve ser mantida a condenação do agente por conduta que não é mais punida no ordenamento jurídico nacional?

Vamos a outro exemplo. Suponhamos que um agente público foi condenado por ato de improbidade administrativa que atenta contra os princípios administrativos, sendo-lhe aplicada a pena de suspensão dos direitos políticos. Após a alteração legislativa, não se prevê mais a pena de suspensão dos direitos políticos para atos de improbidade que atentam contra os princípios administrativos. Deve ser mantida a pena aplicada mesmo não sendo mais prevista para tal conduta?

Em primeiro lugar, para dirimir a controvérsia, é importante relembrar o que dispõe o art. 1º, §4º, incluído pela lei 14.230/2021:

> § 4º Aplicam-se ao sistema da improbidade disciplinado nesta Lei **os princípios constitucionais do direito administrativo sancionador**.

De outro lado, a lei reformadora também promoveu superação legislativa da jurisprudência que entendia que a ação de improbidade possuía natureza cível, porque o legislador previu, expressamente, que não constitui ação civil, mas possui natureza repressiva, de caráter sancionatório:

> Art. 17-D. A **ação por improbidade administrativa é repressiva, de caráter sancionatório**, destinada à aplicação de sanções de caráter pessoal previstas nesta Lei, e **não constitui ação civil**, vedado seu ajuizamento para o controle de legalidade de políticas públicas e para a proteção do patrimônio público e social, do meio ambiente e de outros interesses difusos, coletivos e individuais homogêneos

Neste sentido, precisamos trazer para a ação de improbidade a solução adotada no direito administrativo sancionador, verificando a compatibilidade e o cabimento de sua aplicação na responsabilização por improbidade.

Em verdade, o próprio **conceito de ilícito é um gênero**, do qual se extraem as espécies ilícito civil, administrativo, penal e o de improbidade administrativa. Os ilícitos citados, ontologicamente, não se distinguem em sua natureza, sendo que a única distinção é o órgão que aplicará a sanção[6].

De acordo com Fábio Medina Osório, o **Direito Público Punitivo se subdivide em dois ramos**: o direito penal e o direito administrativo. Essas duas disciplinas se referem aos mecanismos que o Estado dispõe para garantir a ordem pública e o ordenamento jurídico globalmente considerado[7].

Essa lição igualmente pode ser extraída dos ensinos do professor Nelson Hungria:

> A ilicitude é uma só, do mesmo modo que um só, na essência, é o dever jurídico. Dizia BENTHAM que as leis são divididas apenas por comodidade de distribuição: todas podiam ser, por sua identidade substancial, dispostas 'sobre um mesmo plano, sobre um só mapa-mundi'. Assim, não há como falar-se de um ilícito administrativo ontologicamente distinto de um ilícito penal. A separação entre um e outro atende apenas a critérios de conveniência ou de oportunidade, afeiçoados à medida do interesse da sociedade e do Estado, variável no tempo e no espaço.[8]

Por estes motivos, sustenta-se uma **aplicação subsidiária das normas do direito penal** ao direito administrativo sancionador, naquilo que for cabível. E, conforme visto, aplicam-se à improbidade administrativa os princípios constitucionais do direito administrativo sancionador.

Diante dessas constatações, importa lembrar que vigora, no direito penal, o princípio da retroatividade benigna ao agente, ou seja, a lei nova, desde que mais benéfica ao réu, retroage em seu favor, ainda que já tenha sido condenado por sentença penal transitada em julgado (art. 2º, parágrafo único, Código Penal). É o que se denomina *novatio legis in mellius*.

Conforme as lições de Rogério Greco, "a *novatio legis in mellius* será sempre retroativa, sendo aplicada aos fatos ocorridos anteriormente

---

[6] FERNANDES, Felipe Gonçalves. A tipicidade e o regime disciplinar de servidores públicos. Rio de Janeiro: Lumen Juris, 2019. P. 85.

[7] OSORIO, Fábio Medina. Direito administrativo sancionador.5. ed. São Paulo: Revista dos Tribunais, 2015. P. 132-133.

[8] HUNGRIA, Nelson. Ilícito Administrativo e Ilícito Penal. In: Seleção Histórica da RDA (Matérias Doutrinárias Publicadas em Números Antigos de 1 a 150), Rio de Janeiro: Fundação Getúlio Vargas, 1945-1995. P. 15.

à sua vigência, ainda que tenham sido decididos por sentença condenatória já transitada em julgado. (...) Só não terá aplicação a lei nova (...), se o agente já tiver cumprido a pena que lhe for imposta."[9]

O art. 2º do Código Penal é ainda mais claro quanto ao tema:

> Art. 2º Ninguém pode ser punido por fato que lei posterior deixa de considerar crime, cessando em virtude dela a execução e os efeitos penais da sentença condenatória.

Se os ilícitos em geral, incluindo os ilícitos penais e administrativos, são ontologicamente idênticos, também deverão receber idêntico tratamento. E, sendo aplicados os princípios do direito administrativo sancionador aos ilícitos de improbidade administrativa, idêntico também deverá ser o tratamento dado a estes.

Este entendimento já foi adotado pelo Superior Tribunal de Justiça em diversas ocasiões:

> **A norma administrativa mais benéfica, no que deixa de sancionar determinado comportamento, é dotada de eficácia retroativa.** Precedente: REsp 1.153.083/MT, Rel. p/ Acórdão Ministra Regina Helena Costa, Primeira Turma, DJe 19/11/2014). (REsp 1402893/MG, Rel. Ministro Sérgio Kukina, Primeira Turma, julgado em 11/04/2019, DJe 22/04/2019) ADMINISTRATIVO. RECURSO ESPECIAL. PODER DE POLÍCIA. SUNAB. MULTA ADMINISTRATIVA. RETROATIVIDADE DA LEI MAIS BENÉFICA. POSSIBILIDADE. ART. 5º, XL, DA CONSTITUIÇÃO DA REPÚBLICA. PRINCÍPIO DO DIREITO SANCIONATÓRIO. AFASTADA A APLICAÇÃO DA MULTA DO ART. 538, PARÁGRAFO ÚNICO, DO CPC. I. **O art. 5º, XL, da Constituição da República prevê a possibilidade de retroatividade da lei penal, sendo cabível extrair-se do dispositivo constitucional princípio implícito do Direito Sancionatório, segundo o qual a lei mais benéfica retroage.** (REsp 1153083/MT, Rel. Ministro Sérgio Kukina, Rel. P/ Acórdão Ministra Regina Helena Costa, Primeira Turma, julgado em 06/11/2014, DJe 19/11/2014)

Veja-se que o próprio STJ admite a existência de um ramo denominado "direito sancionatório" do qual fazem parte, no mínimo, o Direito Penal e o Direito Administrativo sancionador, neste incluídas as penalidades aplicadas no exercício do poder de polícia e do poder disciplinar.

E, não é exagero repetir, aplicando-se os princípios do Direito Administrativo sancionador à Improbidade Administrativa, aplica-se

---

[9] GRECO, Rogério. Curso de Direito Penal. 17. Ed. Rio de Janeiro: Impetus, 2015. P. 160.

o princípio da retroatividade benéfica às novidades introduzidas na lei 8.429/92 pela lei 14.230/2021[10], independente do momento processual. Significa dizer: se houver ação em curso, a opção legal é pela improcedência imediata da demanda[11] e, se já transitada a condenação, fica extinta a penalidade[12].

Portanto, no primeiro exemplo dado acima para ilustrar a controvérsia, não faz sentido que se prossiga com o cumprimento da sanção aplicada ao agente público e, eventualmente, ao terceiro participante por fato que deixou de ser considerado um ilícito pelo ordenamento jurídico. Deverá o Poder Público revisar a sanção aplicada, de modo a cessar os seus efeitos, desde que não tenha sido integralmente cumprida.

A mesma conclusão deve ser sustentada em relação ao segundo exemplo, em que o fato não deixou de ser considerado um ilícito, mas houve previsão de penalidade mais leve, de modo que a lei deverá retroagir com a finalidade de revisar a sanção aplicada.

Os Tribunais vêm dando mostras de que devem seguir esta linha de raciocínio. Recentemente, o TRF da 3ª região aplicou a retroatividade da Lei nº 14.230/2021 para reconhecer a prescrição intercorrente em processo de improbidade administrativa:

> DIREITO PROCESSUAL CIVIL. CONSTITUCIONAL. ADMINISTRATIVO. AÇÃO CIVIL PÚBLICA POR ATO DE IMPROBIDADE ADMINISTRATIVA. CONCESSÃO INDEVIDA DE BENEFÍCIOS PREVIDENCIÁRIOS. LEI 8.429/1992. **FATO NOVO. ALTERAÇÕES PROMOVIDAS PELA LEI 14.230/2021. RETROATIVIDADE DA LEI MAIS BENÉFICA. PRESCRIÇÃO INTERCORRENTE. RECONHECIMENTO DE OFÍCIO.** RESSARCIMENTO

---

10 No mesmo sentido: MEDINA, José Miguel Garcia. A nova lei de improbidade administrativa deve ser aplicada retroativamente?. *Gazeta do Povo*. Disponível em: https://www.gazetadopovo.com.br/opiniao/artigos/a-nova-lei-de-improbidade-administrativa-deve-ser-aplicada-retroativamente.

11 Art. 17 § 11. Em qualquer momento do processo, verificada a inexistência do ato de improbidade, o juiz julgará a demanda improcedente.

12 Nesse último caso, é viável o ajuizamento de ação rescisória, se a superveniência se der no prazo para seu ajuizamento - o qual, a rigor, poderia ser estendido em analogia à revisão criminal. Contudo, concordamos com Rafael Oliveira e Daniel Neves (*Comentários à Reforma da Lei de Improbidade Administrativa*. Rio de Janeiro: Forense, 2022, p. 11), que concluem no sentido da limitação da revisão ao prazo de dois anos, pela via rescisória, já que o Código de Processo Civil se aplica subsidiariamente (art. 17), faltando autorização legal para o ajuizamento sine die, devendo prevalecer o princípio da segurança jurídica e a proteção constitucional à coisa julgada.

DO DANO AO ERÁRIO. IMPRESCRITIBILIDADE. FAVORECIMENTO DOLOSO DE TERCEIROS. ARTIGO 10, VII, DA LEI 8.942/1992. ATO ÍMPROBO CONFIGURADO. SENTENÇA PENAL ABSOLUTÓRIA. COMUNICAÇÃO DOS FUNDAMENTOS. REQUISITOS NÃO PREENCHIDOS. REDUÇÃO DA CONDENAÇÃO AO PREJUÍZO PATRIMONIAL EFETIVAMENTE CAUSADO À AUTARQUIA PREVIDENCIÁRIA. **1. Consolidada a jurisprudência no sentido de que se aplica ao direito administrativo sancionador os princípios fundamentais do direito penal, dentre os quais o da retroatividade da lei mais benigna ao réu, previsto no artigo 5º, XL, CF: "a lei penal não retroagirá, salvo para beneficiar o réu". 2. Em decorrência de tal extensão de princípios reguladores, o advento da Lei 14.230/2021, no que instituiu novo regramento mais favorável ao réu imputado ímprobo, deve ser considerado no exame de pretensões formuladas em ações civis públicas de improbidade administrativa, ainda que ajuizadas anteriormente à vigência da nova legislação.**
(...)
14. Decretação de ofício, nos termos do § 8º do artigo 23 da Lei 8.429/1992 com alterações da Lei 14.230/2021, da prescrição intercorrente da pretensão sancionadora formulada na presente ação de improbidade administrativa quanto às sanções outras que não a de ressarcimento ao erário, julgando, assim, em relação a tais pontos, prejudicadas as apelações do MPF e INSS. Quanto ao ressarcimento do dano, apelação da parte ré parcialmente provida.
(TRF-3 - ApCiv: 50005477920184036118 SP, Relator: Desembargador Federal LUIS CARLOS HIROKI MUTA, Data de Julgamento: 17/12/2021, 3ª Turma, Data de Publicação: Intimação via sistema DATA: 14/01/2022) – Grifo nosso

O Tribunal de Justiça de São Paulo também reconheceu a retroatividade da Lei nº 14.230/2021 para determinar o trancamento da ação de improbidade administrativa em decorrência de absolvição do réu na esfera penal pelo art. 386 do CPP, com base no art. 21, §4º, incluído pela Lei nº 14.230/2021 na lei 8.429/92:

AGRAVO DE INSTRUMENTO - AÇÃO CIVIL PÚBLICA - IMPROBIDADE ADMINISTRATIVA – Decisão recorrida que recebeu a petição inicial – Atos de improbidade administrativa – Ação penal trancada por este E. Tribunal de Justiça – **Lei nº 14.230/2021 que alterou a Lei de Improbidade Administrativa para prever que a absolvição criminal em ação que discute os mesmos fatos, confirmada por decisão colegiada, impede o trâmite da ação da qual trata a Lei nº 8.429/92 – Artigo 21, § 4º -** Rejeição da inicial para a agravante que se impõe – Decisão reformada – Agravo de instrumento provido. (TJSP; Agravo de Instrumento 2171166-37.2021.8.26.0000; Relator (a): Maria Laura Tavares; Órgão Julgador: 5ª Câmara de Direito Público; Foro de Campinas - 2ª Vara da

Fazenda Pública; Data do Julgamento: 06/12/2021; Data de Registro: 07/12/2021) – Grifo nosso

AGRAVO DE INSTRUMENTO - AÇÃO CIVIL PÚBLICA - IMPROBIDADE ADMINISTRATIVA – Decisão recorrida que recebeu a petição inicial – Atos de improbidade administrativa – Condutas descritas na inicial imputadas à Comissão Permanente de Licitação, em conjunto – Presidente da Comissão Permanente de Licitação que teve **ação penal trancada** por este E. Tribunal de Justiça e inquérito policial instaurado contra as agravantes arquivado pelo Ministério Público – Lei nº 14.230/2021 que alterou a Lei de Improbidade Administrativa para prever que a **absolvição criminal em ação que discute os mesmos fatos, confirmada por decisão colegiada, impede o trâmite da ação da qual trata a Lei nº 8.429/1992 – Artigo 21, § 4º** - No caso, há que se levar em consideração simetria no desfecho da ação para a Comissão Permanente de Licitação, na medida em que foram imputadas condutas em conjunto - Rejeição da inicial para as agravantes que se impõe – Decisão reformada – Agravo de instrumento provido. (TJSP; Agravo de Instrumento 2169110-31.2021.8.26.0000; Relator (a): Maria Laura Tavares; Órgão Julgador: 5ª Câmara de Direito Público; Foro de Campinas - 2ª Vara da Fazenda Pública; Data do Julgamento: 06/12/2021; Data de Registro: 07/12/2021) – Grifo nosso

A questão seguramente será enfrentada pelos tribunais superiores, inclusive quanto a diversos pontos específicos decorrentes da modificação legal.[13]

1.4. FISCALIZAÇÃO E PREVENÇÃO

A lei 8.429/92 ainda estabelece algumas obrigações ao servidor, de forma a fiscalizar e prevenir a prática de atos ímprobos.

Uma primeira obrigação diz respeito à apresentação da **declaração de bens** do funcionário público. Nesse ponto, é suficiente a leitura do disposto na legislação:

> Art. 13. A posse e o exercício de agente público ficam condicionados à apresentação de **declaração de imposto de renda** e proventos de qual-

---

13 No âmbito do Supremo Tribunal Federal, é objeto do ARE 843989, potencial tema 1199 da Repercussão Geral, de relatoria do Ministro Alexandre de Moraes, que apontou como objeto do potencial precedente "a definição de eventual (IR) RETROATIVIDADE das disposições da Lei 14.230/2021, em especial, em relação: (I) A necessidade da presença do elemento subjetivo – dolo – para a configuração do ato de improbidade administrativa, inclusive no artigo 10 da LIA; e (II) A aplicação dos novos prazos de prescrição geral e intercorrente".

> quer natureza, que tenha sido apresentada à Secretaria Especial da Receita Federal do Brasil, a fim de ser arquivada no serviço de pessoal competente.
> § 2º A declaração de bens a que se refere o caput deste artigo será **atualizada anualmente** e na data em que o agente público deixar o exercício do mandato, do cargo, do emprego ou da função.
> § 3º Será apenado com a **pena de demissão**, sem prejuízo de outras sanções cabíveis, o agente público que se recusar a prestar a declaração dos bens a que se refere o caput deste artigo dentro do prazo determinado ou que prestar declaração falsa.

Destaque-se, neste ponto, a mudança promovida pela lei 14.230/2021. Na redação original da lei 8.429/92, era prevista a necessidade de declaração de bens, que poderia ser substituída pela declaração de imposto de renda apresentada à Receita Federal. Com a nova redação, há previsão de que a declaração de bens se dá **apenas com a declaração apresentada à Receita**, já que esta passa a ser a única hipótese de cumprimento da obrigação.

Ainda, é dever do poder público oferecer **contínua capacitação** aos agentes públicos e políticos que atuem com prevenção ou repressão de atos de improbidade administrativa (art. 23-A).

capítulo 2
ELEMENTOS CONSTITUTIVOS DO ATO DE IMPROBIDADE ADMINISTRATIVA

2.1. SUJEITO ATIVO

O sujeito ativo é aquele que **pratica o ato de improbidade administrativa**[14].

De acordo com o art. 1º, os atos de improbidade administrativa podem ser cometidos por qualquer agente público. Já o art. 3º da lei prevê que as suas disposições são aplicáveis "àquele que, mesmo não sendo agente público, induza ou concorra dolosamente para a prática do ato de improbidade".

Assim, estão sujeitos ao processo e à sanção por improbidade administrativa:

a. Agentes públicos;
b. Particular, pessoa física ou jurídica, que celebra com a administração pública convênio, contrato de repasse, contrato de gestão, termo de parceria, termo de cooperação ou ajuste administrativo equivalente, no que se refere a recursos de origem pública;
c. Terceiros que induziram ou concorreram dolosamente para a prática do ato.

---

14 "A Lei 8.429/1992 objetiva coibir, punir e afastar da atividade pública todos os agentes que demonstraram pouco apreço pelo princípio da juridicidade, denotando uma degeneração de caráter incompatível com a natureza da atividade desenvolvida" (REsp 1.297.021/PR, Rel. Ministra Eliana Calmon, Segunda Turma, julgado em 12.11.2013, DJe 20.11.2013).

2.1.1. AGENTES PÚBLICOS

O conceito de agente público é dado pela própria Lei de Improbidade Administrativa:

> Art. 2º Para os efeitos desta Lei, consideram-se agente público o agente político, o servidor público e todo aquele que exerce, ainda que transitoriamente ou sem remuneração, por eleição, nomeação, designação, contratação ou qualquer outra forma de investidura ou vínculo, mandato, cargo, emprego ou função nas entidades referidas no art. 1º desta Lei.

Este é o conceito usado ainda pela doutrina em geral para identificar os agentes públicos em qualquer situação, não apenas naquelas relacionadas à improbidade.

Verifica-se que a qualificação de uma pessoa como agente público **independe do pagamento de remuneração** e pode ocorrer ainda que o vínculo com a Administração seja **transitório**. Logo, por exemplo, um estagiário na Administração Pública ou um agente em colaboração que atue por delegação, ainda que sem remuneração, estão sujeitos às disposições da lei de improbidade como agentes públicos.

Nesse sentido, é a jurisprudência do Superior Tribunal de Justiça:

> IMPROBIDADE ADMINISTRATIVA. ESTAGIÁRIA. ENQUADRAMENTO NO CONCEITO DE AGENTE PÚBLICO PRECONIZADO PELA LEI 8.429/92. PRECEDENTES. RECURSO ESPECIAL PROVIDO. (...) Contudo, o conceito de agente público, constante dos artigos 2º e 3º da Lei 8.429/1992, abrange não apenas os servidores públicos, mas todo aquele que exerce, ainda que transitoriamente ou sem remuneração, por eleição, nomeação, designação, contratação ou qualquer outra forma de investidura ou vínculo, mandato, cargo, emprego ou função na Administração Pública. (...)
> Assim, o estagiário que atua no serviço público, ainda que transitoriamente, remunerado ou não, se enquadra no conceito legal de agente público preconizado pela Lei 8.429/1992. Nesse sentido: Resp 495.933-RS, Ministro Luiz Fux, Primeira Turma, DJe 19/4/2004, MC 21.122/CE, Rel. Ministro Napoleão Nunes Maia Filho, Rel. p/ Acórdão Ministro Benedito Gonçalves, Primeira Turma, DJe 13/3/2014.
> Ademais, as disposições da Lei 8.429/1992 são aplicáveis também àquele que, mesmo não sendo agente público, induza ou concorra para a prática do ato de improbidade ou dele se beneficie sob qualquer forma, direta ou indireta, pois o objetivo da Lei de Improbidade é não apenas punir, mas também afastar do serviço público os que praticam atos incompatíveis com o exercício da função pública. (REsp 1352035/RS, Rel. Ministro Herman Benjamin, Segunda Turma, julgado em 18/08/2015, DJe 08/09/2015)

2.1.2. AGENTES POLÍTICOS

Muito embora os agentes políticos sejam considerados agentes públicos em sentido amplo, sempre houve muita discussão, na doutrina e na jurisprudência, quanto à sua sujeição à lei de improbidade, em razão de os agentes políticos, na maioria dos casos, estarem sujeitos a um regime especial de responsabilidade política, nos quais seus atos ilícitos são denominados crimes de responsabilidade.

Isso porque a Constituição Federal previu um regime especial de responsabilização político-administrativa (crime de responsabilidade) a determinados agentes políticos (arts. 52, I, 85, V, 102, I, "c", dentre outras normas da CF). Por isso, o Presidente da República, os ministros de Estado, os ministros do Supremo Tribunal Federal e o Procurador-Geral da República se submetem ao procedimento da lei 1.079/50; os prefeitos, ao procedimento do Decreto-Lei 201/1967; e os governadores e seus secretários estão sujeitos à lei 7.106/83.

Quanto à conciliação entre esse regime e o da improbidade, a doutrina aponta três entendimentos:

a. **Corrente restritiva**: os agentes políticos se submetem a regras específicas do crime de responsabilidade e não à lei de improbidade administrativa, sob pena de se configurar *bis in idem*;
b. **Corrente ampliativa**: admite-se a aplicação tanto da lei de improbidade administrativa, quanto do regime dos crimes de responsabilidade, sem que se configure *bis in idem*, uma vez que natureza jurídica de cada regime é diferente;
c. **Corrente intermediária**: os agentes políticos podem ser réus na ação de improbidade, desde que o ato não configure crime de responsabilidade, situação na qual estarão sujeitos apenas ao regime diferenciado.

A jurisprudência dos tribunais superiores tem admitido a dupla responsabilização, salvo para o Presidente da República[15]:

---

[15] No entanto, em seu art. 2º, a lei estabelece que os agentes políticos estão sujeitos às sanções previstas na lei de improbidade, sem realizar qualquer distinção ou estabelecer exceções. Desta forma, deve-se ter muito cuidado com a cobrança da letra de lei, pois, quando cobrada em sua literalidade, abarca os agentes políticos sem distinção. De outro lado, caso cobrado o entendimento jurisprudencial, deve-se considerar ainda válidos os entendimentos supramencionados.

> Os agentes políticos, com exceção do Presidente da República, encontram-se sujeitos a duplo regime sancionatório, de modo que se submetem tanto à responsabilização civil pelos atos de improbidade administrativa quanto à responsabilização político-administrativa por crimes de responsabilidade (STF. Pet 3240, AgR/DF, julgamento em 10.5.2018, Informativo 901).
>
> A Corte Especial do STJ, no julgamento da Rcl 2.790/SC, pacificou o entendimento de que **os agentes políticos podem ser processados por seus atos pela Lei de Improbidade Administrativa (8.429/92), ressalvado apenas o Presidente da República** (STJ. AgRg no AREsp 46.546/MA). No mesmo sentido:
>
> Os agentes políticos municipais se submetem aos ditames da Lei de Improbidade Administrativa - LIA, sem prejuízo da responsabilização política e criminal estabelecida no Decreto-Lei n. 201/1967 (STJ. REsp 1135767/SP, Rel. Ministro Castro Meira, Segunda Turma, julgado em 25/05/2010, DJe 09/06/2010)

Sobre esse tema, importante ainda destacar que, conforme decidiu o STF, o foro especial por prerrogativa de função previsto na Constituição Federal em relação às infrações penais comuns não é, em regra, extensível às ações de improbidade administrativa - ou seja, as ações de improbidade administrativa devem ser julgadas pela primeira instância[16]:

> Os agentes políticos, com exceção do Presidente da República, encontram-se sujeitos a duplo regime sancionatório, de modo que se submetem tanto à responsabilização civil pelos atos de improbidade administrativa quanto à responsabilização político-administrativa por crimes de responsabilidade. **O foro especial por prerrogativa de função previsto na Constituição Federal em relação às infrações penais comuns não é extensível às ações de improbidade administrativa.** (STF. Plenário. Pet 3240 AgR/DF, rel. Min. Teori Zavascki, red. p/ o ac. Min. Roberto Barroso, julgado em 10/5/2018)

2.1.3. TERCEIROS

O terceiro particular, conforme visto, também responde por ato de improbidade administrativa se participar do ato, **induzindo ou concorrendo dolosamente** para a sua prática.

Dois destaques são importantíssimos para a configuração de ato reprovável à luz do sistema de improbidade.

---

[16] O tema volta a ser tratado no tópico referente à competência da ação de improbidade.

Em primeiro lugar, as **condutas rechaçadas** são:

a. **a indução** para a prática do ato (quando o terceiro faz nascer na mente do agente público a ideia do ato tipificado como ímprobo pela lei);
b. **a concorrência** para a prática do ato (quando o terceiro atua em conjunto com o agente público na prática de atos executórios de tal ato).

A lei não prevê mais responsabilização do particular que se beneficia do ato. No entanto, deve-se destacar que, na maior parte dos casos, aquele que se beneficiar dolosamente do ato de improbidade terá concorrido ou induzido para a sua prática.

Em segundo lugar, a indução ou a concorrência deve ser **dolosa**, o que não era exigido expressamente antes da alteração promovida pela lei 14.230/2021. Ações e omissões culposas estão fora do espectro protetivo da Lei de Improbidade.

No entanto, o particular não pode ser responsabilizado isoladamente por improbidade administrativa. Somente poderá fazer parte do polo passivo da ação em **litisconsórcio passivo com o agente público** que praticou o ato ímprobo. Por outro lado, sob a ótica do agente público, não há litisconsórcio passivo necessário na ação de improbidade. A ação pode ser proposta apenas em face do agente público, ainda que haja participação de terceiro[17].

2.1.3.1. PESSOA JURÍDICA

Segundo o STJ, a lei de improbidade administrativa se aplica a pessoas jurídicas:

> PROCESSUAL CIVIL E ADMINISTRATIVO. RECURSO ESPECIAL. AÇÃO CIVIL PÚBLICA POR ATO DE IMPROBIDADE. VIOLAÇÃO AO ARTIGO 535 DO CPC INOCORRENTE. PESSOA JURÍDICA DE DIREITO PRIVADO. LEGITIMIDADE PASSIVA.
> 1. Não há violação do artigo 535 do CPC quando o acórdão, mesmo sem ter examinado individualmente cada um dos argumentos trazidos pelo recorrente, adota fundamentação suficiente para decidir de modo integral a controvérsia, apenas não adotando a tese defendida pelo recorrente, manifestando-se, de maneira clara e fundamentada, acerca de todas as questões relevantes para a solução da controvérsia, inclusive em relação às quais o recorrente alega contradição e omissão.

---

17 A esse respeito, ver o tópico sobre a legitimidade passiva na ação de improbidade.

> 2. Considerando que as pessoas jurídicas podem ser beneficiadas e condenadas por atos ímprobos, é de se concluir que, de forma correlata, podem figurar no polo passivo de uma demanda de improbidade, ainda que desacompanhada de seus sócios.
> 3. Recurso especial não provido.
> (REsp 970.393/CE, Rel. Ministro Benedito Gonçalves, Primeira Turma, julgado em 21/06/2012, DJe 29/06/2012)

Considerando que as pessoas jurídicas podem ser beneficiadas e condenadas por atos ímprobos, é de se concluir que, de forma correlata, podem figurar no polo passivo de uma demanda de improbidade, **ainda que desacompanhada de seus sócios**. De todo modo, devem figurar em litisconsórcio passivo necessário com o agente público ímprobo.

No entanto, a lei 14.230/2021 estabeleceu uma **regra de bloqueio** para a responsabilização das pessoas jurídicas:

> Art. 3º (...) § 2º As sanções desta Lei não se aplicarão à pessoa jurídica, caso o ato de improbidade administrativa seja também sancionado como ato lesivo à administração pública de que trata a Lei nº 12.846, de 1º de agosto de 2013.

Portanto, se o ato de improbidade também for sancionado com base na Lei Anticorrupção, a pessoa jurídica deverá ser responsabilizada com base nessa lei, não cabendo a aplicação do "duplo regime sancionatório" para as pessoas jurídicas.

Desse modo, a aplicação da lei de **improbidade para as pessoas jurídicas é residual**, haja vista que somente será aplicada se a lei 12.846/2013 (Lei Anticorrupção) não incidir para o mesmo fato.

Por fim, **os sócios, os cotistas, os diretores e os colaboradores** de pessoa jurídica de direito privado não respondem pelo ato de improbidade que venha a ser imputado à pessoa jurídica, salvo se, comprovadamente, houver participação e benefícios diretos, caso em que responderão nos limites da sua participação (art. 3º, §1º).

2.1.4. PARTICULARES QUE CELEBRARAM AJUSTES COM A ADMINISTRAÇÃO PÚBLICA

O parágrafo único do artigo 2º prevê expressamente ser possível a **responsabilidade do particular, como se agente público fosse**, quando celebra algum tipo de ajuste, com natureza de convênio, com a Administração Público, apenas no que diz respeito à utilização de recursos de origem pública, mencionando exemplificativamente convênios, contratos de repasse, contratos de gestão, termos de parceria, termos de cooperação ou, enfim, ajustes administrativos equivalentes.

Trata-se dos casos de celebração de parcerias do ente público com o terceiro setor, em sua atividade de fomento, que, em muitos casos, envolve a transferência de recursos financeiros para a consecução de objetivos de interesse social em comum.

Neste caso, é defensável que, como o particular é responsabilizado com base na lei de improbidade administrativa como se agente público fosse, não existe a necessidade de concomitante presença de agente público no polo passivo da ação (**litisconsórcio facultativo**).

2.1.5. SUCESSORES

O art. 8º, com a redação dada pela lei 14.230/2021, estabelece ainda a **responsabilidade do sucessor** daquele que causar danos ao erário ou se enriquecer ilicitamente pela reparação integral do dano, até o limite do patrimônio transferido.

Duas considerações são importantes:

a. O sucessor **só responde pela reparação integral do dano**, não lhe sendo aplicadas as demais sanções previstas na lei - ainda que patrimonial, como a multa, por exemplo;

b. **O sucessor só responde no caso de ato de improbidade que causa dano ao erário ou que importe em enriquecimento ilícito**, não haverá responsabilidade do sucessor pelos atos que atentem contra os princípios administrativos.

Destaque-se ainda que a lei 14.230/2021, ao alterar a lei 8.429/92[18], se preocupou com a **sucessão empresarial**, para fins de reparação integral do dano, abarcando as seguintes espécies:

a. Alterações contratuais;

---

18 Art. 8º-A A responsabilidade sucessória de que trata o art. 8º desta Lei aplica-se também na hipótese de alteração contratual, de transformação, de incorporação, de fusão ou de cisão societária.

Parágrafo único. Nas hipóteses de fusão e de incorporação, a responsabilidade da sucessora será restrita à obrigação de reparação integral do dano causado, até o limite do patrimônio transferido, não lhe sendo aplicáveis as demais sanções previstas nesta Lei decorrentes de atos e de fatos ocorridos antes da data da fusão ou da incorporação, exceto no caso de simulação ou de evidente intuito de fraude, devidamente comprovados.

- b. Transformações societárias;
- c. Incorporações societárias - nesse caso, a responsabilidade pela reparação se limita ao patrimônio transferido, não lhe sendo aplicáveis sanções decorrentes de atos e de fatos ocorridos antes da data da fusão ou da incorporação, *exceto* no caso de simulação ou de evidente intuito de fraude, devidamente comprovados;
- d. Fusões societárias;
- e. Cisões societárias.

2.2. SUJEITO PASSIVO DO ATO

O sujeito passivo é a **vítima do ato** de improbidade administrativa[19]. É aquele que sofre as consequências negativas do ato, sejam elas patrimoniais, sejam relacionadas aos princípios administrativos.

O **sujeito passivo mediato será sempre a sociedade**, tendo em vista que é a titular do patrimônio e do interesse público. Já o sujeito passivo imediato é o órgão ou entidade que sofre diretamente o prejuízo.

O art. 1º, §§ 5º a 7º, da lei 8.429/92, alterado pela lei 14.230/2021, elenca os sujeitos que podem ser vítimas do ato de improbidade administrativa:

> Art. 1º § 5º Os atos de improbidade violam a probidade na organização do Estado e no exercício de suas funções e a integridade do patrimônio público e social dos **Poderes Executivo, Legislativo e Judiciário, bem como da administração direta e indireta, no âmbito da União, dos Estados, dos Municípios e do Distrito Federal.**

---

19 Universo das vítimas protegidas pela Lei 8.429/92 7. A detida análise da Lei 8.429/1992 demonstra que o legislador não determinou expressamente quais seriam as vítimas mediatas ou imediatas da atividade ímproba para fins de configuração do ato ilícito. Impôs, sim, que o agente público respeite o sistema jurídico em vigor, pressuposto da boa e correta Administração Pública. Essa ausência de menção explícita certamente decorre da compreensão de que o ato ímprobo é, muitas vezes, fenômeno pluriofensivo, de tal modo que pode atingir bens jurídicos e pessoas diversos de maneira concomitante. (...) Na avaliação do ato de improbidade administrativa, o primordial é verificar se, entre os bens atingidos pela postura do agente público, existe algum vinculado ao interesse e ao bem público. Se assim for, como consequência imediata a Administração Pública estará vulnerada; e o art. 1º da Lei 8.429/1992, plenamente atendido. Ofensa aos princípios administrativos por policiais civis e militares (REsp 1177910/SE, Rel. Ministro Herman Benjamin, Primeira Seção, julgado em 26/08/2015, DJe 17/02/2016)

§ 6º Estão sujeitos às sanções desta Lei os atos de improbidade praticados contra o patrimônio de **entidade privada que receba subvenção, benefício ou incentivo, fiscal ou creditício, de entes públicos ou governamentais**, previstos no § 5º deste artigo.

§ 7º Independentemente de integrar a administração indireta, estão sujeitos às sanções desta Lei os atos de improbidade praticados contra o patrimônio de **entidade privada para cuja criação ou custeio o erário haja concorrido ou concorra no seu patrimônio ou receita atual, limitado o ressarcimento de prejuízos, nesse caso, à repercussão do ilícito sobre a contribuição dos cofres públicos.**

A lei amplia bastante o rol de órgãos e entidades que podem ser "vítimas" do ato de improbidade, podendo ser assim resumido:

a. **Poderes Executivo, Legislativo e Judiciário** da União, dos Estados, dos Municípios e do Distrito Federal;
b. Entidades da **Administração indireta** (todos);
c. Entidade **privada que receba subvenção, benefício ou incentivo, fiscal ou creditício, de entes públicos ou governamentais**;
d. Entidade **privada para cuja criação ou custeio o erário haja concorrido ou concorra** no seu patrimônio ou receita atual – nesse último caso, a responsabilização do agente será *limitada, no caso de ressarcimento de prejuízos, à repercussão do ilícito* sobre a contribuição dos cofres públicos.

Destaca-se que a lei não faz mais distinção entre as entidades privadas para as quais o Poder Público tenha concorrido ou concorra com mais ou menos de 50% (cinquenta por cento) do patrimônio ou da receita anual para fins responsabilização integral ou limitada à repercussão do ilícito sobre a contribuição dos cofres públicos. Todas essas entidades privadas para cuja criação ou custeio o erário tenha concorrido passaram à responsabilidade limitada.

É importante ressalvar que a lei não mencionou as concessionárias de serviços públicos. Assim, ainda que se considerem os empregados ou dirigentes dessas pessoas jurídicas privadas como agentes públicos para outros fins, estes não estarão sujeitos às cominações da lei de improbidade administrativa, salvo se forem enquadrados no art. 3º da referida lei como participantes ou beneficiários do ato.

Por fim, a lei deixou claro que os atos que ensejarem enriquecimento ilícito ou perda patrimonial de recursos públicos dos **partidos políticos** e suas fundações devem ser responsabilizados conforme a Lei dos

Partidos Políticos, fazendo uma exclusão do âmbito de proteção da improbidade administrativa[20].

2.3. CONDUTA ÍMPROBA (ESPÉCIES DE ATOS DE IMPROBIDADE ADMINISTRATIVA)

Atualmente, existem três espécies de ato de improbidade administrativa na Lei de Improbidade, correlatas às condutas vedadas e tipificadas pela lei:

Espécies de ato de improbidade administrativa	
Art. 9º	Atos de improbidade administrativa que importam enriquecimento ilícito
Art. 10	Atos de improbidade administrativa que causam prejuízo ao erário
Art. 11	Atos de improbidade administrativa que atentam contra os **princípios da administração pública**

Cada um desses dispositivos traz um rol de condutas que configuram ato de improbidade em suas respectivas modalidades[21]. Antes da lei 14.230/2021, prevalecia o entendimento de que o **rol estabelecido em cada artigo era exemplificativo**[22], tendo em vista a *expressão "notadamente"* para tratar das condutas em específico.

---

20 Art. 23-C. Atos que ensejem enriquecimento ilícito, perda patrimonial, desvio, apropriação, malbaratamento ou dilapidação de recursos públicos dos partidos políticos, ou de suas fundações, serão responsabilizados nos termos da Lei nº 9.096, de 19 de setembro de 1995.

21 Quanto às condutas expressamente previstas, é necessário memorizar, ao menos, aquelas que mais são cobradas, pois as bancas cobram questões em que se pede em qual espécie se encaixam determinadas condutas. Ao analisar cada lista de condutas, tentaremos fornecer algumas dicas para ajudar na memorização dos principais casos.

22 Sobre o art. 11, em sua redação originária, dispunha a doutrina: "O art. 11 afirma configurar improbidade administrativa qualquer ação ou omissão que viole os deveres de honestidade, imparcialidade, legalidade e lealdade às instituições, registrando-se ainda no dispositivo cuidar-se de improbidade que, neste caso, atenta contra os princípios da Administração Pública. A tônica está, pois, na circunstância de haver esse atentado a qualquer princípio norteador da Administração. Desta sorte, a ofensa aos princípios discriminados no caput do art. 37 da CF/88 – legalidade, impessoalidade, moralidade, publicidade e eficiência – é que configura a improbidade enquadrável no art. 11. Tocante aos valores referidos no caput desse artigo, quais sejam, honestidade, imparcialidade, legalidade e lealdade às institui-

Exemplo disso é o julgado pelo Superior Tribunal de Justiça em que foi decidido que a tortura praticada por servidor público é ato de improbidade administrativa que atenta contra os princípios administrativos[23], muito embora não estivesse expressamente prevista no rol do art. 11.

ções, por não exaurirem o rol dos princípios constitucionais pelos quais todo agente público deve pautar seu proceder no exercício de suas funções, tem-se que configuram situações também apenas exemplificativas". (DECOMAIN, Pedro Roberto. Improbidade administrativa. 2. ed. São Paulo: Dialética, 2014, p. 161)

23 Tortura: improbidade administrativa 4. Injustificável pretender que os atos mais gravosos à dignidade da pessoa humana e aos direitos humanos, entre os quais se incluem a tortura, praticados por servidor público, quanto mais policial armado, sejam punidos apenas no âmbito disciplinar, civil e penal, afastando-se a aplicação da Lei da Improbidade Administrativa.

5. Conforme orientação jurisprudencial do STJ, eventual punição administrativa do servidor faltoso não impede a aplicação das penas da Lei de Improbidade Administrativa, porque os escopos de ambas as esferas são diversos; e as penalidades dispostas na Lei 8.429/1992, mais amplas. (...)

O legislador, ao prever, no art. 11 da Lei 8.429/1992, que constitui ato de improbidade administrativa que atenta contra os princípios da administração pública qualquer ação ou omissão que viole os deveres de lealdade às instituições, findou por tornar de interesse público, e da própria Administração, a proteção da legitimidade social, da imagem e das atribuições dos entes/entidades estatais. Daí resulta que atividade que atente gravemente contra esses bens imateriais tem a potencialidade de ser considerada improbidade administrativa.

12. A tortura perpetrada por policiais contra presos mantidos sob a sua custódia tem ainda outro reflexo jurídico imediato, que é o de gerar obrigação indenizatória ao Estado, nos termos do art. 37, § 6º, da Constituição Federal. Há aí, como consequência, interesse direto da Administração Pública.

Uso ilegal de Bens e Prédios Públicos 13. Na hipótese dos autos, o ato ímprobo se caracteriza quando se constata que as vítimas foram torturadas, em instalações públicas, ou melhor, na Delegacia de Polícia. O V. Acórdão recorrido afirma: ..."terem submetido alguns presos que se encontravam custodiados na delegacia local a "espancamentos, asfixia e graves ameaças, para confessarem a prática de crimes". (fls. 122-123, grifo acrescentado). Conclusão: violência policial arbitrária é ato que viola frontalmente os mais elementares princípios da Administração Pública

14. A violência policial arbitrária não é ato apenas contra o particular-vítima, mas sim contra a própria Administração Pública, ferindo suas bases de legitimidade e respeitabilidade. Tanto assim que essas condutas são tipificadas, entre outros estatutos, no art. 322, do Código Penal, que integra o Capítulo I ("Dos Crimes Praticados por Funcionário Público contra a Administração Pública, grifo acrescentado"), que por sua vez está inserido no Título XI ("Dos Crimes contra a Administração Pública"), e também nos artigos 3º e 4º da Lei 4.898/65, que trata do abuso de au-

Quando da edição da **lei 14.230/2021**, muito se falou que o rol de condutas dos artigos acima mencionados passaria a ser taxativo, não sendo possível a responsabilização por conduta não prevista expressamente em lei. No entanto, com a publicação da lei, os artigos 9º (atos quem importam em enriquecimento ilícito) e 10 (atos que causam prejuízo ao erário) continuaram com a expressão "notadamente" para tratar das condutas que configuram improbidade -somente o artigo 11 trouxe expressão que confirma a taxatividade da lista, conforme veremos a seguir.

Assim, em princípio, não é possível falar que a lei estabeleceu um rol de condutas taxativo para os arts. 9º e 10. É importante, porém, aguardar como a questão será tratada pelos tribunais superiores[24].

2.3.1. ATOS DE IMPROBIDADE ADMINISTRATIVA QUE IMPORTAM ENRIQUECIMENTO ILÍCITO (ART. 9º)

A hipótese geral é "auferir, mediante a prática de ato doloso, qualquer tipo de **vantagem patrimonial indevida** em razão do exercício de cargo, de mandato, de função, de emprego ou de atividade nas entidades referidas no art. 1º desta Lei".

Nesse sentido, os **requisitos** são:

a. **recebimento de vantagem indevida** - independentemente de danos ao erário;
b. **conduta dolosa** por parte do agente ou terceiro (não se admite modalidade culposa);
c. **nexo causal** entre a conduta do agente público e o recebimento da vantagem.

É possível afirmar que o núcleo da conduta gira em torno do elemento «vantagem patrimonial indevida». Significa dizer que o ponto central dessa espécie de improbidade é o recebimento de vantagem indevida, *ainda que não cause prejuízo ao erário*.

---

toridade. (…) (REsp 1177910/SE, Rel. Ministro Herman Benjamin, Primeira Seção, julgado em 26/08/2015, DJe 17/02/2016)

24 Acreditamos que, nas próximas provas, em razão do seu caráter polêmico, não deve haver abordagem do tema, mas apenas da letra da lei e outros assuntos.

Em relação à redação original, temos as seguintes diferenças:

Redação original	Redação com a lei 14.230/2021
Art. 9º Constitui ato de improbidade administrativa importando enriquecimento ilícito auferir qualquer tipo de vantagem patrimonial indevida em razão do exercício de cargo, mandato, função, emprego ou atividade nas entidades mencionadas no art. 1º desta lei, **e notadamente:**	Art. 9º Constitui ato de improbidade administrativa importando em enriquecimento ilícito auferir, mediante a prática de **ato doloso**, qualquer tipo de vantagem patrimonial indevida em razão do exercício de cargo, de mandato, de função, de emprego ou de atividade nas entidades referidas no art. 1º desta Lei, **e notadamente:**

Não houve uma mudança substancial na redação, apenas se reforçou a necessidade de dolo – uma das principais intenções do legislador com a mudança. Além disso, o termo "notadamente" – fundamento para se sustentar que o artigo traz um rol exemplificativo – é repetido na nova redação, o que nos leva a entender que **o rol segue sendo exemplificativo**, sendo possível que condutas não previstas expressamente no dispositivo nele se enquadrem quando se amoldarem à hipótese genérica do *caput*, muito embora as discussões em sentido contrário na elaboração da lei.

As suas **espécies** são:

I - receber, **para si ou para outrem,** dinheiro, bem móvel ou imóvel, ou qualquer outra vantagem econômica, direta ou indireta, **a título de comissão, percentagem, gratificação ou presente** de quem tenha interesse, direto ou indireto, que possa ser atingido ou amparado por ação ou omissão decorrente das atribuições do agente público;
II - perceber vantagem econômica, **direta ou indireta,** para facilitar a aquisição, permuta ou locação de bem móvel ou imóvel, ou a contratação de serviços **pelas entidades referidas no art. 1º por preço superior ao valor de mercado;**
III - perceber vantagem econômica, **direta ou indireta,** para facilitar a alienação, permuta ou locação de bem público ou o fornecimento de serviço **por ente estatal** por preço inferior ao valor de mercado;
IV - utilizar, em obra ou serviço particular, **qualquer bem móvel**, de propriedade ou à disposição de qualquer das entidades referidas no art. 1º desta Lei, **bem como o trabalho de servidores**, de empregados ou de terceiros contratados por essas entidades;
V - receber vantagem econômica de qualquer natureza, **direta ou indireta,** para tolerar **a exploração ou a prática de jogos de azar, de lenocínio, de narcotráfico, de contrabando, de usura ou de** qualquer outra atividade ilícita, ou aceitar promessa de tal vantagem;
VI - receber vantagem econômica de qualquer natureza, direta ou indireta, **para fazer declaração falsa** sobre qualquer dado técnico que envolva obras públicas ou qualquer outro serviço ou sobre quantidade, peso, medida, qualidade ou característica de mercadorias ou bens fornecidos a qualquer das entidades referidas no art. 1º desta Lei;
VII - adquirir, para si ou para outrem, no exercício de mandato, de cargo, de emprego ou de função pública, e em razão deles, bens de qualquer natureza, decorrentes dos atos descritos no caput deste artigo, cujo **valor seja desproporcional à evolução do patrimônio ou à renda do agente público,** *assegurada a demonstração pelo agente da licitude da origem dessa evolução*;
VIII - aceitar emprego, comissão ou exercer atividade de consultoria ou assessoramento para pessoa física ou jurídica que tenha interesse suscetível de ser atingido ou amparado **por ação ou omissão decorrente das atribuições do agente público, durante a atividade;**
IX - perceber vantagem econômica para intermediar a liberação ou aplicação de verba pública de qualquer natureza;
X - receber vantagem econômica de qualquer natureza, **direta ou indiretamente,** para omitir ato de ofício, providência ou declaração a que esteja obrigado;

XI - incorporar, por qualquer forma, ao seu patrimônio bens, rendas, verbas ou valores integrantes do acervo patrimonial das entidades mencionadas no art. 1° desta lei;

XII - usar, em proveito próprio, bens, rendas, verbas ou valores integrantes do acervo patrimonial das entidades mencionadas no art. 1° desta lei.

Veja que o inciso I não exige que o interesse de terceiro seja efetivamente atingido. Basta a mera possibilidade de ser atendido pelo agente que recebeu qualquer tipo de vantagem econômica para se configurar a hipótese.

Com a **lei 14.230/2021**, não houve muitas alterações nas espécies de atos de improbidade que importam enriquecimento ilícito. Houve mudanças apenas na redação dos incisos IV e VI.

Já no inciso VII, previu-se a possibilidade de que o agente público que adquire bens com valores incompatíveis com a sua renda ou evolução patrimonial demonstre a licitude da origem dessa evolução, o que não era previsto na redação original.

Além disso, determinou que a aquisição dos referidos bens, para fins de responsabilização, deve decorrer dos atos descritos no *caput*, ou seja, de atos tipificados como improbidade administrativa.

Vejamos as duas redações, com destaque para as mudanças:

Redação original	Redação com a lei 14.230/2021
IV - utilizar, em obra ou serviço particular, **veículos, máquinas, equipamentos ou material de qualquer natureza**, de propriedade ou à disposição de qualquer das entidades mencionadas no art. 1° desta lei, bem como o trabalho de servidores públicos, empregados ou terceiros contratados por essas entidades;	IV - utilizar, em obra ou serviço particular, **qualquer bem móvel**, de propriedade ou à disposição de qualquer das entidades referidas no art. 1° desta Lei, bem como o trabalho de servidores, de empregados ou de terceiros contratados por essas entidades;
VI - receber vantagem econômica de qualquer natureza, direta ou indireta, para fazer **declaração falsa sobre medição ou avaliação em obras públicas ou qualquer outro serviço**, ou sobre quantidade, peso, medida, qualidade ou característica de mercadorias ou bens fornecidos a qualquer das entidades mencionadas no art. 1° desta lei;	VI - receber vantagem econômica de qualquer natureza, direta ou indireta, para fazer **declaração falsa sobre qualquer dado técnico que envolva obras públicas ou qualquer outro serviço** ou sobre quantidade, peso, medida, qualidade ou característica de mercadorias ou bens fornecidos a qualquer das entidades referidas no art. 1° desta Lei;
VII - adquirir, para si ou para outrem, no exercício de mandato, cargo, emprego ou função pública, bens de qualquer natureza cujo valor seja desproporcional à evolução do patrimônio ou à renda do agente público;	VII - adquirir, para si ou para outrem, no exercício de mandato, de cargo, de emprego ou de função pública, e em razão deles, bens de qualquer natureza, **decorrentes dos atos descritos no caput** deste artigo, cujo valor seja desproporcional à evolução do patrimônio ou à renda do agente público, **assegurada a demonstração pelo agente da licitude da origem dessa evolução**;

O mais importante dos tipos em questão, portanto, é verificar que eles **pressupõem a percepção de uma vantagem indevida, podendo esse elemento ser combinado a situações diversas**, como atuação legislativa[25], realização de declaração falsa, tolerância de jogos de azar, dentre outras.

2.3.2. ATOS DE IMPROBIDADE ADMINISTRATIVA QUE CAUSAM PREJUÍZO AO ERÁRIO (ART. 10)

A hipótese geral é "qualquer ação ou omissão **dolosa**, que enseje, **efetiva e comprovadamente**, perda patrimonial, desvio, apropriação, malbaratamento ou dilapidação dos bens ou haveres das entidades referidas no art. 1º desta Lei". Os requisitos podem ser assim resumidos:

i. **prejuízo ao erário** (independente de enriquecimento do agente público);
ii. **conduta dolosa**, comissiva ou omissiva (não admite a modalidade culposa);
iii. **nexo de causalidade** entre a ação ou omissão e o prejuízo sofrido pelo erário.

Importa notar que os atos de improbidade que causam lesão ao erário não podem mais ser configurados na modalidade culposa. A partir da lei 14.230/2021, **somente conduta dolosa** pode configurar ato de improbidade administrativa, em qualquer modalidade.

Outro detalhe de grande importância é a exigência de que o ato tenha causado "**efetiva e comprovadamente**" dano ao erário. A expressão **erário** compreende os recursos financeiros dos cofres públicos ou destinados pelo Estado às demais entidades citadas no art. 1º.

Portanto, a partir da nova redação, não é mais possível a responsabilização por improbidade administrativa com base em "dano presumido", como era admitido anteriormente pelo STJ, na hipótese de frustração da licitude da licitação ou de processo seletivo de parcerias ou dispensá-los indevidamente, em que reconhecia um dano *in re ipsa*[26].

---

25 Enunciado 7 da I Jornada de Direito Administrativo do CJF: Configura ato de improbidade administrativa a conduta do agente público que, em atuação legislativa lato sensu, recebe vantagem econômica indevida.

26 AREsp 1507319/PB, Rel. Ministro Francisco Falcão, Segunda Turma, julgado em 05/03/2020, DJe 10/03/2020

Esse entendimento foi reforçado pela alteração da redação do inciso VIII, do art. 10, que passa a exigir expressamente "**perda patrimonial efetiva**" para configuração da improbidade.

Por outro lado, não há necessidade de enriquecimento do agente público. Ainda que acidentalmente possa estar presente, não é um elemento típico essencial para a configuração do ilícito.

Importa destacar a diferença da nova redação em relação à anterior:

Redação original	Redação com a lei 14.230/2021
Art. 10. Constitui ato de improbidade administrativa que causa lesão ao erário qualquer ação ou omissão, dolosa ou culposa, que enseje perda patrimonial, desvio, apropriação, malbaratamento ou dilapidação dos bens ou haveres das entidades referidas no art. 1º desta lei, e notadamente:	Art. 10. Constitui ato de improbidade administrativa que causa lesão ao erário qualquer ação ou omissão dolosa, que enseje, efetiva e comprovadamente, perda patrimonial, desvio, apropriação, malbaratamento ou dilapidação dos bens ou haveres das entidades referidas no art. 1º desta Lei, e notadamente:

Frise-se ainda que a expressão "notadamente" também é mantida aqui, de forma a sustentar que o rol de condutas do art. 10 permanece **exemplificativo**.

As **espécies** de ato ímprobo que causam lesão ao erário são as seguintes:

I - facilitar ou concorrer, **por qualquer forma**, para a **indevida incorporação ao patrimônio particular**, de pessoa física ou jurídica, de bens, de rendas, de verbas ou de valores integrantes do acervo patrimonial das entidades referidas no art. 1º desta Lei;
II - permitir ou concorrer para que pessoa física ou jurídica privada utilize **bens, rendas, verbas ou valores integrantes do acervo patrimonial das entidades mencionadas no art. 1º desta lei,** sem a observância das formalidades legais ou regulamentares aplicáveis à espécie;
III - doar à pessoa física ou jurídica bem como ao ente despersonalizado, **ainda que de fins educativos ou assistências, bens, rendas, verbas ou valores do patrimônio de qualquer das entidades mencionadas no art. 1º desta lei,** sem observância das formalidades legais e regulamentares **aplicáveis à espécie**;
IV - permitir ou facilitar a alienação, permuta ou locação **de bem integrante do patrimônio de qualquer das entidades referidas no art. 1º desta lei,** ou ainda a prestação de serviço **por parte delas,** por preço inferior ao de mercado;
V - permitir ou facilitar a aquisição, permuta ou locação de bem ou serviço por preço superior ao de mercado;
VI - realizar operação financeira sem observância das normas legais e regulamentares ou aceitar garantia insuficiente ou inidônea;
VII - conceder benefício administrativo ou fiscal sem a observância das formalidades legais ou regulamentares **aplicáveis à espécie;**
VIII - frustrar a licitude de processo licitatório ou de processo seletivo para celebração de parcerias com entidades sem fins lucrativos, ou dispensá-los indevidamente, **acarretando perda patrimonial efetiva**;

A título ilustrativo, cite-se ainda: "Assim, a indevida dispensa de licitação, por impedir que a administração pública contrate a melhor proposta, causa dano in re ipsa, descabendo exigir do autor da ação civil pública prova a respeito do tema". (STJ. 2ª Turma. REsp 817921/SP)

IX - ordenar ou permitir a realização de despesas não autorizadas **em lei ou regulamento;**
X - agir **ilicitamente** na arrecadação de tributo ou de renda, bem como no que diz respeito à conservação do patrimônio público;
XI - liberar verba pública sem a estrita observância das normas **pertinentes ou influir de qualquer forma para a sua aplicação irregular;**
XII - permitir, facilitar ou concorrer para que terceiro se enriqueça ilicitamente;
XIII - permitir que se utilize, **em obra ou serviço particular, veículos, máquinas, equipamentos ou material de qualquer natureza, de propriedade ou à disposição de qualquer das entidades mencionadas no art. 1º desta lei, bem como o trabalho de servidor público, empregados ou terceiros contratados por essas entidades.**
XIV – celebrar contrato ou outro instrumento **que tenha por objeto a prestação de serviços públicos** por meio da gestão associada sem observar as formalidades previstas na lei;
XV – celebrar contrato de rateio de consórcio público sem suficiente e prévia dotação orçamentária, **ou sem observar as formalidades previstas na lei.**
XVI - facilitar ou concorrer, **por qualquer forma**, para a incorporação, **ao patrimônio particular de pessoa física ou jurídica, de bens, rendas, verbas ou valores públicos transferidos pela administração pública a entidades privadas** mediante celebração de parcerias, sem a observância das formalidades legais ou regulamentares **aplicáveis à espécie;**
XVII - permitir ou concorrer **para que pessoa física ou jurídica privada utilize bens, rendas, verbas ou valores públicos transferidos pela administração pública a entidade** privada mediante celebração de parcerias, **sem a observância das formalidades legais ou regulamentares aplicáveis à espécie;**
XVIII - celebrar parcerias da administração pública com entidades privadas sem a observância das formalidades legais ou regulamentares **aplicáveis à espécie;**
XIX - agir para a configuração de ilícito na celebração, na fiscalização e na análise das prestações de contas de **parcerias** firmadas pela administração pública com entidades privadas;
XX - liberar recursos de parcerias **firmadas pela administração pública com entidades privadas** sem a estrita observância das normas pertinentes **ou influir de qualquer forma para a sua aplicação irregular;**
XXI – Revogado (tratava-se de repetição do inciso XX).
XXII - conceder, aplicar ou manter benefício financeiro ou tributário contrário ao que dispõem o caput e o § 1º do art. 8º-A da Lei Complementar nº 116, de 31 de julho de 2003.

Houve alteração nos incisos, I, VIII, X e XIX, revogação do inciso XXI e a inclusão do inciso XXII.

No caso do **inciso I**, houve apenas melhoria da redação e inclusão da palavra "indevida" para falar da incorporação ao patrimônio do particular.

É importante frisar que, em relação ao **inciso VIII** (frustração de licitude no processo licitatório), o STJ entendia que não era necessária efetiva demonstração do dano para a sua configuração, por considerar que esses casos gerariam um dano presumido (*in re ipsa*), por impedir a Administração de obter proposta mais vantajosa:

Para caracterização dos atos de improbidade administrativa descritos no art. 10 da Lei n. 8.429/1992, é indispensável a comprovação da lesão ao erário, exceto nas hipóteses específicas do inciso VIII do referido dispositivo, nas quais se enquadra o caso em comento, uma vez que o prejuízo é presumido (*in re ipsa*). (AREsp 1507319/PB, Rel. Ministro Francisco Falcão, Segunda Turma, julgado em 05/03/2020, DJe 10/03/2020).

No entanto, com a nova redação do *caput* e do próprio inciso, fica claro que, para configurar ato de improbidade que causa prejuízo ao erário, é imprescindível a demonstração do efetivo dano. Assim, é possível afirmar que (pelo menos neste primeiro momento) a jurisprudência do STJ restou superada pela legislação.

Não obstante, caso não haja dano na frustração da licitude ou dispensa indevida dos procedimentos citados, configurará ato de improbidade que atenta contra os princípios da administração (art. 11, V), conforme veremos adiante[27].

As alterações nos **incisos X e XIX** ocorreram para adequar à nova diretriz da lei, de que somente há improbidade quando houver dolo. Por isso, as expressões "**agir negligentemente**" foram substituídas pela ação ilícita do agente.

Um aspecto interessante foi a perfeita exclusão da perda patrimonial decorrente de atividade econômica como ato de improbidade. Assim, como regra, o gestor não responderá por eventual dano causado ao patrimônio público em atos dessa natureza, salvo quando houver dolo. Essa é a redação do art. 10, §2º da Lei nº 8.429:

> Art. 10, § 2º A mera perda patrimonial decorrente da atividade econômica não acarretará improbidade administrativa, salvo se comprovado ato doloso praticado com essa finalidade.

Outrossim, o **inciso XXI** foi revogado por se tratar de repetição do inciso XX.

---

[27] Art. 11. Constitui ato de improbidade administrativa que atenta contra os princípios da administração pública a ação ou omissão dolosa que viole os deveres de honestidade, de imparcialidade e de legalidade, caracterizada por uma das seguintes condutas:

(...)

V - frustrar, em ofensa à imparcialidade, o caráter concorrencial de concurso público, de chamamento ou de procedimento licitatório, com vistas à obtenção de benefício próprio, direto ou indireto, ou de terceiros;

Já o **inciso XXII** incorporou o antigo art. 10-A – revogado pela lei 14.230/2021 – no art. 10, como uma de suas hipóteses, não figurando mais como uma espécie autônoma de improbidade.

O primeiro ponto acerca desta espécie é que somente os agentes públicos municipais ou do Distrito Federal estão sujeitos a praticar esses atos administrativos, considerando que o ISS é um imposto municipal. No entanto, é possível que terceiros que concorreram para o ato ou dele se beneficiaram também sejam responsabilizados com base neste dispositivo.

Em segundo lugar, o objetivo do legislador ao prever essa espécie de improbidade é evitar a guerra fiscal entre Municípios.

Vejamos as mudanças, lado a lado:

Redação original	Redação com a lei 14.230/2021
I - facilitar ou concorrer por qualquer forma para a incorporação ao patrimônio particular, de pessoa física ou jurídica, de bens, rendas, verbas ou valores integrantes do acervo patrimonial das entidades mencionadas no art. 1º desta lei;	I - facilitar ou concorrer, por qualquer forma, para a **indevida** incorporação ao patrimônio particular, de pessoa física ou jurídica, de bens, de rendas, de verbas ou de valores integrantes do acervo patrimonial das entidades referidas no art. 1º desta Lei;
VIII - frustrar a licitude de processo licitatório ou de processo seletivo para celebração de parcerias com entidades sem fins lucrativos, ou dispensá-los indevidamente;	VIII - frustrar a licitude de processo licitatório ou de processo seletivo para celebração de parcerias com entidades sem fins lucrativos, ou dispensá-los indevidamente, **acarretando perda patrimonial efetiva;**
X - agir **negligentemente** na arrecadação de tributo ou renda, bem como no que diz respeito à conservação do patrimônio público;	X - agir **ilicitamente** na arrecadação de tributo ou de renda, bem como no que diz respeito à conservação do patrimônio público;
XIX - agir **negligentemente** na celebração, fiscalização e análise das prestações de contas de parcerias firmadas pela administração pública com entidades privadas;	XIX - **agir para a configuração de ilícito** na celebração, na fiscalização e na análise das prestações de contas de parcerias firmadas pela administração pública com entidades privadas
XXI - liberar recursos de parcerias firmadas pela administração pública com entidades privadas sem a estrita observância das normas pertinentes ou influir de qualquer forma para a sua aplicação irregular.	XXI - (revogado);
Art. 10-A. Constitui ato de improbidade administrativa qualquer ação ou omissão para conceder, aplicar ou manter benefício financeiro ou tributário contrário ao que dispõem o caput e o § 1º do art. 8º-A da Lei Complementar nº 116, de 31 de julho de 2003[28].	XXII - conceder, aplicar ou manter benefício financeiro ou tributário contrário ao que dispõem o caput e o § 1º do art. 8º-A da Lei Complementar nº 116, de 31 de julho de 2003.

---

28 Antes, a conduta era tipificada em dispositivo próprio. No entanto, o artigo foi revogado e a conduta nele prevista foi reproduzida no inciso XXII do art. 10, passando a ser uma hipótese de improbidade administrativa que causa prejuízo ao erário, havendo clara hipótese de continuidade típica.

2.3.3. ATOS DE IMPROBIDADE ADMINISTRATIVA QUE ATENTAM CONTRA OS PRINCÍPIOS DA ADMINISTRAÇÃO PÚBLICA (ART. 11)

A hipótese geral é "ação ou omissão dolosa que viole os deveres de honestidade, de imparcialidade e de legalidade".

Os **requisitos** são:
i. violação a princípio da Administração Pública;
ii. conduta dolosa (não admite a modalidade culposa);
iii. Nexo causal.

Assim, possível afirmar que o elemento nuclear deste tipo é a **violação aos "deveres de honestidade, de imparcialidade e de legalidade"**.

Doutra ponta, destacamos a diferença da nova redação em relação à anterior:

Redação original	Redação com a lei 14.230/2021
Art. 11. Constitui ato de improbidade administrativa que atenta contra os princípios da administração pública qualquer ação ou omissão que viole os deveres de honestidade, imparcialidade, legalidade, e lealdade às instituições, **e notadamente:**	Art. 11. Constitui ato de improbidade administrativa que atenta contra os princípios da administração pública a ação ou omissão **dolosa** que viole os deveres de honestidade, imparcialidade e de legalidade, **caracterizada por uma das seguintes condutas:**

A substituição da expressão "notadamente" pela "caracterizada por uma das seguintes condutas" demonstra a clara intenção do legislador – ressaltada inúmeras vezes no processo legislativo – de tornar o **rol de condutas do artigo 11 taxativo**, pelo que não é mais possível a existência de ato de improbidade administrativa que atenta contra os princípios da administração sem previsão expressa na lei.

Nos termos da jurisprudência anteriormente firmada no âmbito do Superior Tribunal de Justiça, os atos de improbidade administrativa descritos no artigo 11 da Lei nº 8429/92 dependiam simples da presença do dolo genérico (consubstanciado na atuação deliberada no sentido de praticar ato contrário aos princípios da Administração Pública)[29].

No entanto, **com a lei 14.230/2021**, considera-se que, para configuração de qualquer ato de improbidade administrativa é necessária a

---

[29] AgInt no AREsp 1121329/RJ, Rel. Ministro SÉRGIO KUKINA, PRIMEIRA TURMA, julgado em 19/06/2018, DJe 26/06/2018.

presença de **dolo específico**, conforme art. 1º, §2º, da lei, que exige a intenção de "alcançar o resultado ilícito tipificado (...) não bastando a voluntariedade do agente."

Essa mudança de paradigma foi prevista expressamente no §1º do art. 11:

> § 1º Nos termos da Convenção das Nações Unidas contra a Corrupção, promulgada pelo Decreto nº 5.687, de 31 de janeiro de 2006, somente haverá improbidade administrativa, na aplicação deste artigo, quando for comprovado na conduta funcional do agente público o fim de obter proveito ou benefício indevido para si ou para outra pessoa ou entidade.
> § 2º Aplica-se o disposto no § 1º deste artigo a quaisquer atos de improbidade administrativa tipificados nesta Lei e em leis especiais e a quaisquer outros tipos especiais de improbidade administrativa instituídos por lei.

Vale destacar ainda o disposto nos parágrafos 3º e 4º:

> § 3º O enquadramento de conduta funcional na categoria de que trata este artigo pressupõe a demonstração objetiva da prática de ilegalidade no exercício da função pública, com a indicação das normas constitucionais, legais ou infralegais violadas.
> § 4º Os atos de improbidade de que trata este artigo exigem lesividade relevante ao bem jurídico tutelado para serem passíveis de sancionamento e independem do reconhecimento da produção de danos ao erário e de enriquecimento ilícito dos agentes públicos.

O legislador pretendeu deixar claro que as **condutas de baixa lesividade** devem ser punidas nas esferas adequadas, porém, deixadas de fora do âmbito da improbidade administrativa. Essa afirmação merece algumas considerações.

É possível afirmar que esse é um conceito «emprestado» do direito penal, consistente na tipicidade material. Ou seja, além do enquadramento formal, faz-se necessário que a conduta enquadrada na hipótese normativa traga relevante dano ou ameaça ao bem jurídico protegido pelo texto (no caso, a lei e improbidade). Os penalistas pressupõem, além disso, que haja dolo ou culpa por parte do agente, sendo que, conforme visto, para fins de improbidade, apenas o dolo é capaz de qualificar a antijuridicidade do ato.

Neste sentido, afirma a doutrina penalista que o fato típico possui três dimensões: formal, material e o dolo ou culpa[30]. No segundo ponto (ti-

---

30 GOMES, Luiz Flávio; BIANCHINI, Alice. *Curso de direito penal*. Parte geral. Arts. 1º a 120. Salvador: JusPodium, 2015, p. 213.

picidade material), haverá um juízo de valoração/desaprovação tanto sobre a conduta do agente (visto que o desvalor penal sempre recairá sobre a conduta de um ser humano), quanto sobre o seu resultado jurídico, o qual deverá representar um perigo concreto ou transcendental, significativo, intolerável, objetivamente imputável ao risco criado ou incrementado e que esteja "no âmbito de proteção da normal penal"[31][32]. Assim, além daquela adequação formal, a correspondência meramente literal entre o fato e a norma, deverá ser verificado se aquela conduta ou seu respectivo resultado representa um grau de perturbação à ordem que a torne digna de sanção. Por essa razão, a doutrina se refere ao princípio da ofensividade, segundo o qual, "se não foi afetado significativamente o princípio concretizado pela norma, não é possível reação jurídica ao descumprimento do dever imposto por ela"[33].

Possível afirmar, portanto, que o **princípio da ofensividade** restou consagrado nas alterações formuladas na lei de improbidade administrativa[34].

---

[31] GOMES, Luiz Flávio; BIANCHINI, Alice. *Curso de direito penal*. Parte geral. Arts. 1º a 120. Salvador: JusPodium, 2015, p. 213.

[32] Importante notar que referidos autores se inspiram na teoria da imputação objetiva desenvolvida por Claus Roxin: "A teoria da imputação objetiva tenta resolver os problemas que decorrem destes e de outros grupos de casos, ainda a serem examinados. Em sua forma mais simplificada, diz ela: um resultado causado pelo agente só deve ser imputado como sua obra e preenche o tipo objetivo unicamente quando o comportamento do autor cria um risco não permitido para o objeto da ação (1), quando o risco se realiza no resultado concreto (2) e este resultado se encontra dentro do alcance do tipo (3)" (ROXIN, Claus. *Estudos de direito penal*. Tradução Luís Greco. 2. ed. Rio de Janeiro: Renovar, 2012, p. 104).

[33] MARTINS, Ricardo Marcondes. *Efeitos dos vícios do ato administrativo*. São Paulo: Malheiros, 2008, p. 627.

[34] Importante ressaltar que essas considerações acerca da necessidade de uma lesividade para a configuração de ato de improbidade administrativa já permeavam os debates em torno da Lei nº 8.429/92, antes da alteração legislativa. Neste sentido, vejamos a doutrina de Maria Sylvia Zanella Di Pietro: "[...] a própria severidade das sanções previstas na Constituição está a demonstrar que o objetivo foi o de punir infrações que tenham um mínimo de gravidade, por apresentarem consequências danosas para o patrimônio público (em sentido amplo), ou propiciarem benefícios indevidos para o agente ou para terceiros. A aplicação das medidas previstas na lei exige observância do princípio da razoabilidade, sob o seu aspecto de proporcionalidade entre meios e fins". (DI PIETRO, Maria Sylvia Zanella. Direito administrativo. 29. ed. São Paulo: Forense, 2016, p. 993)

As **espécies** de atos que atentam contra os princípios Administrativos são:

I – (revogado)
II – (revogado)
III - revelar fato ou circunstância de que tem ciência em razão das atribuições e que deva permanecer em segredo, propiciando beneficiamento por informação privilegiada ou colocando em risco a segurança da sociedade e do Estado;
IV - negar publicidade aos atos oficiais, exceto em razão de sua imprescindibilidade para a segurança da sociedade e do Estado ou de outras hipóteses instituídas em lei;
V - frustrar, em ofensa à imparcialidade, o caráter concorrencial de concurso público, de chamamento ou de procedimento licitatório, com vistas à obtenção de benefício próprio, direto ou indireto, ou de terceiros
VI - deixar de prestar contas quando esteja obrigado a fazê-lo, desde que disponha das condições para isso, com vistas a ocultar irregularidades;
VII - revelar ou permitir que chegue ao conhecimento de terceiro, antes da respectiva divulgação oficial, **teor de medida política ou econômica capaz de afetar o preço de mercadoria, bem ou serviço.**
VIII - descumprir as normas relativas à celebração, fiscalização e aprovação de contas de parcerias firmadas pela administração pública com entidades privadas;
IX – (Revogado)
X – (Revogado)
XI - nomear cônjuge, companheiro ou parente em linha reta, colateral ou por afinidade, até o terceiro grau, inclusive, da autoridade nomeante ou de servidor da mesma pessoa jurídica investido em cargo de direção, chefia ou assessoramento, para o exercício de cargo em comissão ou de confiança ou, ainda, de função gratificada na administração pública direta e indireta em qualquer dos Poderes da União, dos Estados, do Distrito Federal e dos Municípios, compreendido o ajuste mediante designações recíprocas;
XII - praticar, no âmbito da administração pública e com recursos do erário, **ato de publicidade que contrarie o disposto no § 1º do art. 37 da Constituição Federal**, de forma a promover inequívoco enaltecimento do agente público e personalização de atos, de programas, de obras, de serviços ou de campanhas dos órgãos públicos.

O legislador **revogou condutas** que entendeu que não deveriam ser punidas com base na lei de improbidade, devendo haver a sua punição nas demais esferas, especialmente no âmbito da esfera administrativa, como foi os casos dos incisos I, II, IX e X.

Nos casos dos **incisos III, IV e VI**, buscou-se responsabilizar apenas as condutas efetivamente graves.

O **inciso V**, que antes previa apenas a frustração da licitude do concurso público, prevê, com a nova redação, a necessidade de efetiva imparcialidade, configurando a improbidade pela frustração do caráter concorrencial tanto do concurso, quando da licitação e do chamamento público. Portanto, no caso de **ilicitudes relacionadas à licitação ou ao chamamento público**:

    a. *Caso haja efetivo prejuízo* à Administração, configura-se ato de improbidade que causa lesão ao erário (art. 10).

    b. *Caso não haja prejuízo*, haverá ato de improbidade que atenta contra os princípios da Administração (art. 11).

O **inciso XI**, inserido pela lei 14.230/2021, tipifica o **nepotismo** como ato de improbidade que atenta contra os princípios da Administração Pública. É a primeira lei a nível nacional que prevê expressamente o nepotismo. No entanto, embora tenha o mérito de tipificar expressamente o nepotismo, sua redação é criticada por simplesmente reproduzir a súmula vinculante nº 13, sem realizar qualquer avanço em sua redação.

Para configuração da improbidade por nepotismo, é imprescindível o **dolo específico**. Não havendo dolo específico, o ato não configurará improbidade, mas, ainda assim, será um ato nulo por violação da moralidade e da impessoalidade. Nesse ponto, é importante destacar ainda o § 5º do art. 11:

> § 5º Não se configurará improbidade a mera nomeação ou indicação política por parte dos detentores de mandatos eletivos, sendo necessária a aferição de dolo com finalidade ilícita por parte do agente.

Destaque-se, ainda, que o Supremo Tribunal Federal já possuía jurisprudência sobre o assunto, trazendo algumas **exceções** nas quais a nomeação de parentes não configuraria nepotismo. A Suprema Corte tem afastado a aplicação da Súmula Vinculante 13 a cargos públicos de natureza política, ressalvados os casos de inequívoca falta de razoabilidade, por manifesta ausência de qualificação técnica ou inidoneidade moral:

> Agravo regimental em reclamação. 2. Nomeação de cônjuge de Prefeita para ocupar cargo de Secretário municipal. 3. Agente político. Ausência de violação ao disposto na Súmula Vinculante 13. 4. Os **cargos que compõem a estrutura do Poder Executivo** são de livre nomeação e exoneração pelo Chefe desse Poder. 4. Fraude à lei ou hipótese de nepotismo cruzado por designações recíprocas. Inocorrência. Precedente: RE 579.951/RN, Rel. Min. Ricardo Lewandowski, Dje 12.9.2008. 7. Agravo regimental a que se dá provimento para julgar procedente a reclamação. (Rcl 22339 AgR, Relator(a): Edson Fachin, Relator p/ acórdão: Gilmar Mendes, Segunda Turma, julgado em 04/09/2018)
> Direito Administrativo. Agravo interno em reclamação. Nepotismo. Súmula Vinculante 13. 1. O Supremo Tribunal Federal tem afastado a aplicação da Súmula Vinculante 13 a **cargos públicos de natureza política**, ressalvados os casos de inequívoca falta de razoabilidade, por manifesta ausência de qualificação técnica ou inidoneidade moral. Precedentes. 2. Não há nos autos qualquer elemento que demonstre a ausência de razoabilidade da nomeação. 3. Agravo interno a que se nega provimento.
> (Rcl 28024 AgR, Relator(a): Roberto Barroso, Primeira Turma, julgado em 29/05/2018)

Ou seja, via de regra, a Súmula Vinculante nº 13, que veda o nepotismo na Administração Pública, não é aplicável para a nomeação de cargos políticos, como, por exemplo, de Ministros ou Secretários de Estado. Não obstante, essa exceção não é cláusula absoluta, atraindo-se os rigores do enunciado (e da lei de improbidade, segundo entendemos) nos casos que configurarem "inequívoca falta de razoabilidade": a) manifesta ausência de qualificação técnica; b) inidoneidade moral.

No caso, é possível defender que a legislação trouxe hipóteses mais rigorosas para a responsabilização, por condicionar a sanção por improbidade administrativa à aferição de dolo com finalidade ilícita por parte do agente[35].

Por fim, o **inciso XII** trata da publicidade irregular, com a intenção de beneficiar o agente público, em contrariedade com o art. 37, §1º, CF, que determina que a publicidade deverá ser institucional.

Redação original	Redação com a lei 14.230/2021
I - praticar ato visando fim proibido em lei ou regulamento ou diverso daquele previsto, na regra de competência;	I – (revogado)
II - retardar ou deixar de praticar, indevidamente, ato de ofício;	II – (revogado)
III - revelar fato ou circunstância de que tem ciência em razão das atribuições e que deva permanecer em segredo;	III - revelar fato ou circunstância de que tem ciência em razão das atribuições e que deva permanecer em segredo, **propiciando beneficiamento por informação privilegiada ou colocando em risco a segurança da sociedade e do Estado;**
V - negar publicidade aos atos oficiais;	IV - negar publicidade aos atos oficiais, **exceto em razão de sua imprescindibilidade para a segurança da sociedade e do Estado ou de outras hipóteses instituídas em lei;**
V - frustrar a licitude de concurso público;	V - frustrar, em **ofensa à imparcialidade**, o **caráter concorrencial** de concurso público, de **chamamento ou de procedimento licitatório**, com vistas à obtenção de benefício próprio, direto ou indireto, ou de terceiros;
VI - deixar de prestar contas quando esteja obrigado a fazê-lo;	VI - deixar de prestar contas quando esteja obrigado a fazê-lo, **desde que disponha das condições para isso, com vistas a ocultar irregularidades;**
IX - deixar de cumprir a exigência de requisitos de acessibilidade previstos na legislação.	IX - (revogado);
X - transferir recurso a entidade privada, em razão da prestação de serviços na área de saúde sem a prévia celebração de contrato, convênio ou instrumento congênere, nos termos do parágrafo único do art. 24 da Lei nº 8.080, de 19 de setembro de 1990.	X - (revogado);

---

35 Por ora, é importante conhecer as duas vertentes para resposta de acordo com o questionamento formulado pela banca ("de acordo com a jurisprudência do STF" ou "de acordo com a lei de improbidade administrativa").

Redação original	Redação com a lei 14.230/2021
-	XI - nomear cônjuge, companheiro ou parente em linha reta, colateral ou por afinidade, até o terceiro grau, inclusive, da autoridade nomeante ou de servidor da mesma pessoa jurídica investido em cargo de direção, chefia ou assessoramento, para o exercício de cargo em comissão ou de confiança ou, ainda, de função gratificada na administração pública direta e indireta em qualquer dos Poderes da União, dos Estados, do Distrito Federal e dos Municípios, compreendido o ajuste mediante designações recíprocas.
-	XII - praticar, no âmbito da administração pública e com recursos do erário, ato de publicidade que contrarie o disposto no § 1º do art. 37 da Constituição Federal, de forma a promover inequívoco enaltecimento do agente público e personalização de atos, de programas, de obras, de serviços ou de campanhas dos órgãos públicos.

2.3.4. IMPROBIDADE NA ORDEM URBANÍSTICA (ART. 52 DA LEI 10.257/2001 – ESTATUTO DA CIDADE)

Existem **hipóteses específicas** de ato improbidade administrativa relacionada à tutela da ordem urbanística. São atos praticados pelo **prefeito (ou governador do DF)**, sem prejuízo da punição de outros agentes públicos envolvidos, quando:

II – deixar de proceder, no prazo de cinco anos, o adequado aproveitamento do imóvel incorporado ao patrimônio público, conforme o disposto no § 4º do art. 8º desta Lei;
III – utilizar áreas obtidas por meio do direito de preempção em desacordo com o disposto no art. 26 desta Lei
IV – aplicar os recursos auferidos com a outorga onerosa do direito de construir e de alteração de uso em desacordo com o previsto no art. 31 desta Lei;
V – aplicar os recursos auferidos com operações consorciadas em desacordo com o previsto no § 1º do art. 33 desta Lei;
VI – impedir ou deixar de garantir os requisitos contidos nos incisos I a III do § 4º do art. 40 desta Lei
VII – deixar de tomar as providências necessárias para garantir a observância do disposto no § 3º do art. 40 e no art. 50 desta Lei;
VIII – adquirir imóvel objeto de direito de preempção, nos termos dos arts. 25 a 27 desta Lei, pelo valor da proposta apresentada, se este for, comprovadamente, superior ao de mercado.

No entanto, o Estatuto da Cidade não previu sanções para estes atos, devendo ocorrer a sua **interpretação em conformidade com a lei 8.429/92**, em especial o art.12. Assim, deve-se verificar se a conduta do prefeito importou em enriquecimento ilícito, causou lesão ao erário ou atentou contra os princípios administrativos.

2.4. ELEMENTO SUBJETIVO (DOLO OU CULPA)

De acordo com o STJ, em entendimento consolidado na vigência da redação original da lei 8.429/92, era **inadmissível a responsabilidade objetiva** na aplicação da Lei n. 8.429/1992, exigindo-se a presença de **dolo** nos casos dos arts. 9º e 11 (que coíbem o enriquecimento ilícito e o atentado aos princípios administrativos, respectivamente) e ao menos de **culpa** nos termos do art. 10, que censura os atos de improbidade por dano ao erário[36].

---

36 ADMINISTRATIVO. RECURSO ESPECIAL. NÃO OCORRÊNCIA DE OFENSA AO ART. 535 DO CPC. ACÓRDÃO DEVIDAMENTE FUNDAMENTADO. IMPUTAÇÃO DA PRÁTICA DE ATO DE IMPROBIDADE ADMINISTRATIVA. NEPOTISMO. INDISPENSABILIDADE DE COMPROVAÇÃO DO DOLO DO AGENTE. PARECER DO MINISTÉRIO PÚBLICO FEDERAL PELO PROVIMENTO DO APELO. RECURSO ESPECIAL DO MINISTÉRIO PÚBLICO DE MINAS GERAIS DESPROVIDO, NO ENTANTO.

1. A alegada violação ao art. 535, II do CPC não ocorreu, pois a lide foi fundamentadamente resolvida nos limites propostos. As questões suscitadas foram decididas, não tendo havido qualquer vício que justificasse o manejo dos Embargos de Declaração. Ademais, o julgamento diverso do pretendido, como na espécie, não implica ofensa à norma ora invocada, de forma que, tendo encontrado motivação suficiente para fundar a decisão, não fica o órgão julgador obrigado a responder, um a um, todos os questionamentos das partes, mormente se notório seu caráter infringente.

2. A primeira e mais urgente função prepraratória da aceitação da petição inicial da Ação por Ato de Improbidade Administrativa é a de extremar o ato apontado de ímprobo da configuração da mera ilegalidade (dada a inegável afinidade formal entre as duas entidades), para verificar se o ato tido como ímprobo não estará apenas no nível da mera ilegalidade, ou seja, não se alça ao nível da improbidade; essa atividade é relevante porque especializa a cognição judicial no objeto específico da ação em apreço, evitando que a sua energia seja drenada para outras áreas afins, ou desperdiçada em movimentos processuais improdutivos.

3. Dessa atuação malsã do agente deve resultar (i) o enriquecimento ilícito próprio ou alheio (art. 9o. da Lei 8.429/92), (ii) a ocorrência de prejuízo ao Erário (art. 10 da Lei 8.429/92) ou (iii) a infringência aos princípios nucleares da Administração Pública (arts. 37 da Constituição e 11 da Lei 8.429/92).

4. A conduta do agente, nos casos dos arts. 9o. e 11 da Lei 8.429/92, há de ser sempre dolosa, por mais complexa que seja a demonstração desse elemento subjetivo; nas hipóteses do art. 10 da Lei 8.429/92, admite-se que possa ser culposa, mas em nenhuma das hipóteses legais se diz que possa a conduta do agente ser considerada apenas do ponto de vista objetivo, gerando a responsabilidade objetiva.

5. In casu, as instâncias de origem julgaram improcedente o pedido por reconhecerem que não configurada ato de improbidade administrativa a prática de nepotismo.

O elemento subjetivo do ato era, portanto, o dolo ou, no caso do art. 10, a culpa, sendo impossível a responsabilização de qualquer pessoa sem demonstração deste elemento.

Entretanto, conforme já analisado, a lei não admite mais a responsabilização por improbidade administrativa por conduta culposa: **somente a conduta dolosa** é que pode configurar ato de improbidade.

A esse respeito, a própria lei conceitua o dolo:

> Art. 1º § 2º Considera-se dolo a **vontade livre e consciente de alcançar o resultado ilícito** tipificado nos arts. 9º, 10 e 11 desta Lei, **não bastando a voluntariedade do agente**.

---

6. A conduta imputada ao recorrente mostra-se gravemente culposa, mas não revela o dolo específico de lesar os cofres públicos ou de obter vantagem indevida, requisitos indispensáveis à infração dos bens jurídicos tutelados pela Lei de Improbidade Administrativa, especialmente considerando que à época em que ocorreram as citadas contratações (nos anos de 2005 e 2006), não havia lei vedando o nepotismo no âmbito da Administração Pública Municipal, sendo anteriores, ainda, à aprovação do Enunciado da Súmula Vinculante 13 do STF (DJe 29.8.2008).

7. A inicial da ação não tipificou a conduta dos imputados, mas apenas a descreveu com minúcias; a tipificação seria necessária, até porque as figuras infracionais dos arts. 9o., 10 e 11 da Lei 8.429/92 não guardam entre si a possibilidade de intercâmbio indiferente, ou seja, não se pode empregar umas por outras.

8. A tipificação da conduta do agente, que é uma exigência tradicional na denúncia criminal (art. 41 do CPP), diz respeito à sua função viabilizadora, em primeiro lugar, da definição da competência jurisdicional e, em segundo lugar, da amplitude da defesa, como salienta EUGÊNIO PACELLI DE OLIVEIRA (Curso de Processo Penal, Belo Horizonte, DelRey, 2006, p. 154); o Professor GUILHERME DE SOUZA NUCCI faz observação semelhante (Código de Processo Penal Comentado, São Paulo, RT, 2008, p. 156); essas lições são proveitosamente aplicáveis à formulação da Ação de Improbidade Administrativa.

9. No exercício da atividade punitiva a Administração pratica atos materialmente jurisdicionais, por isso que se submete à observância obrigatória de todas as garantias subjetivas consagradas no Processo Penal contemporâneo, onde não encontram abrigo as posturas autoritárias, arbitrárias ou desvinculadas dos valores da cultura.

10. Contudo, esse aspecto (de extrema relevância) não foi objeto de alegações da defesa, nem (obviamente) de decisão nas instâncias anteriores, por isso que não será também incluído como mote desta decisão, mas ficam estas breves observações apenas como obiter dictu deste voto.

11. Recurso Especial do Ministério Público de Minas Gerais desprovido.

(REsp 1193248/MG, Rel. Ministro Napoleão Nunes Maia Filho, Primeira Turma, julgado em 24/04/2014, DJe 18/08/2014)

Além disso, o **dolo deve ser específico**, consubstanciado na especial finalidade de agir, isto é, o objetivo específico de obter o resultado ilícito tipificado na lei, não bastando a simples voluntariedade do agente (art. 1º, §2º) ou a mera ilegalidade (art. 17-C, §1º[37]). Essa previsão configura uma superação da jurisprudência do STJ, que se contentava com o dolo genérico[38].

A exigência de dolo específico fica ainda mais claro nos §§ 1º e 2º do art. 11 da lei, que evidenciam a convencionalidade da legislação, alinhando-a à Convenção das Nações Unidas contra a Corrupção, diploma internacionalizado por nosso ordenamento:

> Art. 11. § 1º Nos termos da Convenção das Nações Unidas contra a Corrupção, promulgada pelo Decreto nº 5.687, de 31 de janeiro de 2006, somente haverá improbidade administrativa, na aplicação deste artigo, quando for comprovado na conduta funcional do agente público o fim de **obter proveito ou benefício indevido para si ou para outra pessoa ou entidade**. § 2º Aplica-se o disposto no § 1º deste artigo a quaisquer atos de improbidade administrativa tipificados nesta Lei e em leis especiais e a quaisquer outros tipos especiais de improbidade administrativa instituídos por lei.

2.4.1. TEORIA DA CEGUEIRA DELIBERADA (OU TEORIA DO AVESTRUZ) EM ATOS DE IMPROBIDADE ADMINISTRATIVA

A teoria da cegueira deliberada é uma teoria, originária da Suprema Corte dos Estados Unidos, que objetiva punir agentes que, de modo voluntário, simulam ou disfarçam o desconhecimento da prática de ilícitos administrativos.

O agente público, **deliberadamente, se coloca em situação de ignorância**, criando obstáculos, de forma consciente e voluntária, para que não tome conhecimento da prática do ato ilícito administrativo ou de improbidade administrativa que está sendo praticado no âmbito da Administração Pública, auferindo algum tipo de vantagem, ainda que não patrimonial, ou mesmo descumprindo um dever administrativo e violando princípios da administração.

---

[37] Art. 17. § 1º A ilegalidade sem a presença de dolo que a qualifique não configura ato de improbidade.

[38] AREsp 1121329/RJ, Rel. Ministro Sérgio Kukina, Primeira Turma, julgado em 19/06/2018, DJe 26/06/2018

Desse modo, a ignorância provocada pelo próprio agente público se torna **equivalente ao dolo eventual** ou, até mesmo, à culpa consciente, ensejando a possibilidade de punição no âmbito administrativo e da improbidade administrativa.

A "**teoria do avestruz**" é uma metáfora que se utiliza da ação deste animal que, diante de um perigo iminente, esconde a cabeça na terra para não tomar conhecimento do que ocorre ao seu redor e não tomar uma atitude diante daquela situação.

A teoria foi utilizada em um julgado do Tribunal de Justiça de São Paulo, em que os desembargadores entenderam ser o caso de manter a condenação de ex-prefeito por improbidade administrativa, nos seguintes termos:

> "Na verdade, o caracterizado superfaturamento da contratação da prestação do serviço posto em disputa iniciou a partir da realização do Termo de Parceria (fls. 111/112), em valor muito superior ao praticado pela empresa anterior (fls. 133/136), para efetivar o mesmo serviço, porém, sem demonstrar o atingimento das gloriosas metas a que tinha se comprometido. (...)
> Guardadas as devidas proporções, é evidente, em tempo de exposição pública e notória pelo julgamento televisionado ao vivo da Ação Penal 470 pelo Plenário do Supremo Tribunal Federal, em que de forma corajosa e destemida o Poder Judiciário não se encolheu, frente aos muitos interesses envolvidos, na condenação de criminosos que estavam a praticar infrações penais (corrupção passiva, ativa, lavagem de dinheiro) e, nesta ocasião, uma determinada teoria foi suscitada pelo sempre profundo Ministro Celso de Mello, e que poderá ser agora aventada neste caso concreto, qual seja TEORIA DA CEGUEIRA DELIBERADA (...)
> Ainda que esta teoria tenha sua incidência e aplicação na prática de ilícitos penais, mais especificamente em relação ao crime de lavagem de dinheiro, tal como fez o eminente Ministro Celso de Mello em recentíssimo julgamento acima mencionado, já foi ela também reconhecida em relação aos crimes eleitorais, bem como naquele famoso caso do furto ao Banco Central em Fortaleza. Por outro lado, é, em relação ao ilícito administrativo praticado neste caso concreto, perfeitamente adequada a sua incidência, na medida em que os corréus fingiram não perceber o superfaturamento praticado com a nova contratação por intermédio de Termo de Parceria, com objetivo único de lesar o patrimônio público, não havendo agora como se beneficiarem da própria torpeza. (...)."

E a ementa restou definida da seguinte forma:

> AÇÃO CIVIL PÚBLICA Prejuízo ao erário devidamente confirmado pelas provas produzidas Contratação de serviços de plantões médicos junto ao Pronto Socorro de Avaré por intermédio de Termo de Parceria, em valor muito superior ao contrato anterior, e sem a realização de licitação - Superfaturamento constatado - Aplicação da Teoria da Cegueira Deliberada - Ato de improbidade administrativa devidamente comprovado, ante a constatada cavilosidade dos corréus Procedência da ação mantida Diferimento do recolhimento das custas deferido Apelação do réu Joselyr não provida e provida em parte a da ré IBDPH.
> (TJSP; Apelação Cível 0009252-56.2010.8.26.0073; Relator (a): Rebouças de Carvalho; Órgão Julgador: 9ª Câmara de Direito Público; Foro de Avaré - 2ª Vara Cível; Data do Julgamento: 09/04/2014; Data de Registro: 10/04/2014)

Outro importante argumento é que, se a teoria é a aplicada em âmbito criminal, naturalmente muito mais rigoroso em suas punições, podendo acarretar a restrição da liberdade do condenado, em âmbito administrativo, em que não há punições tão severas nem tamanho rigor na apuração e constatação do fato e da culpabilidade do agente, seria perfeitamente possível a aplicação da teoria da ignorância deliberada, sem afetar qualquer direito fundamental dos investigados.

Entretanto, a partir das novas exigências introduzidas **pela lei 14.230/2021**, somente admitindo a configuração da improbidade administrativa quando houver a presença de **dolo específico**, dificilmente essa teoria poderá ser sustentada, à luz dos novos paradigmas legais.

capítulo 3
SANÇÕES

As sanções estão previstas no art. 12 da lei 8.429/92. São viáveis as seguintes espécies de reprimendas:

a. **perda dos bens ou valores** acrescidos ilicitamente ao patrimônio;
b. **perda da função** pública;
c. **suspensão dos direitos políticos**;
d. pagamento de **multa civil** equivalente ao valor do acréscimo patrimonial; e
e. **proibição de contratar** com o poder público **ou de receber benefícios** ou incentivos fiscais ou creditícios, direta ou indiretamente, *ainda que* por intermédio de pessoa jurídica da qual seja sócio majoritário.

Passaremos a dispor sobre elas de forma esquematizada para facilitar a memorização:

	Perda dos bens e valores	Perda da função pública	Suspensão dos direitos políticos	Multa civil	Proibição de contratar e receber benefícios
Art. 9º	Sim	Sim	Até 14 anos	Equivalente ao acréscimo patrimonial	Até 14 anos
Art. 10	Sim, se houver	Sim	Até 12 anos	Equivalente ao valor do dano	Até 12 anos
Art. 11	Não	Não	Não	24 vezes o valor da remuneração	Até 4 anos

Com a lei 14.230/2021, não é mais possível a aplicação da sanção de perda da função pública e de suspensão de direitos políticos para os atos de improbidade administrativa que atentam contra os princípios da Administração Pública, restando apenas a multa e a proibição de contratar e receber benefícios.

Além disso, o **ressarcimento ao erário** não é mais previsto como sanção – como de fato não é. Trata-se de consequência aplicável a todo aquele que causa prejuízo à Administração Pública – e a qualquer pessoa –, seja por ato de improbidade ou não, já que aquele que, por ato ilícito, causar dano a outrem, fica obrigado a repará-lo (art. 927, CC).

A própria sentença condenatória quanto a atos de enriquecimento ilícito ou de prejuízo ao erário, porém, deve condenar o réu a ressarcir os danos, além da perda de bens e valores ilicitamente adquiridos, sempre em favor da pessoa jurídica prejudicada (sujeito passivo do ato de improbidade)[39].

Essa previsão é interessante e remonta aos princípios da tutela coletiva. Em razão da titularidade dos direitos colocados em juízo, deve a resposta no processo coletivo ser a mais completa possível, reparando todos os danos. Trata-se de reflexo do máximo benefício esperado de uma ação coletiva. A Lei da Ação Popular[40] já possuía comando específico que corrobora esse entendimento, indicando que o juiz condenará, na sentença de procedência que anula o ato lesivo, o réu a reparar os danos gerados. Para alguns autores, tal provimento independeria de pedido expresso[41] - lógica aplicável ao presente dispositivo da Lei de Improbidade.

De todo modo, a lei acerta ao prever que, na definição do montante de ressarcimento, deve ser descontado o valor correspondente aos serviços efetivamente prestados[42], o que afasta a hipótese de enriquecimento sem causa por parte da pessoa jurídica lesada.

A sanção de **perda da função pública**, com a lei 14.230/2021, passou a atingir apenas o **vínculo de mesma qualidade e natureza** que o agente público ou político detinha com o poder público na época do cometi-

---

39 Art. 18. A sentença que julgar procedente a ação fundada nos arts. 9º e 10 desta Lei condenará ao ressarcimento dos danos e à perda ou à reversão dos bens e valores ilicitamente adquiridos, conforme o caso, em favor da pessoa jurídica prejudicada pelo ilícito.

40 Art. 11. A sentença que, julgando procedente a ação popular, decretar a invalidade do ato impugnado, condenará ao pagamento de perdas e danos os responsáveis pela sua prática e os beneficiários dele, ressalvada a ação regressiva contra os funcionários causadores de dano, quando incorrerem em culpa.

41 É a posição de Fredie Didier Jr e Hermes Zaneti Jr, em seu Curso de Processo Coletivo (Salvador: JusPodivm, 2016, p. 111).

42 Art. 18 § 3º Para fins de apuração do valor do ressarcimento, deverão ser descontados os serviços efetivamente prestados.

mento da infração[43]. Portanto, se o agente público era detentor de cargo público efetivo e, neste período, comete o ato de improbidade, sendo posteriormente eleito para mandato eletivo, a regra é que a perda da função pública atinge apenas o cargo efetivo e não o mandato eletivo.

No entanto, o mesmo dispositivo permite que o magistrado, na hipótese de ato que importa enriquecimento ilícito), e **em caráter excepcional**, estendê-la aos demais vínculos, consideradas as circunstâncias do caso e a gravidade da infração.

Quanto à sanção de **suspensão dos direitos** políticos, a lei reformadora dispôs que não há mais limite mínimo para a aplicação da penalidade.

Para efeitos de contagem do **prazo** da sanção de suspensão dos direitos políticos, computar-se-á retroativamente o intervalo de tempo entre a decisão colegiada e o trânsito em julgado da sentença condenatória. Este ponto é bastante polêmico e cabe um exemplo para torná-lo mais claro.

Suponha que um agente público tenha sido condenado a 8 anos de suspensão dos direitos políticos, por decisão em primeira instância, no dia 01/11/2021. A decisão foi confirmada por órgão colegiado no dia 01/11/2022. No entanto, houve recurso para o STJ e, posteriormente, para o STF, sendo que o trânsito em julgado só ocorreu no dia 01/11/2025.

Somente a partir do trânsito em julgado é que o agente ímprobo iniciará o cumprimento da pena, ou seja, somente a partir de 01/11/2025 é que os seus direitos políticos estarão efetivamente suspensos. No entanto, desde a decisão colegiada, em 01/11/2022, já será computado o prazo desta sanção. Ou seja, na prática, quando o agente público começar a cumprir a pena, já terão sido deduzidos 3 (três) anos da suspensão dos direitos políticos, de modo que o condenado somente cumprirá efetivamente 5 (cinco) anos da pena de 8 (oito).

Aparentemente o legislador buscou fazer relação com o art. 1º, inciso I, alínea l, da Lei Complementar nº 64 de 1990, a denominada lei das inelegibilidades. O dispositivo estabelece que são inelegíveis:

---

43 Art. 12. § 1º A sanção de perda da função pública, nas hipóteses dos incisos I e II do caput deste artigo, atinge apenas o vínculo de mesma qualidade e natureza que o agente público ou político detinha com o poder público na época do cometimento da infração, podendo o magistrado, na hipótese do inciso I do caput deste artigo, e em caráter excepcional, estendê-la aos demais vínculos, consideradas as circunstâncias do caso e a gravidade da infração.

l) os que forem **condenados à suspensão dos direitos políticos, em decisão** transitada em julgado ou **proferida por órgão judicial colegiado, por ato doloso de improbidade administrativa** que importe lesão ao patrimônio público e enriquecimento ilícito, desde a condenação ou o trânsito em julgado até o transcurso do prazo de 8 (oito) anos após o cumprimento da pena;

Deste modo, mesmo antes de cumprir a sanção aplicada na ação por improbidade administrativa, é possível que o agente público se torne inelegível, com base na LC 64/90, a partir da condenação em segunda instância (por órgão colegiado) na ação de improbidade administrativo, isto é, antes do seu trânsito em julgado e, por conseguinte, antes do início do comprimento da sanção.

Entretanto, é importante lembrar que os direitos políticos não envolvem apenas a elegibilidade, mas a toda participação no processo político, como o direito de sufrágio, com suas diversas manifestações, e à participação no processo político em geral. Em outras palavras, concede o direito de votar e de ser votado. A inelegibilidade retira do cidadão apenas o direito de ser votado, mantendo o direito de votar.

Portanto, não se pode dizer que a pena de suspensão dos direitos políticos está sendo cumprida em sua integralidade a partir da condenação por órgão colegiado, razão pela qual a retroatividade da contagem do prazo desta sanção consiste em verdadeira contagem de tempo ficto, o que deverá ser objeto de análise pelos tribunais superiores em breve.

Por sua vez, a **multa** pode ser aumentada até o dobro se o juiz considerar que, em virtude da situação econômica do réu, o valor é ineficaz para reprovação e prevenção do ato de improbidade.

No caso de atos de menor ofensa aos bens jurídicos tutelados pela lei, a sanção se limitará à aplicação de multa, sem prejuízo do ressarcimento do dano e da perda dos valores obtidos.

Outro ponto que precisa ser destacado é a extensão da sanção de **proibição de contratar com o Poder Público**. Em regra, essa sanção atinge apenas a esfera do ente federativo lesado. No entanto, excepcionalmente, poderá extrapolar essa esfera, observados os impactos econômicos e sociais das sanções, de forma a preservar a função social da pessoa jurídica[44]:

---

44 Art. 12 § 4º Em caráter excepcional e por motivos relevantes devidamente justificados, a sanção de proibição de contratação com o poder público pode extrapolar o ente público lesado pelo ato de improbidade, observados os impactos econômicos e sociais das sanções, de forma a preservar a função social da pessoa jurídica, conforme disposto no § 3º deste artigo.

```
┌─────────────────────┐      ┌──────────────────┐
│                     │─────▶│ Regra geral: ente│
│                     │      │ federado lesado  │
│ Proibição de contratar│    └──────────────────┘      ┌──────────────────┐
│                     │                                │ Motivos relevantes│
│                     │      ┌──────────────────┐─────▶│ devidamente      │
│                     │─────▶│ "Excepcionalmente":│    │ justificados     │
└─────────────────────┘      │ pode extrapolar  │     └──────────────────┘
                             │ o ente lesado    │      ┌──────────────────────┐
                             └──────────────────┘─────▶│ observados os impactos│
                                                       │ econômicos e sociais das│
                                                       │ sanções, de forma a  │
                                                       │ preservar a função social│
                                                       │ da pessoa jurídica   │
                                                       └──────────────────────┘
```

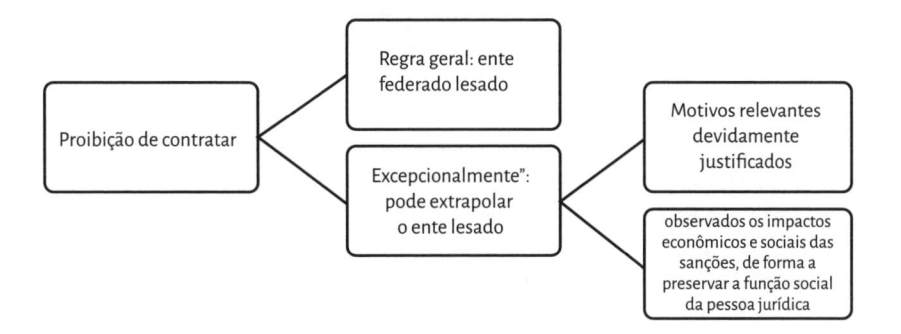

Por fim, qualquer sanção somente será **executada após o trânsito em julgado**[45]. Com isso, o art. 20, *caput*, embora não revogado, fica obsoleto. Em sua redação, prevê que a perda da função pública e a suspensão dos direitos políticos só se efetivam após o trânsito em julgado da sentença condenatória. No entanto, com a lei 14.230/2021, qualquer sanção do art. 12, aí incluídas as sanções mencionadas acima, somente se efetivará com o trânsito em julgado.

3.1. INDEPENDÊNCIA ENTRE AS INSTÂNCIAS E *BIS IN IDEM*

A ação por improbidade administrativa é **repressiva, de caráter sancionatório**, destinada à aplicação de sanções de caráter pessoal previstas e **não constitui ação civil**. A lei afastou a natureza cível das ações de improbidade administrativa. Além disso, é vedado o seu ajuizamento para o controle de legalidade e para proteção do patrimônio público e social, do meio ambiente e outros interesses coletivos em sentido amplo.

Neste sentido, em virtude da **independência entre as instâncias administrativa**, a condenação por improbidade não impede ainda a responsabilização civil, administrativa e penal.

Nessa mesma linha, já decidiu o STJ que, no caso de prática de ato por improbidade administrativa, é possível a aplicação de demissão do

---

45 Art. 12. § 9º As sanções previstas neste artigo somente poderão ser executadas após o trânsito em julgado da sentença condenatória.

servidor no âmbito do processo administrativo disciplinar, sem prejuízo da ação por improbidade administrativa[46].

---

46 ADMINISTRATIVO. PROCESSUAL CIVIL. PROCESSO ADMINISTRATIVO DISCIPLINAR. NULIDADES. NÃO CARACTERIZADAS. CONTROLE JURISDICIONAL. POSSIBILIDADE. UTILIZAÇÃO DE PROVA EMPRESTADA. PRECEDENTES. ARGUIÇÃO QUANTO A EVENTUAIS ILEGALIDADES NA OBTENÇÃO DA INTERCEPTAÇÃO TELEFÔNICA. SEDE ADEQUADA: AÇÃO PENAL. DEMISSÃO DECORRENTE DE ATO DE IMPROBIDADE ADMINISTRATIVA NÃO EXPRESSAMENTE TIPIFICADO NA LEI N.º 8.492/1992. PROCESSO JUDICIAL PRÉVIO PARA APLICAÇÃO DA PENA DE DEMISSÃO. DESNECESSIDADE. PREPONDERÂNCIA DA LEI N.º 8.112/90. PRINCÍPIOS DA PROPORCIONALIDADE E RAZOABILIDADE. OFENSA A ESSES POSTULADOS. INEXISTENTE. SUPOSTAS NULIDADES NO PROCESSO ADMINISTRATIVO DISCIPLINAR. PRINCÍPIO DO PAS DE NULLITÉ SANS GRIEF. ALEGAÇÃO DE INOCÊNCIA QUANTO ÀS CONDUTAS IMPUTADAS. DILAÇÃO PROBATÓRIA. IMPOSSIBILIDADE NA VIA DO WRIT OF MANDAMUS. 1. No caso de demissão imposta a servidor público submetido a processo administrativo disciplinar, não há falar em juízo de conveniência e oportunidade da Administração, visando restringir a atuação do Poder Judiciário à análise dos aspectos formais do processo disciplinar. Nessas circunstâncias, o controle jurisdicional é amplo, no sentido de verificar se há motivação para o ato demissório, pois trata-se de providência necessária à correta observância dos aludidos postulados. 2. É cabível a chamada "prova emprestada" no processo administrativo disciplinar, desde que devidamente autorizada pelo Juízo Criminal. Assim, não há impedimento da utilização da interceptação telefônica produzida no ação penal, no processo administrativo disciplinar, desde que observadas as diretrizes da Lei n.º 9.296/96. Precedentes. 3. Eventuais irregularidades atinentes à obtenção propriamente dita das "interceptações telefônicas" - atendimento, ou não, aos pressupostos previstos na Lei n.º 9.296/96 - não podem ser dirimidas em sede de mandado de segurança, porquanto deverão ser avaliadas de acordo com os elementos constantes dos autos em que a prova foi produzida e, por conseguinte, deverão ser arguidas, examinadas e decididas na instrução da ação penal movida em desfavor da Impetrante. 4. A pena disciplinar aplicada à ex-servidora não está calcada tão somente no conteúdo das degravações das "interceptações telefônicas" impugnadas, mas também em farto material probante produzido durante o curso do Processo Administrativo Disciplinar. 5. O fato de o ato demissório não defluir de condenação do servidor, exarada essa no bojo de processo judicial, não implica ofensa aos ditames da Lei n.º 8.492/92, nos casos em que a citada sanção disciplinar é aplicada como punição a ato que pode ser classificado como de improbidade administrativa, mas não está expressamente tipificado no citado diploma legal, devendo, nesses casos, preponderar a regra prevista na Lei n.º 8.112/90. 6. Os comportamentos imputados à Impetrante são aptos a alicerçar a decisão de demissão, porquanto passíveis de subsunção ao tipos previstos nos arts. 117, inciso IX, e 132, incisos IV, IX e XIII, da Lei n.º 8.112/90 e, portanto, mostra-se perfeitamente razoável e proporcional a pena aplicada à ex-servidora. 7. O processo administrativo disciplinar em questão teve regular processamento, com a estrita observância

Por outro lado, a Corte Superior também possui entendimento de que não configura *bis in idem* a coexistência de título executivo extrajudicial em decorrência de condenação por acórdão do Tribunal de Contas da União (TCU) e sentença condenatória em ação de improbidade administrativa pelo mesmo fato, desde que seja observada a dedução do valor da obrigação que primeiramente foi executada no momento da execução do título remanescente[47].

No entanto, a lei 14.230/2021 estabeleceu que as **sentenças civis e penais** produzirão efeitos em relação à improbidade administrativa quando concluírem pela **inexistência da conduta ou da autoria**[48], promovendo uma excepcional interferência de uma esfera sobre a outra.

Trata-se de disposição semelhante ao entendimento em relação aos processos administrativos disciplinares, com exceção de que, no PAD, somente a sentença penal que conclui pela inexistência material do

---

aos princípios do devido processo legal, do contraditório e da ampla defesa, sem qualquer evidência de efetivo prejuízo à defesa da ex-servidora. Assim, aplicável à espécie o princípio do pas de nullité sans grief. 8. Não foram trazidas aos autos provas hábeis a descaracterizar as conclusões do Processo Administrativo Disciplinar, as quais firmaram-se no sentido de que as condutas reprováveis da ex-servidora eram aptas a fundamentar a pena de demissão que lhe foi aplicada. Portanto, in casu, verificar, se não existiram as condutas imputadas, dependeria do reexame do material fático colhido no bojo do Processo Administrativo Disciplinar, o que é matéria carecedora de dilação probatória impossível de ser realizada na via estreita do mandamus. 9. Segurança denegada. (MS 14.140/DF, Rel. Ministra Laurita Vaz, Terceira Seção, julgado em 26/09/2012, DJe 08/11/2012)

47 ADMINISTRATIVO. RECURSO ESPECIAL. IMPROBIDADE ADMINISTRATIVA. CONDENAÇÃO DE RESSARCIMENTO DO PREJUÍZO PELO TCU E NA ESFERA JUDICIAL. FORMAÇÃO DE DUPLO TÍTULO EXECUTIVO. POSSIBILIDADE. RESSARCIMENTO AO ERÁRIO. PENALIDADE QUE DEVE SER NECESSARIAMENTE IMPOSTA QUANDO HÁ COMPROVADO PREJUÍZO AO ERÁRIO. APLICAÇÃO DE MULTA CIVIL. DESNECESSIDADE. SANÇÕES DEFINIDAS NA ORIGEM QUE SE MOSTRAM SUFICIENTES E PROPORCIONAIS. RECURSO ESPECIAL PARCIALMENTE PROVIDO, ACOMPANHANDO EM PARTE O RELATOR. (REsp 1413674/SE, Rel. Ministro Olindo Menezes (Desembargador Convocado Do Trf 1ª Região), Rel. P/ Acórdão Ministro Benedito Gonçalves, Primeira Turma, julgado em 17/05/2016, DJe 31/05/2016)

48 Art. 21. § 3º As sentenças civis e penais produzirão efeitos em relação à ação de improbidade quando concluírem pela inexistência da conduta ou pela negativa da autoria.

fato e negativa de autoria é que interferem na esfera administrativa, nada se mencionando acerca da sentença civil[49].

Além disso, a **absolvição criminal** em ação que discuta os mesmos fatos, **confirmada por decisão colegiada**, impede o trâmite da ação de improbidade, havendo comunicação com todos os fundamentos de absolvição previstos no art. 386 do Código de Processo Penal. Duas observações comparativas são importantes.

Primeiro, deve-se reparar que, nesse caso, não há simples julgamento pela improcedência da ação de improbidade, mas o **impedimento do trâmite**, ou seja, não poderá ser instaurado processo por improbidade e, se já houver sido instaurado, deverá ser arquivado.

Em segundo lugar, o art. 386 do CPP traz muitas mais hipóteses de absolvição do réu do que a simples inexistência de conduta e de autoria, ampliando, portanto, a interferência da esfera penal na esfera

---

[49] RECURSO ORDINÁRIO EM MANDADO DE SEGURANÇA. AUDITOR-FISCAL DA RECEITA FEDERAL DO BRASIL. ILÍCITO ADMINISTRATIVO. PROCESSO DISCIPLINAR: DEMISSÃO. COMISSÃO PROCESSANTE COMPOSTA POR SERVIDOR EM ESTÁGIO PROBATÓRIO. ARTS. 149 E 150 DA LEI N. 8.112/1990. NORMAS PELAS QUAIS SE POTENCIALIZAM OS PRINCÍPIOS DA INDEPENDÊNCIA E DA IMPARCIALIDADE DO JULGADOR ADMINISTRATIVO. VINCULAÇÃO ENTRE O INSTITUTO DA ESTABILIDADE E O DO ESTÁGIO PROBATÓRIO. PRECEDENTES. VÍCIO FORMAL CORRIGIDO PELA ADMINISTRAÇÃO PÚBLICA: PREJUÍZO À DEFESA NÃO DEMONSTRADO (PAS DE NULLITÉ SANS GRIEF). PROPORCIONALIDADE E RAZOABILIDADE DA PENA APLICADA: ATO VINCULADO DO ADMINISTRADOR: PRECEDENTES. ABSOLVIÇÃO NA ESFERA CRIMINAL POR INSUFICIÊNCIA DE PROVAS: INDEPENDÊNCIA RELATIVA DAS ESFERAS PENAL, CIVIL E ADMINISTRATIVA. PRECEDENTES. RECURSO ORDINÁRIO EM MANDADO DE SEGURANÇA AO QUAL SE NEGA PROVIMENTO. 1. No caput do art. 149 da Lei n. 8.112/1990 se determina seja a comissão condutora de processo disciplinar composta por servidores estáveis e se exige que, no momento da designação, estes já tenham atingido a estabilidade no desempenho do cargo que exercem e que os legitima participar da comissão. 2. Ao perceber o vício formal, a Administração Pública substituiu o servidor em estágio probatório por outro estável, sem aproveitamento de qualquer ato decisório do servidor substituído. O princípio do pas de nullité sans grief exige a demonstração de prejuízo concreto pela parte que suscita o vício. Precedentes. Prejuízo não demonstrado pela defesa. 3. É pacífica a jurisprudência deste Supremo Tribunal no sentido da independência relativa das esferas penal e administrativa, havendo repercussão apenas em se tratando de absolvição no juízo penal por inexistência do fato ou negativa de autoria. Precedentes. 4. Recurso ordinário em mandado de segurança desprovido. (RMS 32357, Relator(a): Cármen Lúcia, Segunda Turma, julgado em 17/03/2020)

de improbidade administrativa, quando se tratar de decisão colegiada. Vejamos as hipóteses elencadas pela lei processual penal:

a. provada a inexistência do fato;
b. não haver prova da existência do fato;
c. não constituir o fato infração penal – hipótese que não nos parece aplicável, já que, como dito acima, o fato pode não constituir delito, mas, ainda assim, ser tipificado como ato de improbidade;
d. provado que o réu não concorreu para a infração penal;
e. não existir prova de ter o réu concorrido para a infração penal;
f. existirem circunstâncias que excluam o crime ou isentem o réu de pena, ou mesmo se houver fundada dúvida sobre sua existência;
g. não existir prova suficiente para a condenação.

Neste ponto, é necessário realizar uma breve análise crítica. Incluir indistintamente todas as hipóteses do art. 386 do CPP como causas de interferência da esfera penal sobre a esfera da improbidade administrativa não parece a melhor solução. Conforme mencionado, um réu pode ser absolvido pelo fato não constituir crime, porém, o mesmo fato pode ser hipótese de improbidade administrativa, como é o caso do nepotismo, por exemplo.

Com isso, aplicando-se o dispositivo acima, ainda que reconhecida a prática de nepotismo com dolo específico na esfera penal, com a consequente absolvição pelo fato não constituir crime, haveria impedimento a que o agente público fosse processado na esfera da improbidade administrativa, o que nos parece incoerente.

Uma grande questão que se coloca é que o dispositivo fala em absolvição "confirmada por decisão colegiada". Em uma perspectiva literal e acrítica, não estaria incluída a decisão colegiada que reforma a condenação em primeira instância e absolve o réu.

Essa questão, por óbvio, será discutida pela jurisprudência, mas parece-nos evidente que a intenção do legislador seja impedir a ação de improbidade nos casos em que houver uma absolvição proferida por órgão colegiado – de segunda instância, portanto -, porque isso traduz maior grau de certeza jurídica que a mera sentença de primeira grau, bem como por possuir baixa probabilidade de reforma em sede recursal extraordinária, já que os recursos para os tribunais de cúpula não promover reexame dos fatos, elemento essencial do processo-crime.

Portanto, há duas situações distintas em que uma decisão de outra esfera poderá vincular a ação de improbidade administrativa:

a. **Sentença civil e penal de 1º grau** que reconhece a inexistência da conduta ou da autoria: comunica com a ação de improbidade administrativa, para definir o julgamento pela **improcedência**.
b. **Decisão penal, confirmada por decisão colegiada**, por qualquer dos motivos do art. 386, do CPP: **impede o trâmite** da ação de improbidade.

Resumindo:

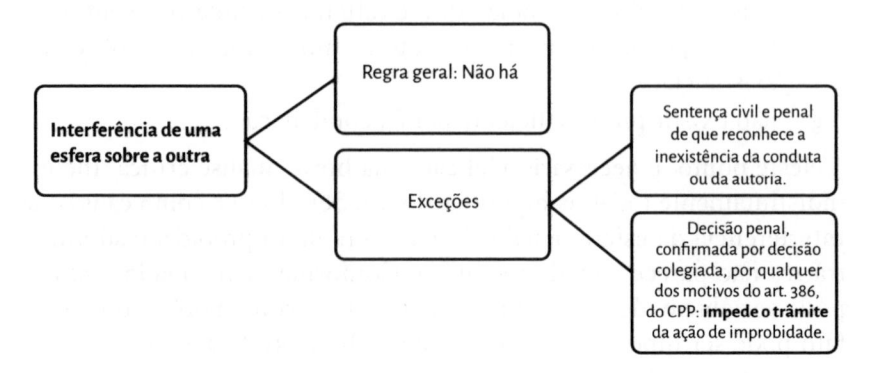

```
                           ┌─────────────────────┐
                           │ Regra geral: Não há │
                           └─────────────────────┘                    ┌───────────────────────┐
┌────────────────────┐                                                │  Sentença civil e penal│
│ Interferência de uma│                                               │   de que reconhece a  │
│ esfera sobre a outra│                                               │ inexistência da conduta│
└────────────────────┘                                                │    ou da autoria.     │
                           ┌─────────────────────┐                    └───────────────────────┘
                           │      Exceções       │
                           └─────────────────────┘                    ┌───────────────────────┐
                                                                      │    Decisão penal,     │
                                                                      │ confirmada por decisão│
                                                                      │ colegiada, por qualquer│
                                                                      │ dos motivos do art. 386,│
                                                                      │ do CPP: impede o trâmite│
                                                                      │ da ação de improbidade.│
                                                                      └───────────────────────┘
```

Ainda nessa temática, as sanções eventualmente aplicadas em outras esferas deverão ser **compensadas** com as sanções aplicadas nos termos da lei de improbidade administrativa[50], o que já era estabelecido pelo Superior Tribunal de Justiça. No entanto, é evidente que a compensação das sanções somente ocorre quando se tratar de penas aplicadas em esferas distintas em razão do mesmo fato.

Por isso, se ocorrer lesão ao patrimônio público, a reparação do dano a que se refere esta Lei deverá deduzir o ressarcimento ocorrido nas instâncias criminal, civil e administrativa que tiver por objeto os mesmos fatos[51].

---

50 Art. 21. § 5º Sanções eventualmente aplicadas em outras esferas deverão ser compensadas com as sanções aplicadas nos termos desta Lei.

51 Art. 12. § 6º Se ocorrer lesão ao patrimônio público, a reparação do dano a que se refere esta Lei deverá deduzir o ressarcimento ocorrido nas instâncias criminal, civil e administrativa que tiver por objeto os mesmos fatos.

Do mesmo modo, as sanções aplicadas a pessoas jurídicas com base na Lei de Improbidade e na Lei Anticorrupção (Lei nº 12.846, de 1º de agosto de 2013) deverão observar o princípio constitucional do *non bis in idem*[52].

Em todo caso, a aplicação das sanções **independe do julgamento das contas públicas pelo tribunal de contas** competente[53]. Contudo, os atos dos órgãos de controle e as provas produzidas em seus processos serão considerados pelo juiz, inclusive quando tiverem servido de fundamento para a atuação do agente público – o que pode evidenciar a falta de dolo específico exigida pela Lei de Improbidade.

---

[52] Art. 12. § 7º As sanções aplicadas a pessoas jurídicas com base nesta Lei e na Lei nº 12.846, de 1º de agosto de 2013, deverão observar o princípio constitucional do non bis in idem.

[53] Art. 21. A aplicação das sanções previstas nesta lei independe:
I - da efetiva ocorrência de dano ao patrimônio público, salvo quanto à pena de ressarcimento e às condutas previstas no art. 10 desta Lei;
II - da aprovação ou rejeição das contas pelo órgão de controle interno ou pelo Tribunal ou Conselho de Contas.
§ 1º Os atos do órgão de controle interno ou externo serão considerados pelo juiz quando tiverem servido de fundamento para a conduta do agente público.
§ 2º As provas produzidas perante os órgãos de controle e as correspondentes decisões deverão ser consideradas na formação da convicção do juiz, sem prejuízo da análise acerca do dolo na conduta do agente.

capítulo 4
PROCEDIMENTOS DE APURAÇÃO DE IMPROBIDADE ADMINISTRATIVA

Antes do ajuizamento de uma ação de improbidade, existe procedimentos voltados a apurar se, de fato, aquele comportamento constitui um ilícito. A legislação menciona a possibilidade de dois procedimentos principais, ambos com natureza administrativa e prévia à etapa judicial:

a. Procedimento administrativo de apuração, no âmbito da autoridade administrativa competente, que instaurará investigação;
b. Inquérito civil, no âmbito do Ministério Público.

Importa ressaltar que a existência de um desses procedimentos não impede a inauguração de outro. A pessoa jurídica de direito público pode investigar uma conduta e, em paralelo, o Ministério Público pode ter instaurado inquérito para apurar a mesma ação ou omissão.

4.1. PROCEDIMENTO ADMINISTRATIVO DE APURAÇÃO

Os artigos 14 e 15 da lei 8.429/92 preveem os procedimentos que podem ser adotados em âmbito administrativo para investigação dos atos de improbidade administrativa e a providências que podem ser tomadas:

> Art. 14. **Qualquer pessoa** poderá representar à autoridade administrativa competente para que seja **instaurada investigação** destinada a apurar a prática de ato de improbidade.
> § 1º A representação, que **será escrita ou reduzida a termo e assinada**, conterá a **qualificação do representante**, as informações sobre o fato e sua autoria e a indicação das provas de que tenha conhecimento.

Vale o destaque, quanto ao parágrafo primeiro, que <u>a representação pode ser oral</u>, desde que reduzida a termo e assinada pelo representante. Além disso, qualquer que seja a forma, deve conter a qualificação do representante. No entanto, o STF[54] e o STJ[55] já admitiram a denúncia anônima, quando fundada.

Se a representação não contiver as formalidades exigidas (qualificação de quem representa, informações sobre o fato e a autoria e indicação de possíveis provas), a autoridade administrativa deverá rejeitá-la em despacho fundamentado, o que não impede que a mesma representação seja feita ao Ministério Público (art. 14, §2º).

Atendidos os requisitos da representação, a autoridade determinará a imediata apuração dos fatos que observará a legislação que regula o processo administrativo disciplinar aplicável ao agente público (art. 14, §3º).

---

54 HABEAS CORPUS. "DENÚNCIA ANÔNIMA" SEGUIDA DE INVESTIGAÇÕES EM INQUÉRITO POLICIAL. INTERCEPTAÇÕES TELEFÔNICAS E AÇÕES PENAIS NÃO DECORRENTES DE "DENÚNCIA ANÔNIMA". LICITUDE DA PROVA COLHIDA E DAS AÇÕES PENAIS INICIADAS. ORDEM DENEGADA. Segundo precedentes do Supremo Tribunal Federal, nada impede a deflagração da persecução penal pela chamada "denúncia anônima", desde que esta seja seguida de diligências realizadas para averiguar os fatos nela noticiados (86.082, rel. min. Ellen Gracie, DJe de 22.08.2008; 90.178, rel. min. Cezar Peluso, DJe de 26.03.2010; e HC 95.244, rel. min. Dias Toffoli, DJe de 30.04.2010). No caso, tanto as interceptações telefônicas, quanto as ações penais que se pretende trancar decorreram não da alegada "notícia anônima", mas de investigações levadas a efeito pela autoridade policial. A alegação de que o deferimento da interceptação telefônica teria violado o disposto no art. 2º, I e II, da Lei 9.296/1996 não se sustenta, uma vez que a decisão da magistrada de primeiro grau refere-se à existência de indícios razoáveis de autoria e à imprescindibilidade do monitoramento telefônico. Ordem denegada. (HC 99490, Relator(a): Joaquim Barbosa, Segunda Turma, julgado em 23/11/2010)

55 DIREITO PROCESSUAL PENAL. RECURSO ORDINÁRIO EM HABEAS CORPUS. TRÁFICO DE ENTORPECENTES E ASSOCIAÇÃO. "OPERAÇÃO TRILHA ALBIS". PRISÃO PREVENTIVA. RÉU PRESO CAUTELARMENTE DURANTE TODA A INSTRUÇÃO CRIMINAL. DIREITO DE APELAR EM LIBERDADE. IMPOSSIBILIDADE. PRESENÇA DOS REQUISITOS DO ART. 312 DO CÓDIGO DE PROCESSO PENAL. CONSTRANGIMENTO ILEGAL. INEXISTÊNCIA. RECURSO IMPROVIDO. 1. Segundo a jurisprudência do Superior Tribunal de Justiça, não se concede o direito de recorrer em liberdade a réu que permaneceu preso durante toda a instrução do processo, pois a manutenção na prisão constitui um dos efeitos da respectiva condenação. 2. Na espécie, o réu foi preso preventivamente por associação para o tráfico internacional de entorpecentes e permaneceu custodiado durante toda a instrução criminal, não caracterizando constrangimento ilegal a preservação da sua custódia pela sentença condenatória, mormente porque permanecem hígidos os motivos insertos no art. 312 do Código de Processo Penal. 3. Recurso improvido. (RHC 32.065/RJ, Rel. Ministro Marco Aurélio Bellizze, Quinta Turma, julgado em 17/04/2012, DJe 29/06/2012)

A comissão processante da investigação deverá dar conhecimento ao Ministério Público e ao Tribunal ou Conselho de Contas da existência de procedimento administrativo para apurar a prática de ato de improbidade. Estes órgãos podem, a requerimento, designar representante para acompanhar o procedimento investigatório (art. 15).

4.2. INQUÉRITO CIVIL

É possível que, antes da propositura da ação, para apurar se realmente houve ilícito previsto na Lei de Improbidade, o Ministério Público, de ofício, a requerimento de autoridade administrativa ou mediante representação formulada nos mesmos moldes daquela que instaura o procedimento administrativo de apuração, poderá instaurar inquérito civil ou procedimento investigativo assemelhado e requisitar a instauração de inquérito policial, garantido ao investigado a manifestação por escrito e juntada de documentos, conforme o artigo 22 da lei.

O inquérito civil é o procedimento prévio para coletar os elementos necessários à propositura da ação coletiva ou à resolução extrajudicial do conflito coletivo, sendo de atribuição do Ministério Público. Mesmo antes da expressa menção na Lei de Improbidade Administrativa, já era utilizado pelo *Parquet* para investigar atos de improbidade.

O instrumento tem **fundamento** constitucional[56], legal[57] e regulamentação própria pelo CNMP (Res. 23/2007).

Algumas **características** merecem destaque:

---

[56] Art. 129. São funções institucionais do Ministério Público: III - promover o inquérito civil e a ação civil pública, para a proteção do patrimônio público e social, do meio ambiente e de outros interesses difusos e coletivos

[57] Para além da menção na Lei de Improbidade, destacamos as seguintes:
Lei da Ação Civil Pública: Art. 8º Para instruir a inicial, o interessado poderá requerer às autoridades competentes as certidões e informações que julgar necessárias, a serem fornecidas no prazo de 15 (quinze) dias.
§ 1º O Ministério Público poderá instaurar, sob sua presidência, inquérito civil, ou requisitar, de qualquer organismo público ou particular, certidões, informações, exames ou perícias, no prazo que assinalar, o qual não poderá ser inferior a 10 (dez) dias úteis.
§ 2º Somente nos casos em que a lei impuser sigilo, poderá ser negada certidão ou informação, hipótese em que a ação poderá ser proposta desacompanhada daqueles documentos, cabendo ao juiz requisitá-los.

a. Unilateralidade: o inquérito serve para angariar elementos probatórios, com vistas à solução do conflito coletivo;

Art. 9º Se o órgão do Ministério Público, esgotadas todas as diligências, se convencer da inexistência de fundamento para a propositura da ação civil, promoverá o arquivamento dos autos do inquérito civil ou das peças informativas, fazendo-o fundamentadamente.

§ 1º Os autos do inquérito civil ou das peças de informação arquivadas serão remetidos, sob pena de se incorrer em falta grave, no prazo de 3 (três) dias, ao Conselho Superior do Ministério Público.

§ 2º Até que, em sessão do Conselho Superior do Ministério Público, seja homologada ou rejeitada a promoção de arquivamento, poderão as associações legitimadas apresentar razões escritas ou documentos, que serão juntados aos autos do inquérito ou anexados às peças de informação.

§ 3º A promoção de arquivamento será submetida a exame e deliberação do Conselho Superior do Ministério Público, conforme dispuser o seu Regimento.

§ 4º Deixando o Conselho Superior de homologar a promoção de arquivamento, designará, desde logo, outro órgão do Ministério Público para o ajuizamento da ação.

Estatuto da Criança e do Adolescente: Art. 223. O Ministério Público poderá instaurar, sob sua presidência, inquérito civil, ou requisitar, de qualquer pessoa, organismo público ou particular, certidões, informações, exames ou perícias, no prazo que assinalar, o qual não poderá ser inferior a dez dias úteis.

§ 1º Se o órgão do Ministério Público, esgotadas todas as diligências, se convencer da inexistência de fundamento para a propositura da ação cível, promoverá o arquivamento dos autos do inquérito civil ou das peças informativas, fazendo-o fundamentadamente.

§ 2º Os autos do inquérito civil ou as peças de informação arquivados serão remetidos, sob pena de se incorrer em falta grave, no prazo de três dias, ao Conselho Superior do Ministério Público.

§ 3º Até que seja homologada ou rejeitada a promoção de arquivamento, em sessão do Conselho Superior do Ministério público, poderão as associações legitimadas apresentar razões escritas ou documentos, que serão juntados aos autos do inquérito ou anexados às peças de informação.

§ 4º A promoção de arquivamento será submetida a exame e deliberação do Conselho Superior do Ministério Público, conforme dispuser o seu regimento.

§ 5º Deixando o Conselho Superior de homologar a promoção de arquivamento, designará, desde logo, outro órgão do Ministério Público para o ajuizamento da ação.

Lei 7.853/89: Art. 6º O Ministério Público poderá instaurar, sob sua presidência, inquérito civil, ou requisitar, de qualquer pessoa física ou jurídica, pública ou particular, certidões, informações, exame ou perícias, no prazo que assinalar, não inferior a 10 (dez) dias úteis.

§ 1º Esgotadas as diligências, caso se convença o órgão do Ministério Público da inexistência de elementos para a propositura de ação civil, promoverá fundamentadamente o arquivamento do inquérito civil, ou das peças informativas. Neste caso, deverá remeter a reexame os autos ou as respectivas peças, em 3 (três) dias, ao Conselho Superior do Ministério Público, que os examinará, deliberando a respeito, conforme dispuser seu Regimento.

b. Facultatividade: o inquérito não é essencial para o ajuizamento da ação, que pode ter vez com base em elementos outros;
c. Informalidade: o inquérito não possui rito rígido específico, em sua regulamentação.

Uma discussão interessante diz respeito à necessária presença do **contraditório** no referido procedimento.

1. Primeira corrente (José dos Santos Carvalho Filho, Ricardo de Barros Leonel): o inquérito é procedimento administrativo e inquisitorial, sendo desnecessário o contraditório, que até pode estar presente acidentalmente.
2. Segunda corrente: o inquérito deve respeitar o contraditório, sob pena de invalidade.
3. Terceira corrente (Bruno Cavaco): o inquérito deve respeitar o contraditório, salvo se o membro do Ministério Público o excepcionar, fundamentadamente (exemplo: necessidade de sigilo em investigação sobre ato de improbidade).
4. Quarta corrente (Fredie Didier Jr e Hermes Zaneti Jr): o contraditório existe, mas está mitigado, pois ausente o direito de influir e de reação plena, embora presente no direito de participar de certos atos.

O Superior Tribunal de Justiça segue a primeira corrente, salvo quando existir restrição de direitos do interessado, como com aplicação de sanções:

> A norma imposta pelo inciso LV, do art. 5º da Constituição da República é expressa no sentido de sua observância no processo judicial e no administrativo. Entretanto, no procedimento meramente informativo, o contra-

---

§ 2º Se a promoção do arquivamento for reformada, o Conselho Superior do Ministério Público designará desde logo outro órgão do Ministério Público para o ajuizamento da ação.

Lei Orgânica Nacional do Ministério Público: Art. 25. Além das funções previstas nas Constituições Federal e Estadual, na Lei Orgânica e em outras leis, incumbe, ainda, ao Ministério Público:

IV - promover o inquérito civil e a ação civil pública, na forma da lei:

a) para a proteção, prevenção e reparação dos danos causados ao meio ambiente, ao consumidor, aos bens e direitos de valor artístico, estético, histórico, turístico e paisagístico, e a outros interesses difusos, coletivos e individuais indisponíveis e homogêneos;

b) para a anulação ou declaração de nulidade de atos lesivos ao patrimônio público ou à moralidade administrativa do Estado ou de Município, de suas administrações indiretas ou fundacionais ou de entidades privadas de que participem.

ditório e a ampla defesa não são imprescindíveis, salvo se houver restrição de direitos e aplicação de sanções de qualquer natureza, o que inocorre in casu. O inquérito civil público é procedimento informativo, destinado a formar a opinio actio do Ministério Público. Constitui meio destinado a colher provas e outros elementos de convicção, tendo natureza inquisitiva. (Resp. 644.994/MG, Segunda Turma, DJ 21/03/2005). Precedentes desta Corte de Justiça: REsp 750591 / GO, Quinta Turma, DJe 30/06/2008; REsp 886137 / MG, Segunda Turma, DJe 25/04/2008. Sendo inaplicável, pois, o princípio do contraditório e da ampla defesa, não pode ser exigido do Ministério Público que acolha peças de contestação, indicação de testemunhas de defesa, pedido de alegações escritas ou orais e outros semelhantes. Nada impede, é verdade, que o órgão que presida o inquérito civil atenda a pedidos formulados por interessados, mas se o fizer será apenas para melhor constituição dos dados do procedimento. (RMS 21.038/MG, Rel. Ministro Luiz Fux, Primeira Turma, julgado em 07/05/2009)

O interessado, porém, possui certos direitos, de acordo com a jurisprudência:

a. Acesso às informações que lhe digam respeito (súmula vinculante 14 do STF: "É direito do defensor, no interesse do representado, ter acesso amplo aos elementos de prova que, já documentados em procedimento investigatório realizado por órgão com competência de polícia judiciária, digam respeito ao exercício do direito de defesa").

b. Requerimento de determinadas diligências, a depender da discricionariedade da autoridade presidente

Podem tramitar em paralelo inquéritos civis e criminais, embora a participação deva ser maior no primeiro. Em certos casos, o princípio da obrigatoriedade do ajuizamento da ação penal pública obrigará o MP a denunciar o investigado com base em elementos colhidos no inquérito civil[58].

4.2.1. PROCEDIMENTO

O procedimento do inquérito civil possui três **etapas**: a instauração, a colheita de elementos probatórios e a conclusão, delineadas na Resolução 23 do CNMP.

---

58 STJ, REsp 681.612/GO, Rel. Ministro Arnaldo Esteves Lima, Quinta Turma, julgado em 17/09/2009.

4.2.1.1. INSTAURAÇÃO

A **instauração** pode se dar de três maneiras:

a. De *ofício*, quando o membro do MP tomar conhecimento de fatos a serem apurados;
b. A *requerimento* de qualquer pessoa ou *representação* de autoridade, quando informarem o MP de tais fatos, em notícia fato que:
   i. Deve ser reduzida a termo;
   ii. Pode decorrer de denúncia anônima, de acordo com o STJ[59].
c. Por *designação* do Procurador-Geral de Justiça, do Conselho Superior do Ministério Público, de Câmaras de Coordenação e Revisão ou de demais órgãos superiores da Instituição, nos casos cabíveis.

Apontam-se dois **pressupostos** para que seja instaurado um inquérito civil, os quais, se ausentes, podem levar ao seu trancamento:

a. Pressuposto material: justa causa para a investigação, consistente na notícia de um fato teoricamente apto a ensejar a propositura de ação de improbidade[60];
b. Pressuposto formal: manifestação do legitimado identificando o fato e apontando, através de portaria, elementos formais elencados pela resolução (fundamento, qualificação, data e local, diligências determinadas, etc).

Caso as informações sejam imprecisas, é possível a instauração de **procedimento preparatório administrativo** para complementá-las antes da instauração, no prazo de noventa dias, prorrogável uma única vez, motivadamente.

O arquivamento do procedimento administrativo pode, como regra, ser promovido no próprio órgão de execução, com comunicação ao Conselho Superior ou à Câmara de Coordenação e Revisão respectiva, sem necessidade de homologação, salvo se o objeto forem direitos individuais indisponíveis, cabendo cientificar o noticiante da decisão, cabendo recurso ao órgão colegiado.

---

59 RMS 38.010/RJ, Rel. Ministro Herman Benjamin, Segunda Turma, julgado em 02/05/2013.

60 Somente em situações excepcionais, quando comprovada, de plano, atipicidade de conduta, causa extintiva da punibilidade ou ausência de indícios de autoria, é possível o trancamento de inquérito civil (RMS 30.510/RJ, Rel. Min. ELIANA CALMON, Segunda Turma, DJe 10/2/10)

Contra a instauração pode ou não caber **recurso** específico, a depender da normativa própria de cada Ministério Público.

Uma vez instaurado o inquérito, surgem como **efeitos**:

a. Uso de instrumentos próprios para a instrução e colheita de elementos;
b. Surgimento da responsabilidade estatal pela instauração de inquérito civil temerário.

O membro do Ministério Público pode entender ser caso de **não instauração**, fundamentadamente, nas hipóteses de:

a. Existirem elementos suficientes para o pronto ajuizamento da ação cabível;
b. Indeferimento do requerimento de instauração, quando faltarem elementos aptos a levar à instauração, porque:
   i. Os fatos não configuram lesão a direitos coletivos;
   ii. Já existe ação em curso;
   iii. Já foi dada solução ao conflito coletivo.
c. Remessa ao órgão com atribuição, caso o membro verifique que a matéria não é afeta às suas funções;
d. Arquivamento das peças informativas, analogicamente ao arquivamento do próprio inquérito.

4.2.1.2. INSTRUÇÃO

O inquérito civil será instruído com, entre outros, os seguintes elementos:

a. Juntada de peças técnicas, declarações, depoimentos e demais diligências determinadas pelo membro do MP que o presidir;
b. Juntada de informações e elementos diretamente por qualquer pessoa;
c. Notificação (comunicação que convoca alguém para que compareça ao órgão de atuação e preste depoimento – sob pena de possível condução coercitiva e prática de crime de desobediência);
d. Requisição (ordem, normalmente voltada para o fornecimento de documentos ou informações, sob pena, inclusive, de a recusa, o retardamento ou a omissão de dados técnicos tipificar crime previsto na Lei da Ação Civil Pública);

e. Requisição direta do Ministério Público às instituições financeiras, a envolver dados cobertos pelo sigilo, notadamente quando envolver o erário[61];
f. Prova emprestada[62];
g. Audiências públicas.

O advogado do investigado poderá lhe assistir durante a apuração de infrações, podendo, inclusive, no curso da respectiva apuração, apresentar razões e quesitos e acessar os autos, também em procedimentos administrativos, sendo aplicáveis as disposições do Estatuto da OAB.

Os atos, como regra, são públicos, com exceção dos casos em que haja sigilo legal ou em que a publicidade possa acarretar prejuízo às investigações, casos em que a decretação do sigilo legal deverá ser motivada.

Por fim, nem todos os elementos precisam ser levados à eventual ação de improbidade administrativa ajuizada. Em sentido próximo, o STJ entendeu para inquéritos que buscam angariar provas para embasar ação civil pública:

> O inquérito civil é procedimento administrativo facultativo, inquisitorial e auto-executório, o que desobriga o Ministério Público de instaurá-lo se dispõe dos elementos necessários à propositura da ação. Como medida antecipativa com objetivo de angariar elementos que deem sustentação à ação civil pública, pode o Ministério Público dispor de todos os elementos arrecadados no inquérito civil, ou de parte deles, quando assim entender pertinente. (STJ, REsp 448.023/SP, Rel. Ministra Eliana Calmon, Segunda Turma, julgado em 20/05/2003)

4.2.1.3. CONCLUSÃO

O inquérito civil deverá ser concluído, salvo regulamentação específica interna a cada Ministério Público, no **prazo de um ano**, que se suspende entre os dias 20/12 e 20/01. Pode, porém, ser **prorrogado**, pelo mesmo prazo e quantas vezes forem necessárias, por decisão fundamentada de seu presidente, para conclusão das investigações.

A jurisprudência do STJ entende que o excesso de prazo, a princípio, não traz prejuízos ao investigado, cabendo a ele demonstrar o contrário:

---

[61] STF, RE 1058429 AgR, Rel. Min. Alexandre de Moraes, Primeira Turma, julgado em 20/02/2018.

[62] STJ, REsp 849.841/MG, Rel. Ministra Eliana Calmon, Segunda Turma, julgado em 28/08/2007.

O excesso de prazo para o processamento de inquérito civil público, em princípio, não prejudica o investigado; a este cabe comprovar que tal dilação lhe traz prejuízos pois, do contrário, incidirá o reconhecimento de que, inexistindo prejuízo, não resta dano ou nulidade ("pas de nulité sans grief"). O inquérito civil público tem natureza administrativa e é autônomo em relação ao processo de responsabilidade, do mesmo modo que o processo de apuração de danos ao erário também é autônomo em relação ao processo penal. Não há legislação que fixe um prazo para a conclusão do inquérito civil público, contudo a Res. n. 23/2007 do Conselho Nacional do Ministério Público (Conamp), em seu art. 9°, prevê que o inquérito civil deve ser concluído em um ano, prorrogável pelo mesmo prazo, quantas vezes forem necessárias, por decisão fundamentada de seu presidente. Assim, cabe ao investigado demonstrar que a dilação do prazo causa-lhe prejuízo, do contrário, inexistindo este, não há dano ou nulidade. (AgRg no RMS 25.763/RJ, Rel. Ministro Humberto Martins, Segunda Turma, julgado em 02/09/2010)

Primeiro possível desfecho do inquérito civil é a **tomada de medida** para tutelar a probidade:

a. Recomendações (que, em geral, são expedidas no curso do procedimento, admoestando o envolvido);

b. Celebração de acordo de não persecução cível;

c. Ajuizamento da ação de improbidade.

Por outro lado, se se concluir pela ausência de conduta ilícita, esgotadas as diligências, o inquérito deverá ser **arquivado**, fundamentadamente, caso o promotor se convença da inexistência de fundamento para promover ação judicial - regramento que se aplica ao arquivamento das peças de informação.

O **procedimento** é o seguinte:

a. Os autos deverão ser remetidos ao Conselho Superior do Ministério Público (no caso dos Ministérios Públicos estaduais) ou da Câmara de Coordenação e Revisão (no caso do Ministério Público Federal), no prazo de três dias, para fins de homologação, sob pena de cometimento de falta grave;

b. Pode haver, enquanto isso, juntada de razões escritas e documentos pelas associações interessadas – e demais legitimados[63], devendo o órgão revisor efetivamente considerar tais informações, sob pena de nulidade do ato de homologação;

c. Deliberada e homologada a promoção de arquivamento, os autos seguem para o arquivo, por decisão fundamentada.

---

[63] STJ, REsp 802.060/RS, Rel. Ministro Luiz Fux, Primeira Turma, julgado em 17/12/2009.

Percebe-se que a lei exige fundamentação e, assim, um **arquivamento expresso**. A doutrina que estuda os processos coletivos discute se existiria **arquivamento implícito**, quando se celebra o termo de ajustamento de conduta ou se promove ação coletiva, encerrando-se o inquérito – questão que se aplica, semelhantemente, à celebração de acordo de não persecução ou ao ajuizamento de ação de improbidade:

1. Primeira corrente (Fredie Didier Jr e Hermes Zaneti Jr): essas são hipóteses de arquivamento implícito, vez que o conflito coletivo é solucionado consensualmente ou será resolvido judicialmente;
2. Segunda corrente (Adriano Andrade, Cleber Masson, Landolfo Andrade): a expressão "arquivamento implícito" passa a ideia de que seria desnecessária a remessa ao órgão colegiado para homologação, sendo preferível falar em arquivamento parcial, evitando qualquer ofensa ao princípio da obrigatoriedade.

Em caso de **decisão não homologatória** do arquivamento, o colegiado poderá determinar:

a. Conversão do julgamento em diligência para a realização de atos imprescindíveis à sua decisão, especificando-os e remetendo os autos ao membro do Ministério Público que determinou seu arquivamento, e, no caso de recusa fundamentada, ao órgão competente para designar o membro que irá atuar;
b. Prosseguimento do inquérito civil, com designação de outro membro do Ministério Público para atuação;
c. Prosseguimento mediante ajuizamento de ação de improbidade, com designação de outro membro do Ministério Público para atuação.

Mesmo após o arquivamento, o inquérito civil poderá ser **desarquivado**, desde que no prazo máximo de seis meses após o arquivamento surjam:

a. Novas provas quanto aos mesmos fatos;
b. Fato novo relevante, relativo ao fato anteriormente investigado.

Se já houver transcorrido esse lapso, será instaurado novo inquérito civil, sem prejuízo das provas já colhidas.

Tema que desperta polêmica é a possibilidade de normas estaduais ou infralegais disporem sobre **recursos administrativos**, no âmbito do inquérito civil.

A resolução do CNMP, por exemplo, menciona recurso contra a decisão de indeferimento do requerimento de instauração, bem como as normativas estaduais.

1. Primeira corrente (Hugo Nigro Mazzilli): são inconstitucionais essas previsões, por versarem acerca de direito processual;
2. Segunda corrente: são inconstitucionais essas previsões por versarem sobre direito procedimental em desconformidade com o tratamento geral dado pela lei federal (já que a LACP é silente).
3. Terceira corrente: são válidas as previsões, permitindo controle interno dos atos praticados pelo condutor do inquérito civil. Na prática, é o que prevalece.

4.2.2. RECOMENDAÇÃO

A recomendação, recomendação administrativa, recomendação extrajudicial ou notificação recomendatória é uma comunicação administrativa realizada pelo Ministério Público dirigida ao potencial réu de uma ação coletiva, com **caráter informativo e orientador** da ilicitude da conduta e de suas possíveis consequências. É perfeitamente utilizável no bojo da apuração de uma potencial conduta que constitua ato de improbidade.

Possui caráter, portanto, predominantemente preventivo, inibitório, admonitório, não repressivo, ligada à atuação dessa instituição como *ombudsman*.

Quanto ao **fundamento** normativo, há menção na Lei Orgânica Nacional e na Lei Orgânica do MPU[64], bem como menção na Res. 164/2017 do CNMP[65].

Quanto a suas **espécies**, a recomendação pode ser:

---

64 LONMP: *Art. 27. Parágrafo único. No exercício das atribuições a que se refere este artigo, cabe ao Ministério Público, entre outras providências:*

IV - promover audiências públicas e emitir relatórios, anual ou especiais, e recomendações dirigidas aos órgãos e entidades mencionados no caput deste artigo, requisitando ao destinatário sua divulgação adequada e imediata, assim como resposta por escrito.

LOMPU: *Art. 6º Compete ao Ministério Público da União: XX - expedir recomendações, visando à melhoria dos serviços públicos e de relevância pública, bem como ao respeito, aos interesses, direitos e bens cuja defesa lhe cabe promover, fixando prazo razoável para a adoção das providências cabíveis.*

65 Res. 164/2017 CNMP: *Art. 1º A recomendação é instrumento de atuação extrajudicial do Ministério Público por intermédio do qual este expõe, em ato formal, razões fáticas e jurídicas sobre determinada questão, com o objetivo de persuadir o destinatário a praticar ou deixar de praticar determinados atos em benefício da melhoria dos serviços públicos e de relevância pública ou do respeito aos interesses, direitos e bens defendidos pela instituição, atuando, assim, como instrumento de prevenção de responsabilidades ou correção de condutas.*

a. Incidental, quando decorre de um procedimento instrutório;
b. Autônoma, quando inexiste procedimento em curso;
c. Preventiva, quando se dá antes da ocorrência de conduta ilícita (para parte da doutrina, a única hipótese cabível);
d. Corretiva, quando se dá após a conduta ilícita, buscando revertê-la ou inibir novas condutas (o que soa autorizado pela Res. 164/2017 do CNMP).

A regulamentação ministerial aponta, inclusive, que a recomendação deverá ser prioritariamente utilizada, quando cabível[66].

A recomendação deve ser sempre **fundamentada** e propositiva, apontando medidas para a resolução do conflito, com prazo.

Após esse momento, cabe à instituição recomendante **fiscalizar** a satisfação do proposto, inclusive por meio de requisições, decorrendo da expedição vários **efeitos**:

a. Faz presumir o dolo do autor da conduta;
b. Favorece o autocontrole dos atos administrativos;
c. Constitui elemento probatório.

A resolução do CNMP elenca **princípios** que regem a expedição de recomendações[67].

Parágrafo único. Por depender do convencimento decorrente de sua fundamentação para ser atendida e, assim, alcançar sua plena eficácia, a recomendação não tem caráter coercitivo.

66 *Res. 164/2017 CNMP: Art. 6º Sendo cabível a recomendação, esta deve ser manejada anterior e preferencialmente à ação judicial.*

67 *Res. 164/2017 CNMP: Art. 2º A recomendação rege-se, entre outros, pelos seguintes princípios:*
I – motivação;
II – formalidade e solenidade;
III – celeridade e implementação tempestiva das medidas recomendadas;
IV – publicidade, moralidade, eficiência, impessoalidade e legalidade;
V – máxima amplitude do objeto e das medidas recomendadas;
VI – garantia de acesso à justiça;
VII – máxima utilidade e efetividade;
VIII – caráter não-vinculativo das medidas recomendadas;
IX – caráter preventivo ou corretivo;
X – resolutividade;
XI – segurança jurídica;
X – a ponderação e a proporcionalidade nos casos de tensão entre direitos fundamentais.

capítulo 5
AÇÃO DE IMPROBIDADE ADMINISTRATIVA

5.1. NATUREZA JURÍDICA

A ação de improbidade administrativa possui caráter sancionatório, buscando apurar eventual prática de ato de improbidade e atribuir as devidas sanções legais aos responsáveis. Essa natureza retributiva foi esclarecida pelo legislador, que previu, expressamente, que não constitui ação civil, mas repressiva, de caráter sancionatório:

> Art. 17-D. A ação por improbidade administrativa é repressiva, de caráter sancionatório, destinada à aplicação de sanções de caráter pessoal previstas nesta Lei, e não constitui ação civil, vedado seu ajuizamento para o controle de legalidade de políticas públicas e para a proteção do patrimônio público e social, do meio ambiente e de outros interesses difusos, coletivos e individuais homogêneos

Por essa razão, está previsto um procedimento especial, com uma preocupação de averiguação da existência de elementos que indiquem a possível prática do ato ímprobo, restrições quanto à legitimidade e aos acordos materiais, uma tutela cautelar típica (indisponibilidade de bens), etc.

Essa é a lógica de a lei estatuir ser vedado o ajuizamento de uma ação de improbidade para o controle de legalidade e para proteção do patrimônio público e social, do meio ambiente e outros interesses coletivos em sentido amplo. Esses pleitos são típicos de ações coletivas de caráter cível, sem viés sancionatório, mas sim resolutivo.

5.2. AÇÃO DE IMPROBIDADE ADMINISTRATIVA E AÇÃO CIVIL PÚBLICA

É importante ter claro que a ação tratada pela Lei de Improbidade, doravante analisada, não se confunde com a ação civil pública, a principal modalidade de ação coletiva, de natureza cível e de amplo espectro objetivo, já que pode tratar de quase todos os danos coletivos, pelo princípio da não taxatividade[68].

Apesar disso, é comum a denominação "ação civil pública de improbidade administrativa", em dois sentidos. No primeiro, para significar a ação de improbidade administrativa, de caráter sancionatório – o que consideramos um foco de confusões.

No segundo, porém, utiliza-se a terminologia para adjetivar uma ação civil pública – de natureza cível, portanto – quando possuir, como causa de pedir, um ato de improbidade administrativa. Essa hipótese, bastante comum, afigura-se possível porque, de um mesmo ato, exsurgem consequências variadas, dentre as quais as sanções da Lei de Improbidade, que só podem ser impostas no bojo de uma ação típica de improbidade, e consequências cíveis e até penais (essas últimas igualmente a exigir uma ação própria: a ação penal).

Nessa linha, pode-se apontar que o dever de ressarcir o dano oriundo do ato ímprobo pode perfeitamente ser perseguido em uma ação civil pública, na qual os legitimados são vários. Igualmente, o pedido de desfazimento ou suspensão do ato - de uma licitação em desrespeito às exigências legais, por exemplo, em uma ação civil pública ajuizada pela Defensoria.

Em síntese, um ato tipificado como improbidade administrativa pode ser causa de pedir (fundamento de um pedido judicial) tanto de

---

68 O princípio da não taxatividade revela a abertura do sistema de tutela coletiva: a priori, qualquer direito pode ser tutelado no processo coletivo. No entanto, o ordenamento, após essa etapa de abertura, acabou por admitir restrições no objeto da ação civil pública. A medida provisória 2.180/01 inseriu o parágrafo único no art. 1º da LACP, vedando que a demanda tenha como objeto: a) tributos e contribuições previdenciárias; b) FGTS e outros fundos de natureza institucional cujos beneficiários sejam individualmente determinados. A finalidade da norma passa, naturalmente, por enfraquecer o processo coletivo e a resolução global de conflitos em desfavor do Poder Público – o que é criticado pela doutrina, por ofender a inafastabilidade da jurisdição.

uma ação de improbidade como de uma ação civil pública. A diferença reside no pedido: naquela, há a imposição de sanções; nesta, apenas pedidos cíveis, sem caráter punitivo.

5.3. COMPETÊNCIA

5.3.1. COMPETÊNCIA DE JUSTIÇA

Seguindo a regra geral do texto constitucional, será da justiça federal a competência quando forem parte (ativa ou passiva) as pessoas indicadas no art. 109, I, da Constituição (União, autarquias e empresas públicas federais). Em casos tais, normalmente a demanda será proposta pelo Ministério Público Federal.

O critério para a definição da competência é o sujeito processual, não o objeto do ato de improbidade. Como reconhece o Superior Tribunal de Justiça, nas ações de improbidade administrativa, a competência da justiça federal é definida em razão da presença das pessoas jurídicas de direito público elencadas no referido dispositivo na relação processual, e não em razão da natureza da verba federal sujeita à fiscalização da Tribunal de Contas da União.[69]

Nos demais casos, a competência é da justiça estadual, residual.

5.3.2. COMPETÊNCIA TERRITORIAL

A competência territorial é do foro do **local onde ocorrer o dano ou da pessoa jurídica prejudicada**, nos termos do art. 17, §4º-A da lei 8.429/92, sendo que a propositura da ação prevenirá a competência do juízo para todas as ações posteriormente intentadas com a mesma causa de pedir ou o mesmo objeto (§5º).

Anteriormente, a Lei de Improbidade silenciava a respeito da competência territorial. Duas interpretações eram extraídas:

a. Primeira corrente (Daniel Assumpção Neves): devem ser aplicadas as regras gerais do microssistema de tutela coletiva (local do dano).

---

[69] CC 174.764-MA, Rel. Min. Mauro Campbell Marques, Primeira Seção, por unanimidade, julgado em 09/02/2022.

b. Segunda corrente (Susana Henriques da Costa): devem ser aplicadas as regras do Código de Processo Civil, logo, se houver pedido de reparação ao erário, o correto será o foro do local do ato de improbidade (art. 53, IV, a, do CPC).

O Superior Tribunal de Justiça possuía decisão no primeiro sentido, entendimento que acabou sendo adotado pelo legislador:

> ADMINISTRATIVO. PROCESSO CIVIL. IMPROBIDADE. COMPETÊNCIA. LOCAL DO DANO. MATÉRIA FÁTICO-PROBATÓRIA. INCIDÊNCIA DA SÚMULA 7/STJ. SÚMULA 83/STJ. RECURSO ESPECIAL. ALÍNEA "C". NÃO DEMONSTRAÇÃO DA DIVERGÊNCIA. OFENSA AO ART. 535 DO CPC NÃO CONFIGURADA. AGRAVO NÃO PROVIDO. 1. Cuida-se de Recurso Especial interposto contra Acórdão da Segunda Seção do Tribunal Regional Federal da 3ª Região, que conheceu do conflito de competência suscitado nos autos de Ação de Improbidade Administrativa, pelo Juízo da 3ª Vara Federal de Sorocaba/SP em face do Juízo da 3ª Vara Federal de Bauru/SP, para declarar competente o Juízo suscitado, sob o fundamento de que, no caso dos autos, o local em que ocorridos os danos à Administração Pública fora o Município de Bauru, onde consumados os atos ímprobos praticados, em favor de pessoas físicas e empresas privadas, por empregados e dirigentes da Diretoria Regional dos Correios de Bauru. 2. O Tribunal a quo declarou competente o Juízo da 3ª Vara Federal de Bauru e consignou na sua decisão: "Assim, uma vez identificado o dano em questão como a ofensa a integridade e aos princípios da Administração Pública, exsurge, que o local em que tal dano ocorreu coincide com o da pratica dos atos de improbidade, vale dizer, o dano ocorreu justamente no local onde ultimadas as transferências das ACF's, com a participação de empregados e dirigentes da Diretoria Regional dos Correios de Bauru. Significa dizer que o dano foi suportado pela ECT, no caso, na sede administrativa localizada em Bauru" (fl. 571, grifo acrescentado). 3. Portanto, quanto ao local do dano, o Tribunal de origem entendeu que foi na sede administrativa de Bauru. 4. A jurisprudência desta Corte possui entendimento de que a competência para julgamento de demanda coletiva deve ser a do local do dano. (AgRg nos EDcl no CC 120.111/DF, Rel. Ministra Eliana Calmon, Primeira Seção, julgado em 8.5.2013, DJe 17.5.2013). (AgRg no REsp 1447388/SP, Rel. Ministro Herman Benjamin, Segunda Turma, julgado em 12/02/2015)

5.3.3. COMPETÊNCIA DE TRIBUNAL (FORO POR PRERROGATIVA DE FUNÇÃO)

A competência para processar e julgar a ação civil pública de improbidade administrativa será do **juízo de primeiro grau**, independentemente do agente que compõe o polo passivo. Por se tratar de ação cível, não há que se falar em foro por prerrogativa de função, conforme já se manifestaram os Tribunais Superiores.

Na realidade, existiu, em doutrina, uma importante discussão quanto à existência de foro por prerrogativa de função na ação de improbidade administrativo, haja vista seu caráter sancionador. Havia duas posições:

a. Primeira corrente (Teori Zavascki, Hely Lopes Meirelles, Arnold Wald e Gilmar Mendes): pela teoria das competências implícitas complementares, deve-se estender o foro por prerrogativa de função previsto para os processos criminais;

b. Segunda corrente (Daniel Assumpção Neves, Emerson Garcia): deve-se respeitar a intenção do constituinte, que não previu competência originária de tribunal para tal demanda.

O Supremo Tribunal Federal segue esse segundo posicionamento, afastando a competência originária de tribunais. O STJ também segue o entendimento, apenas o tendo excepcionado, pontualmente, para governadores, fundamentando-se na exceção feita pelo STF quanto a seus próprios membros.

> **STF:** DIREITO CONSTITUCIONAL. AGRAVO INTERNO EM AGRAVO DE INSTRUMENTO. AÇÃO DE IMPROBIDADE ADMINISTRATIVA. FORO DIFERENCIADO. INEXISTÊNCIA. PRECEDENTES. **A jurisprudência do Supremo Tribunal Federal é firme no sentido de que inexiste foro por prerrogativa de função nas ações de improbidade administrativa proposta, em razão do seu nítido caráter civil.** Precedentes. (AI 762136 AgR, Relator(a): Min. Roberto Barroso, Primeira Turma, julgado em 26/10/2018).
> **STJ:** As regras constitucionais de competência dos tribunais superiores têm natureza excepcional. Portanto, a interpretação deve ser restritiva. O foro por prerrogativa de função se limita às ações penais. Não há previsão de foro por prerrogativa de função para as ações de improbidade administrativa. Pelo contrário, extrai-se do art. 37, § 4º, da Constituição Federal que a perda da função pública é sanção político-administrativa, que independe de ação penal. Se é verdade que existe um voto em sentido contrário do Min. Teori Zavascki na Pet. n. 3.240 - com pedido de vista do Min. Roberto Barroso (Informativo n. 768/STF) -, não é menos exato afirmar que a jurisprudência do guardião da Constituição já está consolidada (ADI 2.797; Pet 3.067; RE 377.114 AgR). (AgRg na Rcl 10.037/MT, Rel. Ministro Luis Felipe Salomão, Corte Especial, julgado em 21/10/2015)
> **Exceção para governadores:** Constitucional. Competência. Ação de improbidade contra Governador de Estado. Duplo regime sancionatório dos agentes políticos: legitimidade. Foro por prerrogativa de função: reconhecimento. Usurpação de competência do STJ. Procedência parcial da Reclamação. 1. Excetuada a hipótese de atos de improbidade praticados pelo Presidente da República (art. 85, V), cujo julgamento se dá em regime especial pelo Senado Federal (art. 86), não há norma constitucional alguma que imunize os agentes políticos, sujeitos a crime de responsabilidade,

de qualquer das sanções por ato de improbidade previstas no art. 37, § 4.º. Seria incompatível com a Constituição eventual preceito normativo infraconstitucional que impusesse imunidade dessa natureza. 2. Por decisão de 13 de março de 2008, a Suprema Corte, com apenas um voto contrário, declarou que compete ao Supremo Tribunal Federal julgar ação de improbidade contra seus membros (QO na Pet. 3.211-0, Min. Menezes Direito, DJ 27.06.2008). Considerou, para tanto, que a prerrogativa de foro, em casos tais, decorre diretamente do sistema de competências estabelecido na Constituição, que assegura a seus Ministros foro por prerrogativa de função, tanto em crimes comuns, na própria Corte, quanto em crimes de responsabilidade, no Senado Federal. Por isso, "seria absurdo ou o máximo do contra-senso conceber que ordem jurídica permita que Ministro possa ser julgado por outro órgão em ação diversa, mas entre cujas sanções está também a perda do cargo. Isto seria a desestruturação de todo o sistema que fundamenta a distribuição da competência" (voto do Min.Cezar Peluso). 3. Esses mesmos fundamentos de natureza sistemática autorizam a concluir, por imposição lógica de coerência interpretativa, que norma infraconstitucional não pode atribuir a juiz de primeiro grau o julgamento de ação de improbidade administrativa, com possível aplicação da pena de perda do cargo, contra Governador do Estado, que, a exemplo dos Ministros do STF, também tem assegurado foro por prerrogativa de função, tanto em crimes comuns (perante o STJ), quanto em crimes de responsabilidade (perante a respectiva Assembléia Legislativa). É de se reconhecer que, por inafastável simetria com o que ocorre em relação aos crimes comuns (CF, art.105, I, a), há, em casos tais, competência implícita complementar do Superior Tribunal de Justiça. 4. Reclamação procedente, em parte. (Rcl 2.790/SC, Rel. Ministro Teori Albino Zavascki, Corte Especial, julgado em 02/12/2009, DJe 04/03/2010)

Em 2002, a Lei 10.628/02 passou a prever a prerrogativa de função, nos parágrafos 1º e 2º no art. 84 do Código de Processo Penal. O Supremo Tribunal, considerou inconstitucionais os dispositivos, por violar a reserva constitucional para previsão de competência originária de tribunais[70].

A propósito, não se deve confundir, como notado pelo STJ, a ação em que se pede a perda do cargo em decorrência de ato de improbidade e aquela em que se busca a perda do cargo por infrações disciplinares. Nessa última, a legislação prevê a competência originária de tribunal para julgar certos agentes, como promotores de justiça, ainda que afastados da atividade[71].

---

[70] ADI 2797, Rel. Min. Sepúlveda Pertence, Tribunal Pleno, julgado em 15/09/2005.

[71] REsp 1737900/SP, Rel. Ministro Herman Benjamin, Segunda Turma, julgado em 19/11/2019.

5.4. LEGITIMIDADE

5.4.1.LEGITIMIDADE ATIVA

A legitimidade ativa é uma condição da ação de improbidade administrativa consistente na adequação entre o titular do direito (um direito difuso, no caso, ou seja, de toda a coletividade) e aquele que o defenderá em juízo.

5.4.1.1. PROCESSO DE CONHECIMENTO

Na redação originária, dizia a Lei de Improbidade (art. 17 da lei 8.429/92) que eram legitimados o Ministério Público e a pessoa jurídica interessada.

Uma discussão corriqueira questionava a extensão da previsão a respeito da pessoa jurídica:

1. Primeira corrente (Adriano Andrade, Cleber Masson, Landolfo Andrade): apenas as pessoas jurídicas de direito público são legitimadas, porque a finalidade é proteger o patrimônio público;
2. Segunda corrente (Daniel Assumpção Neves): pessoas jurídicas de direito privado, quando lesionadas pelo ato improbo, podem ajuizar a ação.

Atualmente, com as alterações da lei 14.230/2021, **somente Ministério Público** possui legitimidade ativa para propositura da Ação de Improbidade.

Naturalmente, o princípio da unidade do Ministério Público não ignora a existência de diversas instituições dentro da mesma instituição (Ministério Público Federal, Ministérios Públicos estaduais, etc), todas legitimadas ao ajuizamento, dentro dos contornos de atribuição previstos em sede legal e regulamentar. Inclusive, o Ministério Público estadual possui legitimidade recursal para atuar como parte no Superior Tribunal de Justiça nas ações de improbidade administrativa, reservando-se ao Ministério Público Federal a atuação como fiscal da lei:

> A Corte Especial do Superior Tribunal de Justiça, no julgamento do EREsp 1.327.573/RJ, Rel. Ari Pargendler, Rel. p/ acórdão Min. Nancy Andrighi, DJe 27/2/2015, firmou entendimento no sentido de que o Ministério Público estadual possui legitimidade para atuar no Superior Tribunal

de Justiça nos processos em que figure como parte, reservando-se ao Ministério Público Federal, por meio da Procuradoria-Geral da República, a atuação como fiscal da lei.
(AgRg no AREsp 528.143/RN, Rel. Ministro Benedito Gonçalves, Primeira Turma, julgado em 07/05/2015, DJe 14/05/2015)

Na hipótese de conflito de interpretação de atribuição entre membros de diferentes Ministérios Públicos, não pode o réu ser prejudicado e, por isso, cabe ao Conselho Nacional do Ministério Público dirimir as controvérsias e apontar, em definitivo, quem ostenta atribuição[72] para ajuizar a única ação de improbidade admitida pelo mesmo fato.

Portanto, a lei 14.230/2021 retirou a legitimidade ativa da entidade interessada para propositura da ação de improbidade, cabendo, a partir de então, exclusivamente ao Ministério Público ajuizar a referida ação (art. 17)

Sob uma **perspectiva crítica**, é possível sustentar que a restrição do rol de legitimados, embora atenta à realidade prática, vez que o Ministério Público de fato se apresenta, quantitativamente, como o principal autor de ações de improbidade, reduz a proteção contra atos ímprobos esperada pelo constituinte. Com efeito, mesmo que diminutas as demandas movidas pelos entes públicos, extirpar tal possibilidade jurídica inegavelmente esvazia a ação de improbidade enquanto instrumento de defesa do regime democrático e dos valores republicanos – o que, em última análise, viola a garantia da vedação ao retrocesso.

Nessa linha, o Ministro Alexandre de Moraes, em decisão cautelar monocrática, concedeu interpretação conforme a Constituição aos dispositivos que preveem a exclusiva legitimidade do Ministério Público, no bojo da ADI 7042, em 17 de fevereiro de 2022, no sentido de reconhecer a legitimidade ativa concorrente entre o Parquet e as pessoas jurídicas interessadas na propositura da ação. O Plenário do Supremo Tribunal Federal decidirá a questão, tanto a título de tutela provisória como em definitivo.[73]

---

[72] § 19. Não se aplicam na ação de improbidade administrativa: III - o ajuizamento de mais de uma ação de improbidade administrativa pelo mesmo fato, competindo ao Conselho Nacional do Ministério Público dirimir conflitos de atribuições entre membros de Ministérios Públicos distintos (...).

[73] STF - ADI 7042 - ANAPE - LEI DE IMPROBIDADE ADMINISTRATIVA -Liminar deferida ad referendum - MIN. ALEXANDRE DE MORAES, eEm 17 de fevereiro de 2022: "(...) DEFIRO PARCIALMENTE A CAUTELAR, ad referendum do Plenário desta SUPREMA CORTE, para, até julgamento final de mérito: (A) CONCEDER INTERPRETAÇÃO CONFORME A CONSTITUIÇÃO FEDERAL ao caput e §§ 6º-A,

Justamente nessa linha é que se instaura o debate acerca da legitimidade da **Defensoria Pública**, importante protagonista do microssistema de processos coletivos, para promover ações de improbidade administrativa. São duas as posições:

1. Primeira corrente: a DP não possui legitimidade, seja porque ausente do rol legal, seja porque suas funções institucionais não se identificam com o objeto da ação de improbidade;
2. Segunda corrente (Franklyn Roger, Diogo Esteves, Felipe Kirchner, Patrícia Ketterman): a legitimidade merece integração à luz do microssistema, para não ferir o acesso à justiçam, já que a função constitucional e legal da Defensoria é a proteção de grupos vulneráveis, os mais afetados pelos atos de improbidade.

Muito embora o ente público tenha perdido a legitimidade ativa para propositura da ação de improbidade administrativa, terá ainda algumas atribuições relacionadas ao processo respectivo, como a liquidação e execução do julgado, bem como a necessidade de ser ouvido para que o Ministério Público possa celebrar o acordo de não persecução cível.

5.4.1.2. *DIREITO INTERTEMPORAL*

Em relação às ações propostas pela Fazenda Pública, anteriormente à lei 14.230/2021, o **Ministério Público terá 1 ano**, a partir da data de publicação da lei 14.230/2021 (26/10/2021), para **manifestar interesse** no prosseguimento da ação, inclusive se já estiver em fase de recurso.

Durante este prazo, tais processos ficam **suspensos** e, caso não seja manifestado interesse, o processo será **extinto sem resolução do mérito**.

> Art. 3º No prazo de 1 (um) ano a partir da data de publicação desta Lei, o Ministério Público competente manifestará interesse no prosseguimento das ações por improbidade administrativa em curso ajuizadas pela Fazenda Pública, inclusive em grau de recurso.

10-C e 14, do artigo 17 da Lei nº 8.429/92, com a redação dada pela Lei nº 14.230/2021, no sentido da EXISTÊNCIA DE LEGITIMIDADE ATIVA CONCORRENTE ENTRE O MINISTÉRIO PÚBLICO E AS PESSOAS JURÍDICAS INTERESSADAS PARA A PROPOSITURA DA AÇÃO POR ATO DE IMPROBIDADE ADMINISTRATIVA; (B) SUSPENDER OS EFEITOS do § 20, do artigo 17 da Lei nº 8.429/92, com a redação dada pela Lei nº 14.230/2021, em relação a ambas as Ações Diretas de Inconstitucionalidade (7042 e 7043); (C) SUSPENDER OS EFEITOS do artigo 3º da Lei nº 14.230/2021. Publique-se."

> § 1º No prazo previsto no caput deste artigo suspende-se o processo, observado o disposto no art. 314 da Lei nº 13.105, de 16 de março de 2015 (Código de Processo Civil).
> § 2º Não adotada a providência descrita no caput deste artigo, o processo será extinto sem resolução do mérito.

No entanto, o Ministro Alexandre de Moraes, em decisão cautelar monocrática, suspendeu os efeitos do dispositivo, no bojo da ADI 7042, em 17 de fevereiro de 2022, como consequência da interpretação conforme outorgada à legitimidade ativa, mantendo as pessoas jurídicas como possíveis autoras da demanda de improbidade. O Plenário do Supremo Tribunal Federal decidirá a questão, tanto a título de tutela provisória como em definitivo.

5.4.1.3. *INTERVENÇÃO DA PESSOA JURÍDICA INTERESSADA*

Embora não possua mais legitimidade para propor a ação de improbidade, **a pessoa jurídica interessada deve ser intimada para, caso queira, intervir no processo:**

> Art. 17 § 14. Sem prejuízo da citação dos réus, a pessoa jurídica interessada será intimada para, caso queira, intervir no processo.

A previsão é interessante e desperta várias interrogações quanto à natureza jurídica – entendemos tratar-se de um litisconsórcio com o Ministério Público – e à discricionariedade da intervenção. Nos parece que o ente público deva participar do processo, como regra, salvo se identificar a absoluta suficiência da atuação ministerial.

5.4.1.4. *LEGITIMIDADE BIFRONTE*

O Poder Público, na redação originária da Lei de Improbidade, possuía participação processual peculiar, em alguns casos (do mesmo modo que na ação popular). Tratava-se da chamada **legitimidade dupla, legitimidade bifronte, reversibilidade, intervenção móvel ou encampação**. Apesar da retirada de legitimidade ativa da Fazenda Pública pela lei 14.230/21, é interessante mencionar o instituto.

> Art. 17 § 3º No caso de a ação principal ter sido proposta pelo Ministério Público, aplica-se, no que couber, o disposto no § 3º do art. 6º da Lei nº 4.717, de 29 de junho de 1965[74].

---

[74] Art. 6º A ação será proposta contra as pessoas públicas ou privadas e as entidades referidas no art. 1º, contra as autoridades, funcionários ou administradores

Se permitia que o ente público, cientificado da existência da ação (pela intimação, na ação de improbidade – vista como facultativa, pelo STJ) escolhesse entre:

a. Defender o ato impugnado (contestando como réu);
b. Ficar inerte;
c. Se tornar litisconsorte da parte autora.

Essa última possibilidade se justifica pelo interesse público e pela mutabilidade política da Administração Pública. Afinal, é comum que se combata um ato praticado por Administração anterior.

Para tanto, o STJ exigia um especial interesse: a migração só deve ser admitida se, em concreto, a pessoa jurídica tomou as medidas para desfazer o ato e ressarcir os prejudicados:

> A alteração subjetiva, por óbvio, implica reconhecimento implícito dos pedidos, sobretudo os de caráter unitário (p. ex., anulação dos atos administrativos impugnados), e só deve ser admitida pelo juiz, em apreciação ad hoc, quando o ente público demonstrar, de maneira concreta e indubitável, que de boa-fé e eficazmente tomou as necessárias providências saneadoras da ilicitude, bem como medidas disciplinares contra os servidores ímprobos, omissos ou relapsos.
>
> No presente caso ficou assentado pelo Tribunal de Justiça que o Estado de São Paulo embargou as obras do empreendimento e instaurou processo administrativo para apurar a responsabilidade dos agentes públicos autores do irregular licenciamento ambiental. Também está registrado que houve manifesto interesse em migrar para o polo ativo da demanda. (REsp 1391263/SP, Rel. Ministro Herman Benjamin, Segunda Turma, julgado em 06/05/2014).

Por fim, existe doutrina (Ricardo de Barros Leonel) que menciona a reversibilidade de mão dupla ou inversa, autorizando que a pessoa jurídica de direito público que tenha se posicionado ao lado do autor a, reconhecendo a licitude do ato impugnado, passar a defendê-lo.

---

que houverem autorizado, aprovado, ratificado ou praticado o ato impugnado, ou que, por omissas, tiverem dado oportunidade à lesão, e contra os beneficiários diretos do mesmo.

§ 3º A pessoas jurídica de direito público ou de direito privado, cujo ato seja objeto de impugnação, poderá abster-se de contestar o pedido, ou poderá atuar ao lado do autor, desde que isso se afigure útil ao interesse público, a juízo do respectivo representante legal ou dirigente.

5.4.1.5. LIQUIDAÇÃO E EXECUÇÃO

Doutra ponta, não obstante essa perda de legitimidade da entidade lesada, é preciso lembrar que o diploma reformador também conferiu à pessoa jurídica a **legitimidade para liquidação e execução** do **ressarcimento dos danos e da perda/reversão dos bens**.

> Art. 18. A sentença que julgar procedente a ação fundada nos arts. 9º e 10 desta Lei condenará ao ressarcimento dos danos e à perda ou à reversão dos bens e valores ilicitamente adquiridos, conforme o caso, em favor da pessoa jurídica prejudicada pelo ilícito.
> § 1º Se houver necessidade de liquidação do dano, a pessoa jurídica prejudicada procederá a essa determinação e ao ulterior procedimento para cumprimento da sentença referente ao ressarcimento do patrimônio público ou à perda ou à reversão dos bens.
> § 2º Caso a pessoa jurídica prejudicada não adote as providências a que se refere o § 1º deste artigo no prazo de 6 (seis) meses, contado do trânsito em julgado da sentença de procedência da ação, caberá ao Ministério Público proceder à respectiva liquidação do dano e ao cumprimento da sentença referente ao ressarcimento do patrimônio público ou à perda ou à reversão dos bens, sem prejuízo de eventual responsabilização pela omissão verificada.

A opção é pela celeridade e efetividade, presumindo-se que o sujeito passivo do ato tenha melhores condições e mais pronto interesse para determinar a extensão do dano (*quantum debeatur*) e promover o cumprimento do título executivo.

O ente fazendário terá o **prazo de 6 meses** para essa atuação, contado do trânsito em julgado da sentença de procedência da ação e, caso não tome as providências, caberá ao Ministério Público fazê-lo. Tal comando se inspira no **princípio da obrigatoriedade da execução**, comum no microssistema de processos coletivos, no qual é previsto na Lei da Ação Popular[75] e na Lei da Ação Civil Pública[76] há muito tempo, exigindo que o Ministério Público execute os títulos executivos for-

---

[75] LAP: Art. 16. Caso decorridos 60 (sessenta) dias da publicação da sentença condenatória de segunda instância, sem que o autor ou terceiro promova a respectiva execução. o representante do Ministério Público a promoverá nos 30 (trinta) dias seguintes, sob pena de falta grave.

[76] LACP: Art. 15. Decorridos sessenta dias do trânsito em julgado da sentença condenatória, sem que a associação autora lhe promova a execução, deverá fazê-lo o Ministério Público, facultada igual iniciativa aos demais legitimados.

mados, caso os demais legitimados não promovam o cumprimento de sentença em seis meses[77].

Portanto, a pessoa jurídica prejudicada, por meio de sua Advocacia Pública, é que vai realizar a liquidação do julgado e o requerer o cumprimento de sentença quanto ao ressarcimento e à perda dos bens acrescidos ilicitamente ao patrimônio do agente ímprobo.

Por outro lado, o cumprimento de sentença em relação às **demais sanções** aplicadas continuam sendo cumpridas no processo a pedido do legitimado ativo, ou seja, o **Ministério Público**.

5.4.2. LEGITIMIDADE PASSIVA

Processualmente, o sujeito ativo do ato de improbidade ostentará legitimidade passiva para a ação de improbidade administrativa, isto é, a capacidade conferida pela lei para figurar no polo passivo, como réu.

Sujeito Ativo	Quem pratica o ato de improbidade
Legitimidade Passiva	Quem figura no polo passivo da ação de improbidade

---

[77] Uma vez formado o título executivo, existe sistemática voltada à sua satisfação de forma obrigatória, por meio do princípio da obrigatoriedade da execução. O microssistema menciona a existência de dever funcional do Ministério Público e faculdade dos demais legitimados.

Quanto aos direitos transindividuais (difusos e coletivos), a Lei da Ação Civil Pública prevê que, se a associação autora não promover a execução em sessenta dias, contados do trânsito em julgado, deverá fazê-lo o Ministério Público ou poderão fazê-lo os demais legitimados. Na Lei da Ação Popular, existe um marco inicial diverso: contam-se os sessenta dias a partir da decisão condenatória de segunda instância. Nesse segundo comando, parece haver norma excepcional, nesse tipo de ação, a exigir a promoção de execução provisória, enquanto a regra do núcleo duro menciona apenas a execução definitiva. No entanto, as peculiaridades que envolvem o cumprimento de sentença provisório, como a responsabilização objetiva pelos danos, levam parte da doutrina (Daniel Assumpção Neves) a sugerir o abandono da regra, prevalecendo a LACP. Existe decisão do Superior Tribunal de Justiça aplicando esse princípio para a promoção da liquidação da sentença coletiva, apesar de a doutrina considerar que se trate de procedimento de conhecimento.

Por outro lado, quando a tutela for de direitos individuais homogêneos, a obrigatoriedade executiva está ligada à superveniência da liquidação e execução fluidas (fluid recovery), nos moldes do art. 100 do CDC.

A jurisprudência do Superior Tribunal de Justiça traz **parâmetros específicos para a hipótese de responsabilização do terceiro**, particular, na ação de improbidade.

Apesar de o terceiro poder praticar um ato de improbidade, tal particular não pode ser responsabilizado isoladamente por improbidade administrativa. Somente poderá fazer parte do polo passivo da ação em **litisconsórcio passivo com o agente público** que praticou o ato ímprobo.

> PROCESSUAL CIVIL E ADMINISTRATIVO. RECURSO ESPECIAL. AÇÃO CIVIL PÚBLICA DE IMPROBIDADE ADMINISTRATIVA. LITISCONSÓRCIO PASSIVO. AUSÊNCIA DE INCLUSÃO DE AGENTE PÚBLICO NO PÓLO PASSIVO. IMPOSSIBILIDADE DE APENAS O PARTICULAR RESPONDER PELO ATO ÍMPROBO. PRECEDENTES.
> 1. Os particulares que induzam, concorram, ou se beneficiem de improbidade administrativa estão sujeitos aos ditames da Lei nº 8.429/1992, não sendo, portanto, o conceito de sujeito ativo do ato de improbidade restrito aos agentes públicos (inteligência do art. 3º da LIA).
> 2. Inviável, contudo, o manejo da ação civil de improbidade exclusivamente e apenas contra o particular, sem a concomitante presença de agente público no polo passivo da demanda.
> 3. Recursos especiais improvidos.
> (REsp 1171017/PA, Rel. Ministro Sérgio Kukina, Primeira Turma, julgado em 25/02/2014, DJe 06/03/2014)

Vale destacar que, quanto ao agente público, **não há litisconsórcio passivo necessário** na ação de improbidade. A ação pode ser proposta apenas em face do agente público, ainda que haja participação de terceiro - o que não pode ocorrer é a propositura da ação apenas em face do terceiro:

> PROCESSUAL CIVIL E ADMINISTRATIVO. IMPROBIDADE. DANO AO ERÁRIO. EMPRESA BENEFICIADA. AUSÊNCIA DE LITISCONSÓRCIO PASSIVO NECESSÁRIO.
> 1. Cuidam os autos de Ação Civil Pública fundada em improbidade administrativa decorrente de pagamentos indevidos, supostamente respaldados em contratos fraudulentos e sem ter havido efetiva contraprestação, feitos com verba da Fundação Nacional de Saúde no Pará às empresas Timbira Serviços Gerais Ltda. e Timbira Serviços de Vigilância, em 1998.
> 2. A ação foi proposta contra Roberto Jorge Maia Jacob, então Coordenador-Geral da fundação, por autorizar a despesa; Noélia Maria Maues Dias Nascimento, servidora que efetivou os pagamentos por meio de ordens bancárias, a despeito da ciência da irregularidade; e Carlos Gean Ferreira de Queiroga, gerente responsável pelas empresas beneficiadas.
> 3. O Juízo de 1º grau reconheceu a ocorrência de improbidade diante da comprovação de pagamentos irregulares e posterior celebração de contra-

tos com data retroativa, tendo julgado o pedido parcialmente procedente por constatar que alguns serviços foram prestados. Os réus foram condenados a ressarcir, solidariamente, o montante de R$ 39.658,62 (trinta e nove mil, seiscentos e cinquenta e oito reais e sessenta e dois centavos), além das sanções de suspensão dos direitos políticos, pagamento de multa e proibição temporária de contratar com o Poder Público.
4. As apelações foram julgadas prejudicadas pelo Tribunal Regional Federal da 1ª Região, que, de ofício, declarou nula a sentença e determinou o retorno dos autos para citação das empresas e de seus representantes legais.
5. Nas Ações de Improbidade, inexiste litisconsórcio necessário entre o agente público e os terceiros beneficiados com o ato ímprobo, por não estarem presentes nenhuma das hipóteses previstas no art. 47 do CPC (disposição legal ou relação jurídica unitária). Precedentes do STJ.
6. É certo que os terceiros que participem ou se beneficiem de improbidade administrativa estão sujeitos aos ditames da Lei 8.429/1992, nos termos do seu art. 3º, porém não há imposição legal de formação de litisconsórcio passivo necessário.
7. A conduta dos agentes públicos, que constitui o foco da LIA, pauta-se especificamente pelos seus deveres funcionais e independe da responsabilização da empresa que se beneficiou com a improbidade.
8. Convém registrar que a recíproca não é verdadeira, tendo em vista que os particulares não podem ser responsabilizados com base na LIA sem que figure no polo passivo um agente público responsável pelo ato questionado, o que não impede, contudo, o eventual ajuizamento de Ação Civil Pública comum para obter o ressarcimento do Erário. Precedente do STJ.
9. Na hipótese, o Juízo de 1º grau condenou os agentes públicos responsáveis pelas irregularidades e também o particular que representava as empresas beneficiadas com pagamentos indevidos, mostrando-se equivocada a anulação da sentença por ausência de inclusão, no polo passivo, da pessoa jurídica beneficiada.
10. Recurso Especial provido.
(REsp 896.044/PA, Rel. Ministro Herman Benjamin, Segunda Turma, julgado em 16/09/2010, DJe 19/04/2011)

Não obstante, o STJ decidiu que a ação pode prosseguir exclusivamente em face do terceiro se o agente público que praticou o fato estiver sendo **demandado em outra ação de improbidade conexa**:

DIREITO PROCESSUAL CIVIL. AGRAVO INTERNO EM ARESP. AÇÃO DE IMPROBIDADE ADMINISTRATIVA. RESPONSABILIZAÇÃO DE PARTICULAR QUE FIGURA ISOLADAMENTE NO POLO PASSIVO DA DEMANDA. JURISPRUDÊNCIA PACÍFICA DO STJ PELA IMPOSSIBILIDADE. AGENTE PÚBLICO ACIONADO PELOS MESMOS FATOS EM DEMANDA CONEXA, MOTIVO ÚNICO DE SUA EXCLUSÃO DA LIDE ORIGINÁRIA DESTE RECURSO ESPECIAL. DISTINÇÃO DETECTADA. VIABILIDADE DO PROSSEGUIMENTO DA AÇÃO SANCIONADORA DIANTE DA APONTADA PECULIARIDADE (RESP 1.732.762/MT, REL. MIN. HERMAN BENJAMIN, SEGUNDA TURMA, DJE

17.12.2018). ILUSTRATIVO AMOLDÁVEL À HIPÓTESE. AGRAVO INTERNO DO PARQUET FEDERAL PROVIDO PARA PROVER O RECURSO ESPECIAL.

1. Não se está a discutir a já conhecida e reverenciada compreensão desta Corte Superior de que é inviável o manejo da ação civil de improbidade exclusivamente contra o particular, sem a concomitante presença de agente público no polo passivo da demanda (AgInt no REsp 1.608.855/PR, Rel. Min. ASSUSETE MAGALHÃES, DJe 12.4.2018).

2. Na presente hipótese, houve o ajuizamento de duas ações de improbidade, uma pelo Ministério Público Federal (0009091- 96.2013.4.01.4300), caso dos autos, outra pelo DNIT (0009288- 22.2011.4.01.4300). Os agentes públicos envolvidos na idêntica trama factual narrada nas duas demandas foram excluídos da segunda ação, que é a ora analisada, restando nesta apenas o particular acionado.

3. No caso presente, o TRF da 1a. Região proveu o recurso de Agravo de Instrumento da parte demandada, assinalando que particular, que não ostente a condição de agente público, não pode responder isoladamente por ato de improbidade administrativa, e, ainda, não ser admissível ação de improbidade ajuizada somente contra particulares (fls. 257).

4. Contudo, esse não é, como dito, o ponto central da espécie. Em sua fundamentação, a Corte Regional aduziu que, com o reconhecimento da litispendência e a extinção do feito originário contra os agentes públicos, a ação de improbidade foi mantida somente contra o particular, o que não pode ser admitido. Com efeito, inexistindo agentes públicos no polo passivo da ação de improbidade administrativa, destinatários do preceito legal que enumera os atos tidos como ímprobos, não há como prosperar a ação originária em que pretende o agravado a condenação do agravante pela prática de ato de improbidade administrativa (fls. 254/255).

5. O Tribunal Regional asseverou, portanto, que, muito embora houvesse ação conexa promovida contra os Agentes Públicos, a demanda apreciada contaria apenas com o particular no polo passivo, o que não poderia ser admitido em ações de improbidade.

6. Essa conclusão é dissonante de ilustrativos desta Corte Superior de que não é o caso de aplicar a jurisprudência do STJ, segundo a qual os particulares não podem ser responsabilizados com base na LIA sem que figure no polo passivo um agente público responsável pelo ato questionado, pois houve a devida pretensão de responsabilizar os agentes públicos em outra demanda conexa à originária deste Recurso Especial (REsp 1.732.762/MT, Rel. Min. HERMAN BENJAMIN, Segunda Turma, DJe 17.12.2018). Outro julgado em igual sentido: AgInt nos EDcl no AREsp 817.063/PR, Rel. Ministro NAPOLEÃO NUNES MAIA FILHO, Primeira Turma, DJe 24.09.2020).

7. Agravo Interno do Parquet Federal provido para dar provimento ao Recurso Especial.

(AgInt no AREsp 1402806/TO, Rel. Ministro Manoel Erhardt (Desembargador Convocado do TRF5), Primeira Turma, julgado em 19/10/2021, DJe 03/11/2021)

5.5. PROCEDIMENTO

A ação de improbidade administrativa deve seguir o **procedimento comum** do Código de Processo Civil **com as modificações** estabelecidas pela lei 8.429/92 – o que acaba por constituir um procedimento especial.

5.5.1. FASE POSTULATÓRIA: PETIÇÃO INICIAL, CONTESTAÇÃO E RÉPLICA

A **petição inicial** deve, além de preencher os requisitos do código processual (arts. 319 e 320 do CPC[78]), satisfazer **requisitos específicos**:

a. **individualizar a conduta** do réu;
b. apontar os **elementos comprobatórios mínimos** que demonstrem a ocorrência das hipóteses de improbidade e de sua autoria, salvo impossibilidade fundamentada;
c. será **instruída com documentos ou justificação** que contenham indícios suficientes da veracidade dos fatos e do dolo imputado ou com razões fundamentadas da impossibilidade de apresentação de qualquer dessas provas.

---

[78] Art. 319. A petição inicial indicará:

I - o juízo a que é dirigida;

II - os nomes, os prenomes, o estado civil, a existência de união estável, a profissão, o número de inscrição no Cadastro de Pessoas Físicas ou no Cadastro Nacional da Pessoa Jurídica, o endereço eletrônico, o domicílio e a residência do autor e do réu;

III - o fato e os fundamentos jurídicos do pedido;

IV - o pedido com as suas especificações;

V - o valor da causa;

VI - as provas com que o autor pretende demonstrar a verdade dos fatos alegados;

VII - a opção do autor pela realização ou não de audiência de conciliação ou de mediação.

§ 1º Caso não disponha das informações previstas no inciso II, poderá o autor, na petição inicial, requerer ao juiz diligências necessárias a sua obtenção.

§ 2º A petição inicial não será indeferida se, a despeito da falta de informações a que se refere o inciso II, for possível a citação do réu.

§ 3º A petição inicial não será indeferida pelo não atendimento ao disposto no inciso II deste artigo se a obtenção de tais informações tornar impossível ou excessivamente oneroso o acesso à justiça.

Art. 320. A petição inicial será instruída com os documentos indispensáveis à propositura da ação.

Acerca dos documentos comprobatórios mínimos, a lei se preocupa em os dispensar apenas quando houver uma impossibilidade fundamentada, rechaçando casos de **má-fé processual**. Por isso, devem ser observados os deveres das partes, previstos no Código de Processo Civil[79].

Uma exigência muito importante trazida pela lei reformadora é a **tipificação única** de cada ato apontado como de improbidade em um dos tipos: artigo 9º, 10 ou 11. Outrora, narrava-se um fato buscando caracterizá-lo como ímprobo em várias frentes. Hoje, a lei só se satisfaz com o apontamento preciso (art. 17, §10-D). Inclusive, no momento da sentença, existe uma nova preocupação com o **princípio da correlação**: o magistrado deverá avaliar os fatos exclusivamente à luz do tipo escolhido pelo legitimado ativo na petição inicial, sendo nula a decisão que condene o requerido por tipo diverso (art. 17, §10-F, I).

---

[79] Art. 77. Além de outros previstos neste Código, são deveres das partes, de seus procuradores e de todos aqueles que de qualquer forma participem do processo:

I - expor os fatos em juízo conforme a verdade;

II - não formular pretensão ou de apresentar defesa quando cientes de que são destituídas de fundamento;

III - não produzir provas e não praticar atos inúteis ou desnecessários à declaração ou à defesa do direito;

IV - cumprir com exatidão as decisões jurisdicionais, de natureza provisória ou final, e não criar embaraços à sua efetivação;

V - declinar, no primeiro momento que lhes couber falar nos autos, o endereço residencial ou profissional onde receberão intimações, atualizando essa informação sempre que ocorrer qualquer modificação temporária ou definitiva;

VI - não praticar inovação ilegal no estado de fato de bem ou direito litigioso.

VII - informar e manter atualizados seus dados cadastrais perante os órgãos do Poder Judiciário e, no caso do § 6º do art. 246 deste Código, da Administração Tributária, para recebimento de citações e intimações.

Art. 80. Considera-se litigante de má-fé aquele que:

I - deduzir pretensão ou defesa contra texto expresso de lei ou fato incontroverso;

II - alterar a verdade dos fatos;

III - usar do processo para conseguir objetivo ilegal;

IV - opuser resistência injustificada ao andamento do processo;

V - proceder de modo temerário em qualquer incidente ou ato do processo;

VI - provocar incidente manifestamente infundado;

VII - interpuser recurso com intuito manifestamente protelatório.

Semelhantemente, a lei esclarece ser **vedado o ajuizamento de mais de uma ação de improbidade decorrente do mesmo fato**. A proibição é bastante óbvia e, a rigor, seria hipótese de litispendência (total ou parcial, a depender dos pedidos de sanção) entre as duas demandas. Contudo, é relevante a previsão por conta de certos conflitos de interpretação de atribuição entre membros de diferentes Ministérios Públicos, como o federal e um estadual, porque nem sempre a legislação orgânica deixa claro a quem cabe a persecução. Seja como for, não pode o réu ser prejudicado e, por isso, cabe ao Conselho Nacional do Ministério Público dirimir as controvérsias e apontar, em definitivo, quem ostenta atribuição[80]. Parece-nos que ao juiz, caso verificada a duplicidade, caiba oficiar ao CNMP, suspendendo a ação e, em caso de inércia, extinguir a segunda ação ajuizada.

A lei 8.429/92, em sua redação original, estabelecia um procedimento de defesa prévia do acusado. Sob a égide da normatização anterior, quando a inicial era protocolada, se estivesse em devida forma, o juiz mandava autuar e notificar o requerido (não mandava citar) para apresentar defesa prévia (e não para apresentar contestação).

No entanto, esse procedimento prévio deixa de existir com a lei 14.230/2021, de maneira que a primeira comunicação do juízo enviada ao réu já é a sua **citação** para apresentar defesa no prazo de 30 dias, aplicando-se as regras do CPC (art. 17, §7º).

No entanto, antes de receber a inicial, o juiz deverá verificar se é o caso de **rejeitar a inicial**, se:

a. for hipótese de **indeferimento da inicial** (art. 330 do CPC[81]);

---

80 § 19. Não se aplicam na ação de improbidade administrativa: III - o ajuizamento de mais de uma ação de improbidade administrativa pelo mesmo fato, competindo ao Conselho Nacional do Ministério Público dirimir conflitos de atribuições entre membros de Ministérios Públicos distintos (...).

81 Art. 330. A petição inicial será indeferida quando:
I - for inepta;
II - a parte for manifestamente ilegítima;
III - o autor carecer de interesse processual;
IV - não atendidas as prescrições dos arts. 106 e 321.
§ 1º Considera-se inepta a petição inicial quando:
I - lhe faltar pedido ou causa de pedir;
II - o pedido for indeterminado, ressalvadas as hipóteses legais em que se permite o pedido genérico;

b. **não preenchidos os requisitos** específicos da lei de improbidade, vistos acima;
c. **manifestamente inexistente o ato** de improbidade (§6º-B).

Se a petição inicial estiver em devida forma, o juiz mandará autuá-la e **ordenará a citação** dos requeridos para que a contestem no prazo comum de 30 dias.

Há previsão expressa de que da decisão que rejeitar questões preliminares suscitadas pelo réu em sua contestação caberá agravo de instrumento. Aliás, nas ações de improbidade administrativa, cabe agravo de instrumento de qualquer decisão interlocutória.

Além disso, acerca dos atos comunicativos dessa etapa processual, embora não possua mais legitimidade para propor a ação de improbidade, a pessoa jurídica interessada deve ser intimada para, se quiser, intervir no processo.

Na legislação originária, existia uma fase prévia de averiguação da plausibilidade do pedido condenatório, com uma defesa do réu anterior ao recebimento da inicial. No entender do Superior Tribunal de justiça, tal decisão deveria ser adequada e especificamente motivada, não podendo limitar-se à invocação do *in dubio pro societate*[82]. Esse proceder foi extinto pela lei 14.230/21, havendo, como visto, a citação do réu no primeiro momento.

5.5.1.1. DEFESA DO AGENTE PÚBLICO PELA ADVOCACIA PÚBLICA

A lei 14.230/21 trouxe previsão bastante controversa sobre a defesa do agente público em juízo, buscando reforçar a proteção aos administradores que agiram baseados em parecer de sua assessoria jurídica:

> Art. 17 § 20. A assessoria jurídica que emitiu o parecer atestando a legalidade prévia dos atos administrativos praticados pelo administrador público ficará obrigada a defendê-lo judicialmente, caso este venha a responder ação por improbidade administrativa, até que a decisão transite em julgado.

Trata-se de disposição no mesmo sentido do art. 10 da lei 14.133/2021 (lei de licitações e contratos), que já vem sofrendo severas críticas e argumentações no sentido de sua inconstitucionalidade.

III - da narração dos fatos não decorrer logicamente a conclusão;

IV - contiver pedidos incompatíveis entre si.

82 REsp 1.570.000-RN, Rel. Min. Sérgio Kukina, Rel. Acd. Min. Gurgel de Faria, Primeira Turma, por maioria, julgado em 28/09/2021.

Em primeiro lugar, porque uma lei nacional não poderia dispor acerca das atribuições das advocacias públicas estaduais e municipais, em flagrante **conflito interfederativo** de competências. Cada ente federado possui competência para legislar acerca dos seus servidores públicos, dentre eles os advogados públicos.

Além disso, a disposição rompe com o **modelo constitucional da advocacia pública**, função essencial à justiça, que possui as atribuições de representação judicial e extrajudicial e a consultoria jurídica *das unidades federativas*, nada falando acerca da representação de servidores públicos (arts. 131 e 132 da CF).

Por outro lado, a defesa dos agentes públicos pode gerar **conflito de interesse** na atuação da advocacia pública, que pode se deparar com uma situação em que, de um lado defenderá a invalidade do ato, por ter sido praticado com violação da lei e, de outro, defendendo a licitude do ato para a defesa do servidor.

Nessa linha, o Ministro Alexandre de Moraes, em decisão cautelar monocrática, suspendeu os efeitos do dispositivo, no bojo da ADI 7042, em 17 de fevereiro de 2022. O Plenário do Supremo Tribunal Federal decidirá a questão, tanto a título de tutela provisória como em definitivo.

5.5.2. FASE SANEADORA: JULGAMENTO CONFORME O ESTADO DO PROCESSO E DECISÃO DE SANEAMENTO

Após a contestação e, se for o caso, ouvido o autor, o juiz procederá ao **julgamento conforme o estado do processo**. Ao contrário do que ocorre como regra geral no Código de Processo Civil, esse julgamento antecipado somente pode se dar **a favor do réu**, ou seja, quando observada a eventual inexistência manifesta do ato de improbidade.

Justamente por conta de sua natureza sancionatória, a lei esclarece que não se aplica à ação de improbidade a presunção de veracidade dos fatos narrados na inicial, quando o réu não os impugnar especificamente ou se quedar revel – em mais uma diferença para o procedimento previsto no Código de Processo[83]. A diferenciação é fundamental e, na realidade, apenas esclarece que o direito do réu possui contornos de indisponibilidade,

---

[83] § 19. Não se aplicam na ação de improbidade administrativa:
I - a presunção de veracidade dos fatos alegados pelo autor em caso de revelia (...).

exigindo decisão com cognição exauriente e fundamentada para que seja imposta sanção, semelhantemente ao que sucede em um processo penal.

Também nessa etapa, o juiz poderá **desmembrar o litisconsórcio**, com vistas a otimizar a instrução processual. Trata-se de um reforço da regra do Código de Processo[84] que autoriza a limitação do litisconsórcio quando facultativo – exatamente o que sucede na ação de improbidade, à exceção dos particulares, que devem ser litisconsortes do agente público, como estudado.

Em seguida, o Ministério Público poderá oferecer **réplica**, voltada a garantir o contraditório acerca das preliminares e da defesa de mérito indireta apresentada pelo réu.

A seguir, o juiz profere uma decisão que entendemos ser uma **decisão de saneamento**, que busca estabilizar a demanda, precisando os fatos e o revestimento jurídico que se lhes atribui. Para tanto:

a. indicará precisamente a tipificação do ato (qual é o ato de improbidade previsto em lei que é imputado ao réu);

b. ficam vedadas modificações:

  i. do fato principal (dos fatos);

  ii. da capitulação legal apresentada pelo autor (do direito).

5.5.3. FASE INSTRUTÓRIA: PRODUÇÃO DE PROVAS

Após essa decisão, as partes são intimadas para **especificar as provas** que pretendem produzir.

Apesar de previstas no Código de Processo Civil[85], a inversão do ônus da prova e a distribuição dinâmica do ônus **não se aplicam** às

---

84 Art. 113. § 1º O juiz poderá limitar o litisconsórcio facultativo quanto ao número de litigantes na fase de conhecimento, na liquidação de sentença ou na execução, quando este comprometer a rápida solução do litígio ou dificultar a defesa ou o cumprimento da sentença.

85 Art. 373. O ônus da prova incumbe:

I - ao autor, quanto ao fato constitutivo de seu direito;

II - ao réu, quanto à existência de fato impeditivo, modificativo ou extintivo do direito do autor.

§ 1º Nos casos previstos em lei ou diante de peculiaridades da causa relacionadas à impossibilidade ou à excessiva dificuldade de cumprir o encargo nos termos do caput ou à maior facilidade de obtenção da prova do fato contrário, poderá o juiz

ações de improbidade[86]. Essa previsão é importante para reforçar o caráter sancionatório da demanda, esclarecendo que cabe ao autor (Ministério Público) comprovar os fatos constitutivos do seu pretenso direito – ou seja, os que imputou, na inicial, ao réu.

Ante o caráter sancionatório da ação, é **direito do réu ser interrogado** sobre os fatos, e sua recusa ou seu silêncio não implicam confissão.

Além disso, de acordo com a jurisprudência do Superior Tribunal de Justiça, nas ações de improbidade administrativa, é admissível a utilização da **prova emprestada**, colhida na persecução penal, desde que assegurado o contraditório e a ampla defesa:

> RECURSO ESPECIAL - PROCESSO CIVIL - AÇÃO DE IMPROBIDADE - PROVA EMPRESTADA - REQUISITOS - PROVA TESTEMUNHAL - REEXAME DE PROVAS: SÚMULA 7/STJ.
> 1. As provas colhidas em inquérito têm valor probatório relativo, porque colhidas
> sem observância do contraditório.
> 2. Prova pericial insuficiente para levar à procedência da ação.
> 3. Em recurso especial não se reexamina prova - Súmula no 07/STJ. 4. Recurso especial conhecido e não provido. (REsp 1.189.192-GO, Segunda Turma, Rel. Min. Eliana Calmon, julgado em 22/06/2010).

5.5.4. FASE DECISÓRIA: SENTENÇA

O **pedido** principal da ação de improbidade é a **condenação** do requerido às sanções do art. 12, podendo requerer a aplicação de uma, algumas ou todas as sanções previstas para a espécie do ato ímprobo. Ademais, é previsto o **ressarcimento** dos danos e a parte ou reversão dos bens e valores ilicitamente adquiridos, em favor da pessoa jurídica lesada.

---

atribuir o ônus da prova de modo diverso, desde que o faça por decisão fundamentada, caso em que deverá dar à parte a oportunidade de se desincumbir do ônus que lhe foi atribuído.

§ 2º A decisão prevista no § 1º deste artigo não pode gerar situação em que a desincumbência do encargo pela parte seja impossível ou excessivamente difícil.

[86] § 19. Não se aplicam na ação de improbidade administrativa: II - a imposição de ônus da prova ao réu, na forma dos §§ 1º e 2º do art. 373 da Lei nº 13.105, de 16 de março de 2015 (Código de Processo Civil).

5.5.4.1. CRITÉRIOS E FUNDAMENTAÇÃO

Quanto aos **critérios para decidir**, a sentença deve observar as regras do Código de Processo Civil e do art. 17-C da lei 14.230/2021, respeitando as regras acerca da motivação, inclusive aquelas previstas na Lei de Introdução às Normas do Direito Brasileiro (LINDB). Vejamos a redação do art. 17-C:

> Art. 17-C. A sentença proferida nos processos a que se refere esta Lei deverá, além de observar o disposto no **art. 489** da Lei nº 13.105, de 16 de março de 2015 (**Código de Processo Civil**):
> I - indicar de modo preciso os **fundamentos** que demonstram os elementos a que se referem os arts. 9º, 10 e 11 desta Lei, que **não podem ser presumidos**;
> II - considerar as **consequências práticas da decisão**, sempre que decidir com base em valores jurídicos abstratos;
> III - considerar os **obstáculos e as dificuldades reais do gestor** e as exigências das políticas públicas a seu cargo, sem prejuízo dos direitos dos administrados e das circunstâncias práticas que houverem imposto, limitado ou condicionado a ação do agente;
> IV - considerar, para a **aplicação das sanções**, de forma isolada ou cumulativa:
> a) os princípios da **proporcionalidade e da razoabilidade**;
> b) a **natureza**, a **gravidade** e o **impacto** da infração cometida;
> e) a **extensão do dano** causado;
> d) o **proveito patrimonial** obtido pelo agente;
> e) as **circunstâncias agravantes ou atenuantes**;
> f) a **atuação do agente em minorar os prejuízos** e as consequências advindas de sua conduta omissiva ou comissiva;
> g) os **antecedentes** do agente;
> V - considerar na aplicação das sanções a dosimetria das **sanções relativas ao mesmo fato já aplicadas** ao agente;
> VI - considerar, na fixação das penas relativamente ao **terceiro**, quando for o caso, a **sua atuação específica**, não admitida a sua responsabilização por ações ou omissões para as quais não tiver concorrido ou das quais não tiver obtido vantagens patrimoniais indevidas;
> VII - indicar, na apuração da **ofensa a princípios**, **critérios objetivos** que justifiquem a imposição da sanção.

O dispositivo é bastante rico em critérios, ainda que não desça a minúcias nem trace limites matemáticos. Chama a atenção a exigência de uma **fundamentação** o mais objetiva possível, inclusive quanto aos atos que infringem princípios, o **pragmatismo** e o **consequencialismo** (considera-se a real situação do gestor, o cenário de que dispunha ao adotar a conduta apurada, bem como as consequências práticas da sanção), e a **individualização da sanção**, específica para cada agente de acordo com sua conduta, bem como quanto ao terceiro.

Quanto a esse último aspecto, destaca-se ser **inviável a condenação solidária** por ato de improbidade administrativa, pois, como dispõe a lei, na hipótese de litisconsórcio passivo, a condenação ocorrerá no limite da participação e dos benefícios diretos, vedada qualquer solidariedade[87].

5.5.4.2. PRINCÍPIO DA CORRELAÇÃO

Um aspecto relevante se refere ao cuidado do legislador com a congruência entre os pedidos formulados na petição inicial e a decisão, bem como aos aspectos probatórios.

Neste sentido, será nula a decisão de mérito total ou parcial da ação de improbidade administrativa que: a) condenar o requerido por tipo diverso daquele definido na petição inicial; b) condenar o requerido sem a produção das provas por ele tempestivamente especificadas.

Ainda, ao réu será assegurado o direito de ser interrogado sobre os fatos de que trata a ação, e a **sua recusa ou o seu silêncio não implicarão confissão**.

Por outro lado, diz a lei que **a qualquer momento** a demanda pode ser:

a. **julgada improcedente**, se verificada a inexistência de ato de improbidade – decisão contra a qual cabe recurso de apelação[88];
b. **convertida em ação civil pública**, se houver ilegalidade ou irregularidade, mas sem que se reúnam os requisitos para a imposição de sanção por ato de improbidade – decisão contra a qual cabe recurso de agravo de instrumento[89].

---

[87] Art. 17-C § 2º Na hipótese de litisconsórcio passivo, a condenação ocorrerá no limite da participação e dos benefícios diretos, vedada qualquer solidariedade.

[88] Art. 17. § 11. Em qualquer momento do processo, verificada a inexistência do ato de improbidade, o juiz julgará a demanda improcedente.

[89] Art. 17. § 16. A qualquer momento, se o magistrado identificar a existência de ilegalidades ou de irregularidades administrativas a serem sanadas sem que estejam presentes todos os requisitos para a imposição das sanções aos agentes incluídos no polo passivo da demanda, poderá, em decisão motivada, converter a ação de improbidade administrativa em ação civil pública, regulada pela Lei nº 7.347, de 24 de julho de 1985.

5.5.5. DESPESAS PROCESSUAIS

Segundo o art. 23-B, nas **ações** e nos **acordos** regidos pela Lei de Improbidade Administrativa, não haverá adiantamento de custas, de preparo, de emolumentos, de honorários periciais e de quaisquer despesas. Significa dizer que **não há responsabilidade provisória** pelas despesas processuais, ou seja, o adiantamento do pagamento.

Por outro lado, quanto à **responsabilidade definitiva**, o resultado da demanda é o critério orientador:

a. No caso de **procedência** da ação, as custas e as demais despesas processuais serão pagas ao final.

b. Em caso de **improcedência** da ação, será imposta a condenação em honorários sucumbenciais apenas se comprovada má-fé. Ou seja, o Ministério Público só deverá pagar honorários sucumbenciais quando agir de má-fé.

5.5.6. MEIOS IMPUGNATIVOS

No tocante aos **recursos**, o processo da ação de improbidade administrativa segue o regramento geral do Código de Processo Civil. Contudo, especificamente quanto ao agravo de instrumento, há previsão expressa de que da decisão que rejeitar questões preliminares suscitadas pelo réu em sua contestação caberá agravo de instrumento (art. 17 §9º-A). Trata-se de previsão de todo dispensável, vez que, nas ações de improbidade administrativa, cabe agravo de instrumento de qualquer decisão interlocutória (art. 17, § 21), excepcionando-se a lógica do rol taxativo do art. 1.015 do Código de Processo Civil.

Atualmente, a Lei de Improbidade afirma diretamente a **não aplicação da remessa necessária** à ação de improbidade[90].

---

§ 17. Da decisão que converter a ação de improbidade em ação civil pública caberá agravo de instrumento.

90 Art. 17 § 19. Não se aplicam na ação de improbidade administrativa: (...)

IV - o reexame obrigatório da sentença de improcedência ou de extinção sem resolução de mérito.

O art. 17-C, §3º repete a previsão da inexistência de remessa necessária na ação de improbidade.

Essa vedação, incluída pela lei 14.230/2021, supera antiga jurisprudência do Superior Tribunal de Justiça no sentido de que qualquer sentença de improcedência ou de extinção do processo na ação de improbidade deveria ser objeto de reexame obrigatório, haja vista o microssistema da tutela coletiva, aplicando-se a Lei da Ação Popular, que prevê o reexame nos casos de improcedência e de extinção sem resolução do mérito[91].

5.5.7. FASE EXECUTIVA: CUMPRIMENTO DE SENTENÇA

5.5.7.1. LEGITIMIDADE

A lei difere o legitimado para a promoção do cumprimento de sentença a depender da sanção.

Por um lado, conferiu à **pessoa jurídica** lesada a legitimidade para liquidação e execução do **ressarcimento dos danos e da perda/reversão dos bens**[92].

---

[91] Verifica-se que, no acórdão embargado, a Primeira Turma decidiu que não há falar em aplicação subsidiária do art. 19 da Lei 4.717/65, mormente por ser o reexame necessário instrumento de exceção no sistema processual. Já o v. acórdão paradigma da Segunda Turma decidiu admitir o reexame necessário na Ação de Improbidade. A jurisprudência do STJ se firmou no sentido de que o Código de Processo Civil deve ser aplicado subsidiariamente à Lei de Improbidade Administrativa. Nesse sentido: REsp 1.217.554/SP, Rel. Ministra Eliana Calmon, Segunda Turma, DJe 22/8/2013, e REsp 1.098.669/GO, Rel. Ministro Arnaldo Esteves Lima, Primeira Turma, DJe 12/11/2010. Portanto, é cabível o reexame necessário na Ação de Improbidade Administrativa, nos termos do artigo 475 do CPC/1973. Nessa linha: REsp 1556576/PE, Rel. Ministro Herman Benjamin, Segunda Turma, DJe 31/5/2016. Diante do exposto, dou provimento aos Embargos de Divergência para que prevaleça a tese do v. acórdão paradigma de que é cabível o reexame necessário na Ação de Improbidade Administrativa, nos termos do artigo 475 do CPC/1973, e determino o retorno dos autos para o Tribunal de origem a fim de prosseguir no julgamento. (STJ, EREsp 1220667/MG, Rel. Ministro Herman Benjamin, Primeira Seção, julgado em 24/05/2017)

[92] Art. 18. A sentença que julgar procedente a ação fundada nos arts. 9º e 10 desta Lei condenará ao ressarcimento dos danos e à perda ou à reversão dos bens e valores ilicitamente adquiridos, conforme o caso, em favor da pessoa jurídica prejudicada pelo ilícito.
§ 1º Se houver necessidade de liquidação do dano, a pessoa jurídica prejudicada procederá a essa determinação e ao ulterior procedimento para cumprimento da

O ente fazendário terá o prazo de 6 meses para essa atuação, contado do trânsito em julgado da sentença de procedência da ação e, caso não tome as providências, caberá ao **Ministério Público** fazê-lo, em **legitimidade secundária** (subsidiária)[93]. Tal comando se inspira no **princípio da obrigatoriedade da execução**, comum no microssistema de processos coletivos, no qual é previsto na Lei da Ação Popular[94] e na Lei da Ação Civil Pública[95] há muito tempo, exigindo que o Ministério Público execute os títulos executivos formados, caso os demais legitimados não promovam o cumprimento de sentença em seis meses[96].

---

sentença referente ao ressarcimento do patrimônio público ou à perda ou à reversão dos bens.

§ 2º Caso a pessoa jurídica prejudicada não adote as providências a que se refere o § 1º deste artigo no prazo de 6 (seis) meses, contado do trânsito em julgado da sentença de procedência da ação, caberá ao Ministério Público proceder à respectiva liquidação do dano e ao cumprimento da sentença referente ao ressarcimento do patrimônio público ou à perda ou à reversão dos bens, sem prejuízo de eventual responsabilização pela omissão verificada.

93 Pode-se classificar a legitimidade extraordinária também como primária (independente da inércia do legitimado ordinária) ou secundária (somente surgindo após o decurso de um prazo em branco para que o titular do direito agisse).

94 LAP: Art. 16. Caso decorridos 60 (sessenta) dias da publicação da sentença condenatória de segunda instância, sem que o autor ou terceiro promova a respectiva execução. o representante do Ministério Público a promoverá nos 30 (trinta) dias seguintes, sob pena de falta grave.

95 LACP: Art. 15. Decorridos sessenta dias do trânsito em julgado da sentença condenatória, sem que a associação autora lhe promova a execução, deverá fazê-lo o Ministério Público, facultada igual iniciativa aos demais legitimados.

96 Uma vez formado o título executivo, existe sistemática voltada à sua satisfação de forma obrigatória, por meio do princípio da obrigatoriedade da execução. O microssistema menciona a existência de dever funcional do Ministério Público e faculdade dos demais legitimados.

Quanto aos direitos transindividuais (difusos e coletivos), a Lei da Ação Civil Pública prevê que, se a associação autora não promover a execução em sessenta dias, contados do trânsito em julgado, deverá fazê-lo o Ministério Público ou poderão fazê-lo os demais legitimados. Na Lei da Ação Popular, existe um marco inicial diverso: contam-se os sessenta dias a partir da decisão condenatória de segunda instância. Nesse segundo comando, parece haver norma excepcional, nesse tipo de ação, a exigir a promoção de execução provisória, enquanto a regra do núcleo duro menciona apenas a execução definitiva. No entanto, as peculiaridades que envolvem o cumprimento de sentença provisório, como a responsabilização objetiva pelos danos, levam parte da doutrina (Daniel Assumpção Neves) a sugerir o aban-

Por outro lado, o cumprimento de sentença em relação às **demais sanções** aplicadas continuam sendo cumpridas no processo a pedido do legitimado ativo, ou seja, o **Ministério Público**, em **legitimidade primária**.

5.5.7.2. UNIFICAÇÃO

A lei passou a prever que o réu pode pedir a **unificação das sanções** da fase do cumprimento de sentença, compatibilizando eventuais sanções aplicadas com outras já impostas em outros processos (art. 18-A[97]).

Repare que a unificação se dá, de acordo com a lei, **a pedido do réu**, não cabendo a sua realização de ofício. Contudo, entendemos *de lege ferenda* que, em se tratando de direito do sancionado, também o magistrado, percebendo a hipótese de incidência da norma, deve proceder à unificação.

Por outro lado, a lei prevê **duas situações** de unificação: a continuidade do ilícito e a prática de novos atos ilícitos.

   a. No caso de **continuidade de ilícito**, a prática do ato julgado nesta última ação de improbidade está inserida numa dinâmica de ilicitude duradoura – ou seja, o réu já havia praticado outros ilícitos correlatos, já punidos anteriormente. Por isso, o juiz promoverá, a depender do que for mais benéfico para o réu:

---

dono da regra, prevalecendo a LACP. Existe decisão do Superior Tribunal de Justiça aplicando esse princípio para a promoção da liquidação da sentença coletiva, apesar de a doutrina considerar que se trate de procedimento de conhecimento.

Por outro lado, quando a tutela for de direitos individuais homogêneos, a obrigatoriedade executiva está ligada à superveniência da liquidação e execução fluidas (fluid recovery), nos moldes do art. 100 do CDC.

[97] Art. 18-A. A requerimento do réu, na fase de cumprimento da sentença, o juiz unificará eventuais sanções aplicadas com outras já impostas em outros processos, tendo em vista a eventual continuidade de ilícito ou a prática de diversas ilicitudes, observado o seguinte:

I - no caso de continuidade de ilícito, o juiz promoverá a maior sanção aplicada, aumentada de 1/3 (um terço), ou a soma das penas, o que for mais benéfico ao réu;

II - no caso de prática de novos atos ilícitos pelo mesmo sujeito, o juiz somará as sanções.

Parágrafo único. As sanções de suspensão de direitos políticos e de proibição de contratar ou de receber incentivos fiscais ou creditícios do poder público observarão o limite máximo de 20 (vinte) anos.

a. A maior sanção aplicada, aumentada de 1/3; ou
b. A soma das penas.

b. No caso de prática de **novos atos ilícitos** pelo mesmo sujeito, o juiz simplesmente somará as sanções. A utilidade da unificação, aqui, é simplesmente promover uma execução conjunta e global das penalidades.

Estabelecendo um limite máximo, a lei prevê que as sanções de **suspensão de direitos políticos** e de **proibição de contratar ou de receber incentivos** fiscais ou creditícios do poder público observarão o **limite máximo de 20 anos**. Esse "teto" está previsto no artigo que trata da unificação justamente para evidenciar a utilidade do instituto, ainda que na modalidade de soma das penas: ao juntá-las, o magistrado garante a observação dessa regra.

5.5.7.3. PARCELAMENTO

O juiz poderá autorizar o **parcelamento**, em **até 48 parcelas mensais** corrigidas monetariamente, do débito resultante de condenação pela prática de improbidade administrativa se o réu demonstrar **incapacidade financeira** de saldá-lo de imediato (art. 18, §4º).

Apesar da dicção legal ("poderá"), entendemos tratar-se de autêntico direito do executado, desde que comprove se enquadrar na situação jurídica descrita, a hipossuficiência financeira. Como a lei não aponta meio específico, temos que a prova de tal debilidade econômica pode ser feita por qualquer meio, surgindo, naturalmente, o documental como o mais vocacionado.

5.5.7.4. MEIOS EXECUTIVOS

O Superior Tribunal de Justiça se tem inclinado a admitir, nas ações de improbidade administrativa, a utilização de **meios executivos atípicos**, com base no art. 139, IV, do Código de Processo Civil[98].

Para tanto, devem ser seguidos os parâmetros exigidos por sua jurisprudência para os casos em geral:

---

[98] Art. 139. O juiz dirigirá o processo conforme as disposições deste Código, incumbindo-lhe: IV - determinar todas as medidas indutivas, coercitivas, mandamentais ou sub-rogatórias necessárias para assegurar o cumprimento de ordem judicial, inclusive nas ações que tenham por objeto prestação pecuniária.

i. subsidiariedade em relação aos meios típicos (tentar, antes de determinar a medida não prevista em lei, o uso das técnicas consagradas expressamente na legislação processual);
ii. indícios de existência de patrimônio expropriável (ocultação maliciosa de bens, não bastando a mera insolvência);
iii. prévio exercício do contraditório (ouvir, antes de determinar a medida, o executado);
iv. proporcionalidade, no caso concreto, das medidas escolhidas;
v. fundamentação da decisão (expondo todos esses parâmetros).

Nesse sentido, veja-se a decisão do Tribunal da Cidadania:

> Ora, se o entendimento desta Corte - conforme jurisprudência supra destacada - é no sentido de que são cabíveis medidas executivas atípicas a bem da satisfação de obrigações de cunho estritamente patrimonial, com muito mais razão elas devem ser admitidas em casos onde o cumprimento da sentença se dá a bem da tutela da moralidade e do patrimônio público. Superada a questão da impossibilidade de adoção de medidas executivas atípicas de cunho não patrimonial pela jurisprudência dessa Corte, não há como não considerar o interesse público na satisfação da obrigação um importante componente na definição pelo cabimento (ou não) delas à luz do caso concreto.
> Os parâmetros construídos pela Terceira Turma, para aplicação das medidas executivas atípicas, encontram largo amparo na doutrina se revelam adequados, também, no cumprimento de sentença proferida em Ação por Improbidade.
> Conforme tem preconizado a Terceira Turma: "A adoção de meios executivos atípicos é cabível desde que, verificando-se a existência de indícios de que o devedor possua patrimônio expropriável, tais medidas sejam adotadas de modo subsidiário, por meio de decisão que contenha fundamentação adequada às especificidades da hipótese concreta, com observância do contraditório substancial e do postulado da proporcionalidade" (REsp 1.788.950/MT, Rel. Ministra Nancy Andrighi, Terceira Turma, DJe 26.4.2019).
> Consigne-se que a observância da proporcionalidade não deve ser feita em abstrato, a não ser que as instâncias ordinárias expressamente declarem o artigo 139, IV, do CPC/2015, inconstitucional. Não sendo o caso, as balizas da proporcionalidade devem ser observadas com referência ao caso concreto, nas hipóteses em que as medidas atípicas se revelem excessivamente gravosas, por exemplo, causando prejuízo ao exercício da profissão. (REsp 1.929.230-MT, Rel. Min. Herman Benjamin, Segunda Turma, por unanimidade, julgado em 04/05/2021.)

5.6. MEDIDAS CAUTELARES

A lei 8.429/92 sempre previu medidas cautelares com o objetivo de **assegurar o resultado prático** de uma eventual sentença condenatória. Hoje, as medidas cautelares da LIA seguem a regra geral das tutelas de urgência do ordenamento jurídico, ou seja, exigem a demonstração do *periculum in mora* e do *fumus boni iuris*.

O regime das medidas cautelares foi objeto de regulamentação mais abrangente com a lei 14.230/2021, tratando do tema no art. 16 e no art. 20 e superando a jurisprudência do STJ em diversos pontos.

5.6.1. INDISPONIBILIDADE DOS BENS

Trata-se de medida que objetiva impedir a alienação dos bens, a **dilapidação patrimonial**, pelo agente que supostamente tenha cometido ato de improbidade administrativa, com o objetivo de garantir bens suficientes para assegurar o **ressarcimento ao erário** e a **perda do acréscimo patrimonial** resultante de enriquecimento ilícito.

Como se pode observar, a tradicional indisponibilidade dos bens está esmiuçadamente prevista no art. 16. Portanto, a medida não é mais tratada no art. 7º, haja vista que, de fato, na redação anterior, estava **deslocado topograficamente** na lei, indicando que a autoridade administrativa que tivesse notícia de um ato de improbidade deveria representar ao Ministério Público para que esse requeresse a medida.

Hoje, o art. 7º[99] fala apenas de uma comunicação genérica, na esteira de diversos outros dispositivos do ordenamento voltados à facilitação da pronta apuração de atos lesivos à coletividade[100]. Evidentemente, a referida representação não é indispensável para que seja requerida

---

99 Art. 7º Se houver indícios de ato de improbidade, a autoridade que conhecer dos fatos representará ao Ministério Público competente, para as providências necessárias.

100 Menciona-se um princípio da informação aos legitimados, na tutela coletiva, a partir do seguinte mosaico normativo:
Lei da Ação Civil Pública: Art. 6º Qualquer pessoa poderá e o servidor público deverá provocar a iniciativa do Ministério Público, ministrando-lhe informações sobre fatos que constituam objeto da ação civil e indicando-lhe os elementos de convicção.

medida cautelar pelo Ministério Público (art. 16, §1º-A[101]), ante a sua legitimidade autônoma e primária para a persecução cível.

5.6.1.1. REQUISITOS

Um dos pontos mais importantes inseridos pela lei 14.230/2021 diz respeito aos requisitos para a decretação da indisponibilidade dos bens, que somente poderá ser deferida com a **demonstração no caso concreto** (portanto, com fundamentação específica para o caso em julgamento) de:

a. **Perigo** de dano irreparável ou de risco ao resultado útil do processo (*periculum in mora*);
b. **Probabilidade** da ocorrência dos atos descritos na petição inicial (*fumus boni iuris*).

Além da exigência de motivação específica do magistrado atenta ao caso concreto, a lei exige que sejam observados os **efeitos práticos** da decisão, vedando medida que possa acarretar prejuízo a serviço público. Esse traço do pragmatismo jurídico e do consequencialismo procura que o juiz verifica, em concreto, se a medida realmente atende ao interesse público ou se, ao contrário, acabará revelando-se mais lesiva.

Além disso, de acordo com a lei, somente será concedido após a **oitiva prévia do réu** em 5 dias, salvo quando o contraditório prévio puder

---

Art. 7º Se, no exercício de suas funções, os juízes e tribunais tiverem conhecimento de fatos que possam ensejar a propositura da ação civil, remeterão peças ao Ministério Público para as providências cabíveis.

ECA: Art. 221. Se, no exercício de suas funções, os juízos e tribunais tiverem conhecimento de fatos que possam ensejar a propositura de ação civil, remeterão peças ao Ministério Público para as providências cabíveis.

Estatuto do Idoso: Art. 90. Os agentes públicos em geral, os juízes e tribunais, no exercício de suas funções, quando tiverem conhecimento de fatos que possam configurar crime de ação pública contra idoso ou ensejar a propositura de ação para sua defesa, devem encaminhar as peças pertinentes ao Ministério Público, para as providências cabíveis.

[101] Art. 16. Na ação por improbidade administrativa poderá ser formulado, em caráter antecedente ou incidente, pedido de indisponibilidade de bens dos réus, a fim de garantir a integral recomposição do erário ou do acréscimo patrimonial resultante de enriquecimento ilícito.

§ 1º-A O pedido de indisponibilidade de bens a que se refere o caput deste artigo poderá ser formulado independentemente da representação de que trata o art. 7º desta Lei.

comprovadamente frustrar a efetividade da medida ou houver outras circunstâncias que recomendem a proteção liminar, não podendo a urgência ser presumida. Nesse caso, o contraditório será diferido.

Essas regras são extraídas do §3º do art. 16 e são de extrema importância porque promovem uma **superação legislativa da jurisprudência do Superior Tribunal de Justiça**.

O STJ possuía entendimento pacífico no sentido de que a decretação indisponibilidade dos bens não dependia da demonstração do *periculum in mora*. Para a Corte, o risco de dano irreparável ou ao resultado útil do processo **era presumido**. Por este motivo, entendia que a medida, em verdade, **possuía natureza de tutela de evidência**, haja vista a dispensa da demonstração concreta do *periculum in mora*:

> Portanto, a medida cautelar em exame, própria das ações regidas pela Lei de Improbidade Administrativa, não está condicionada à comprovação de que o réu esteja dilapidando seu patrimônio, ou na iminência de fazê-lo, tendo em vista que o periculum in mora encontra-se implícito no comando legal que rege, de forma peculiar, o sistema de cautelaridade na ação de improbidade administrativa, sendo possível ao juízo que preside a referida ação, fundamentadamente, decretar a indisponibilidade de bens do demandado, quando presentes fortes indícios da prática de atos de improbidade administrativa. (REsp 1366721/BA, Rel. Ministro Napoleão Nunes Maia Filho, Rel. P/ Acórdão Ministro Og Fernandes, Primeira Seção, julgado em 26/02/2014).

> Com efeito, no que se refere à alegada "omissão quanto ao fato de que, uma vez reconhecida por este Colegiado a existência de fundados indícios da prática de atos de improbidade pelo embargado por ocasião da decretação da indisponibilidade de bens nos autos de Agravo de Instrumento nº 1.695.097-3, tal questão não poderia ser rediscutida", o acórdão ressaltou que "o argumento não impressiona, porque a medida cautelar de indisponibilidade de bens caracteriza-se como tutela de evidência, que exige tão-somente a presença do fumus boni iuris, nos termos do art. 7º da LIA. (REsp 1899698/PR, Rel. Ministra Assusete Magalhães, Segunda Turma, julgado em 02/03/2021)

Por outro lado, a Corte Superior entendia ser possível a concessão da medida mesmo sem a oitiva do réu, inclusive, antes da propositura da ação:

> É possível o deferimento da medida acautelatória de indisponibilidade de bens em ação de improbidade administrativa nos autos da ação principal sem audiência da parte adversa e, portanto, antes da notificação a que se refere o art. 17, § 7º, da Lei n. 8.429/92 (REsp 929.483/BA, Rel. Ministro Luiz Fux, Primeira Turma, julgado em 02/12/2008, DJe 17/12/2008)

5.6.1.2. EXTENSÃO

Com efeito, para fins de parâmetro da indisponibilidade de bens, dispõe a lei que seu valor considerará a **estimativa de dano** indicada na petição inicial, recaindo sobre bens que assegurem **exclusivamente o integral ressarcimento do dano** ao erário.

Fica, assim, evidente que os atos ímprobos que gerem prejuízo ao erário ou enriquecimento ilícito do agente estão abrangidos nas hipóteses de cabimento. O ponto de grande discussão é a possibilidade de decretação da indisponibilidade dos bens para **atos de improbidade administrativa que atentam contra os princípios administrativos**.

Antes da lei 14.230/2021, o Superior Tribunal de Justiça possuía o entendimento pacífico pela possibilidade:

> Ainda que se considere que a conduta é subsumível ao art. 11 da Lei de Improbidade Administrativa, mesmo assim é cabível a medida de indisponibilidade. (AgRg no REsp 1299936/RJ, Rel. Ministro Mauro Campbell Marques, Segunda Turma, julgado em 18/04/2013, DJe 23/04/2013)

No entanto, com alteração legislativa, perde o sentido a possibilidade de indisponibilidade dos bens para atos de improbidade que atentam contra os princípios, haja vista que não há mais sanção de ressarcimento ao erário e perda de bens acrescidos ilicitamente ao patrimônio para esta espécie de improbidade administrativa, além do que a indisponibilidade dos bens não assegura o pagamento do valor de eventual multa a ser aplicada.

A própria opção legislativa em não prever indisponibilidade dos bens para os atos do art. 11 da lei configura verdadeiro silêncio eloquente, que evidencia a opção do legislador de não seguir e, em verdade, superar a jurisprudência vigência à época de sua edição.

A lei estabelece uma **ordem de preferência** dos bens a serem tornados indisponíveis. Segundo a norma, deve-se priorizar:

1. veículos de via terrestre;
2. bens imóveis;
3. bens móveis em geral;
4. semoventes;
5. navios e aeronaves;
6. ações e quotas de sociedades simples e empresárias;
7. pedras e metais preciosos;
8. bloqueio de contas bancárias.

Foi deixado, em último lugar, o bloqueio de contas bancárias, o que aparentemente acaba por tornar meio efetiva a medida e até menos prática. Contudo, a opção é pelo menor prejuízo do executado, princípio geral da execução, permitindo a subsistência do réu pessoa física e a manutenção das atividades das pessoas jurídicas, especialmente aquelas que desenvolvem atividades empresárias.

A lei deixa claro que o pedido de indisponibilidade pode envolver o exame e o bloqueio de bens, contas bancárias e aplicações financeiras mantidas pelo indiciado **no exterior**, nos termos da legislação e dos tratados internacionais, que, tratando da cooperação entre países e sistemas financeiros diversos, permitirão a efetivação da medida.

A existência de **litisconsórcio passivo** (mais de um réu) não impede a decretação da medida, mas impõe tratamento específico. Quanto à extensão objetiva, a **somatória dos valores** declarados indisponíveis não poderá superar o montante indicado na petição inicial como dano ao erário ou como enriquecimento ilícito. Afinal, caso contrário, inevitavelmente sucederia uma indisponibilidade excessiva.

Quanto à extensão subjetiva, especificamente a respeito da indisponibilidade de **bens de terceiro**, a lei evidencia seu cabimento, desde que:

a. demonstrada sua **efetiva concorrência** para os atos ilícitos apurados; ou
b. quando se tratar de pessoa jurídica, da instauração de **incidente de desconsideração da personalidade jurídica**.

5.6.1.3. SUBSTITUIÇÃO E READEQUAÇÃO

É permitida a sua substituição por **caução** idônea, por **fiança bancária** ou por **seguro-garantia judicial**, a requerimento do réu (art. 16, §6º). A lei cria um verdadeiro direito subjetivo do réu em substituir a indisponibilidade de seus bens pelas formas de garantia admitidas na lei.

Além disso, enquanto medida cautelar – acessória ao processo e essencialmente provisória -, pode ser **readequada**, sempre que se verificar que era ou se tornou excessiva ou escassa. Isso pode ocorrer, inclusive, na sentença, quando as provas acabam por evidenciar os contornos mais precisos do dano ao erário.

5.6.1.4. VEDAÇÕES

No entanto, a lei passou a prever que a medida **não pode incidir sobre:**

a. valores a serem eventualmente aplicados a título de **multa civil**; ou
b. acréscimo patrimonial decorrente de **atividade lícita**.

No que tange a este ponto, oportuno ressaltar outra superação legislativa da jurisprudência do STJ, referente à possibilidade de garantia, por meio de indisponibilidade de bens, do valor de eventual multa a ser aplicada. A Corte Superior entendia que a indisponibilidade poderia recair sobre bens suficientes para garantir o ressarcimento ao erário, a perda dos valores acrescidos ilicitamente ao patrimônio e o valor de eventual multa a ser aplicada:

> Esta Corte Superior tem entendimento pacífico no sentido de que a indisponibilidade de bens deve recair sobre o patrimônio dos réus em ação de improbidade administrativa, de modo suficiente a garantir o integral ressarcimento de eventual prejuízo ao erário, levando-se em consideração, ainda, o valor de possível multa civil como sanção autônoma. (...)
> Portanto, em que pese o silêncio do art. 7º da Lei n. 8.429/92, uma interpretação sistemática que leva em consideração o poder geral de cautela do magistrado induz a concluir que a medida cautelar de indisponibilidade dos bens também pode ser aplicada aos atos de improbidade administrativa que impliquem violação dos princípios da administração pública, mormente para assegurar o integral ressarcimento de eventual prejuízo ao erário, se houver, e ainda a multa civil prevista no art. 12, III, da Lei n. 8.429/92.
> (AgRg no REsp 1311013/RO, Rel. Ministro Humberto Martins, Segunda Turma, julgado em 04/12/2012, DJe 13/12/2012).

Em relação aos bens licitamente adquiridos, existem duas possíveis leituras. A primeira leitura impede a indisponibilidade de bens licitamente adquiridos tanto para garantir o ressarcimento ao erário quanto para garantir a perda dos bens e valores decorrentes de enriquecimento ilícito.

Em uma segunda leitura, é possível entender que a indisponibilidade somente poderá recair sobre o **acréscimo lícito** ao patrimônio do réu **quando objetivar garantir o ressarcimento ao erário.** No caso de ato de improbidade que importa **enriquecimento ilícito**, a indisponibilidade dos bens para perda do que foi acrescido ao patrimônio do autor **somente recai sobre os acréscimos ilícitos**. Não se aplica a indisponibilidade sobre bens adquiridos licitamente para promover uma espécie de "compensação" por aquilo que foi acrescido ilicitamente ao patrimônio.

Disso seria possível vislumbrar o seguinte quadro:

Indisponibilidade de Bens	
Ressarcimento ao Erário	Acréscimo Lícito ou Ilícito
Enriquecimento Ilícito	Acréscimo ilícito

De todo modo, é necessário aguardar o posicionamento dos tribunais superiores acerca do comando legal.

Certos bens estão, por determinação legal, **fora do âmbito da indisponibilidade**, em uma espécie de paralelo com a impenhorabilidade estabelecida pela lei processual civil:

a. quantia de até **40 salários-mínimos depositados** em caderneta de poupança, em outras aplicações financeiras ou em conta corrente;
b. **bem de família** do réu, salvo se comprovado que o imóvel seja fruto de vantagem patrimonial indevida, nos atos que importem enriquecimento ilícito (art. 9º).

A vedação à indisponibilidade do bem de família também superou a jurisprudência do STJ que, anteriormente, a admitia, diferenciando a referida cautelar da medida definitiva de expropriação do bem, decorrente da penhora[102]:

> O caráter de bem de família de imóvel não tem a força de obstar a determinação de sua indisponibilidade nos autos de ação civil pública, pois tal medida não implica em expropriação do bem. (REsp 1204794/SP, Rel. Ministra Eliana Calmon, Segunda Turma, julgado em 16/05/2013, DJe 24/05/2013)

Ademais, a menção ao artigo 9º evidencia que o bem de família apenas poderá ser tornado indisponível, em caráter excepcional, nos atos

---

[102] A indisponibilidade dos bens do requerido pode recair, inclusive, sobre o bem de família, pois tal medida não implica em expropriação do bem (REsp 1204794/SP). - Atenção! Superada!

tipificados neste artigo, o que deixa de fora os atos que gerem prejuízo ao erário (art. 10) e que ofendam princípios (art. 11).

Indisponibilidade dos bens	
Redação original: entendimentos do STJ	Redação com a lei 14.230/2021
Periculum in mora presumido. Ausência de necessidade de demonstração. Batava a mera demonstração do *fumus boni iuris* (STJ). Entenda-se que se tratava de tutela de evidência (STJ).	Deve demonstrar, no caso concreto: a) Perigo de dano irreparável ou de risco ao resultado útil do processo (periculum in mora); b) Probabilidade da ocorrência dos atos descritos na petição inicial (fumus boni iuris).
Poderia ser decretado sem oitiva do réu (STJ).	Somente após a oitiva do réu em 05 dias, salvo quando o contraditório prévio puder comprovadamente frustrar a efetividade da medida ou houver outras circunstâncias que recomendem a proteção liminar, não podendo a urgência ser presumida.
Podia ser concedido para atos de improbidade que atentam contra os princípios da Administração Pública (STJ)	Somente para atos de improbidade que importam em enriquecimento ilícito ou prejuízo ao erário.
Podia recair sobre bens suficientes para assegurar o valor de eventual multa a ser aplicada (STJ).	Não assegura pagamento de multa, apenas o ressarcimento ao erário e a perda dos bens acrescidos ilicitamente.

5.6.1.5. MOMENTO

Adotando a sistemática do CPC, a lei 14.230/2021 dá redação ao art. 16 para prever que o pedido de medida cautelar – indisponibilidade dos bens – pode ocorrer em caráter antecedente ou incidente. No atual Código de Processo, a tutela provisória de urgência (antecipada ou, como é o caso, cautelar) pode ser pedida nesses dois momentos.

Se requerer na petição inicial ou em qualquer momento posterior, se tratará de pedido **incidental**. Por outro lado, admite-se também o requerimento em caráter **antecedente**, ou seja, autonomamente à ação de improbidade[103]. Pode-se pensar no caso de, durante a apura-

---

103 Art. 305. A petição inicial da ação que visa à prestação de tutela cautelar em caráter antecedente indicará a lide e seu fundamento, a exposição sumária do direito que se objetiva assegurar e o perigo de dano ou o risco ao resultado útil do processo.

Parágrafo único. Caso entenda que o pedido a que se refere o caput tem natureza antecipada, o juiz observará o disposto no art. 303.

Art. 306. O réu será citado para, no prazo de 5 (cinco) dias, contestar o pedido e indicar as provas que pretende produzir.

Art. 307. Não sendo contestado o pedido, os fatos alegados pelo autor presumir-se-ão aceitos pelo réu como ocorridos, caso em que o juiz decidirá dentro de 5 (cinco) dias.

ção de um suposto ato de improbidade, antes de ajuizada a ação, se vislumbrar a conduta justificadora da decretação da indisponibilidade de bens. Assim, o Ministério Público pode pleitear, desde já, a tutela cautelar ao juiz competente para a ação de improbidade. Nessa petição, a fundamentação e o pedido se limitam à cautelar, ainda que se mencione, naturalmente, os fatos que, ao que tudo indica, ensejarão a futura demanda de improbidade.

5.6.1.6. RECURSO

De todo modo, é aplicável o regime do Código de Processo Civil, inclusive quanto ao **recurso** contra a decisão que a decreta, caben-

---

Parágrafo único. Contestado o pedido no prazo legal, observar-se-á o procedimento comum.

Art. 308. Efetivada a tutela cautelar, o pedido principal terá de ser formulado pelo autor no prazo de 30 (trinta) dias, caso em que será apresentado nos mesmos autos em que deduzido o pedido de tutela cautelar, não dependendo do adiantamento de novas custas processuais.

§ 1º O pedido principal pode ser formulado conjuntamente com o pedido de tutela cautelar.

§ 2º A causa de pedir poderá ser aditada no momento de formulação do pedido principal.

§ 3º Apresentado o pedido principal, as partes serão intimadas para a audiência de conciliação ou de mediação, na forma do art. 334, por seus advogados ou pessoalmente, sem necessidade de nova citação do réu.

§ 4º Não havendo autocomposição, o prazo para contestação será contado na forma do art. 335.

Art. 309. Cessa a eficácia da tutela concedida em caráter antecedente, se:

I - o autor não deduzir o pedido principal no prazo legal;

II - não for efetivada dentro de 30 (trinta) dias;

III - o juiz julgar improcedente o pedido principal formulado pelo autor ou extinguir o processo sem resolução de mérito.

Parágrafo único. Se por qualquer motivo cessar a eficácia da tutela cautelar, é vedado à parte renovar o pedido, salvo sob novo fundamento.

Art. 310. O indeferimento da tutela cautelar não obsta a que a parte formule o pedido principal, nem influi no julgamento desse, salvo se o motivo do indeferimento for o reconhecimento de decadência ou de prescrição.

do o **agravo de instrumento** (art. 16, §§ 8º e 9º[104]), tanto pela previsão específica da lei como pela própria natureza jurídica do provimento, já que, em sendo tutela provisória, já caberia o referido recurso por conta do Código de Processo[105].

Por outro lado, se a indisponibilidade for determinada na sentença (aí incluída eventual readequação, isto é, modificação na sua extensão, como alteração dos bens, etc), deverá ser questionada através de **apelação**, ainda que seja a única matéria devolvida ao tribunal[106].

5.6.2. AFASTAMENTO DO AGENTE PÚBLICO

Os parágrafos do art. 20[107], com redação dada pela lei 14.230/2021, preveem a medida cautelar de afastamento do agente público. Embora a perda da função, enquanto sanção da improbidade, dependa do trânsito em julgado, admite-se, com essa tutela provisória, que o juiz poderá determinar o **afastamento do agente público** do exercício do cargo, do emprego ou da função, **sem prejuízo da remuneração**, quando a medida for necessária:

a. à instrução processual; ou
b. para evitar a iminente prática de novos ilícitos.

---

104 Art. 16 § 8º Aplica-se à indisponibilidade de bens regida por esta Lei, no que for cabível, o regime da tutela provisória de urgência da Lei nº 13.105, de 16 de março de 2015 (Código de Processo Civil).

§ 9º Da decisão que deferir ou indeferir a medida relativa à indisponibilidade de bens caberá agravo de instrumento, nos termos da Lei nº 13.105, de 16 de março de 2015 (Código de Processo Civil).

105 Art. 1.015. Cabe agravo de instrumento contra as decisões interlocutórias que versarem sobre: I - tutelas provisórias.

106 CPC: Art. 1.009. § 3º O disposto no caput deste artigo aplica-se mesmo quando as questões mencionadas no art. 1.015 integrarem capítulo da sentença.

107 Art. 20. A perda da função pública e a suspensão dos direitos políticos só se efetivam com o trânsito em julgado da sentença condenatória.

§ 1º A autoridade judicial competente poderá determinar o afastamento do agente público do exercício do cargo, do emprego ou da função, sem prejuízo da remuneração, quando a medida for necessária à instrução processual ou para evitar a iminente prática de novos ilícitos.

§ 2º O afastamento previsto no § 1º deste artigo será de até 90 (noventa) dias, prorrogáveis uma única vez por igual prazo, mediante decisão motivada.

capítulo 6
ACORDO DE NÃO PERSECUÇÃO CÍVEL

6.1. HISTÓRICO

Originalmente, a redação originária lei 8.429/92 vedava de forma peremptória a transação, o acordo ou a conciliação na ação de improbidade[108].

Apesar da clara dicção legal, a doutrina, com a evolução histórica da temática do consenso, passou a sustentar a superação do entendimento restritivo, a partir dos seguintes marcos:

a. Lei Anticorrupção, com possibilidade de realização de acordos de leniência;
b. Lei de Mediação, com possibilidade de mediação em tema tratado em ação de improbidade[109];

---

[108] Art. 17. A ação principal, que terá o rito ordinário, será proposta pelo Ministério Público ou pela pessoa jurídica interessada, dentro de trinta dias da efetivação da medida cautelar.

§ 1º É vedada a transação, acordo ou conciliação nas ações de que trata o caput.

[109] Lei de Mediação: Art. 36. No caso de conflitos que envolvam controvérsia jurídica entre órgãos ou entidades de direito público que integram a administração pública federal, a Advocacia-Geral da União deverá realizar composição extrajudicial do conflito, observados os procedimentos previstos em ato do Advogado-Geral da União.

§ 4º Nas hipóteses em que a matéria objeto do litígio esteja sendo discutida em ação de improbidade administrativa ou sobre ela haja decisão do Tribunal de Contas da

c. Regulamentação, pelo CNMP, dos acordos de não persecução criminal, esfera que trata de direitos absolutamente indisponíveis;
d. Lei de Introdução às Normas de Direito Brasileiro, modificada pela lei 13.655/18, que trouxe o compromisso de adequação ao direito público, em prol da eficiência administrativa[110].

Por fim, acompanhando essa tendência, a Lei 13.964/19 (Pacote Anticrime) expressamente modificou a LIA para prever o **acordo de não persecução cível**, com possibilidade de requerimento, pelas partes ao juiz, de suspensão do prazo de contestação, para tanto[111]. Os limites do acordo e seus requisitos foram tratados pelo legislador, mas vetados pelo Executivo, por conta da exclusiva menção à legitimidade do Ministério Público[112].

União, a conciliação de que trata o caput dependerá da anuência expressa do juiz da causa ou do Ministro Relator.

110 LINDB: Art. 26. Para eliminar irregularidade, incerteza jurídica ou situação contenciosa na aplicação do direito público, inclusive no caso de expedição de licença, a autoridade administrativa poderá, após oitiva do órgão jurídico e, quando for o caso, após realização de consulta pública, e presentes razões de relevante interesse geral, celebrar compromisso com os interessados, observada a legislação aplicável, o qual só produzirá efeitos a partir de sua publicação oficial.

§ 1º O compromisso referido no caput deste artigo: I - buscará solução jurídica proporcional, equânime, eficiente e compatível com os interesses gerais; II – (VETADO); III - não poderá conferir desoneração permanente de dever ou condicionamento de direito reconhecidos por orientação geral; IV - deverá prever com clareza as obrigações das partes, o prazo para seu cumprimento e as sanções aplicáveis em caso de descumprimento.

111 Art. 17 § 1º As ações de que trata este artigo admitem a celebração de **acordo de não persecução cível**, nos termos desta Lei.

§ 10-A. Havendo a possibilidade de solução consensual, poderão as partes requerer ao juiz a interrupção do prazo para a contestação, por prazo não superior a 90 (noventa) dias.

112 Contudo, é válida a leitura dos dispositivos vetados e das razões de veto, como parâmetro para uma primeira compreensão do tema, que será amplamente debatido pela doutrina.?

"Art. 17, § 2º O acordo também poderá ser celebrado no curso de ação de improbidade.

Razões do veto

'A propositura legislativa, ao determinar que o acordo também poderá ser celebrado no curso de ação de improbidade, contraria o interesse público por ir de encontro à garantia da efetividade da transação e do alcance de melhores resultados, comprometendo a própria eficiência da norma jurídica que assegura a sua realização, uma

No entanto, essa regra foi recentemente alterada para esclarecer o cabimento do acordo de não persecução cível. A lei 14.230/2021 estabeleceu parâmetros procedimentais e materiais a serem observados nesse ajuste, no art. 17-B.

---

vez que o agente infrator estaria sendo incentivado a continuar no trâmite da ação judicial, visto que disporia, por lei, de um instrumento futuro com possibilidade de transação.'

Art. 17-A. O Ministério Público poderá, conforme as circunstâncias do caso concreto, celebrar acordo de não persecução cível, desde que, ao menos, advenham os seguintes resultados:

I - o integral ressarcimento do dano;

II - a reversão, à pessoa jurídica lesada, da vantagem indevida obtida, ainda que oriunda de agentes privados;

III - o pagamento de multa de até 20% (vinte por cento) do valor do dano ou da vantagem auferida, atendendo a situação econômica do agente.

§ 1º Em qualquer caso, a celebração do acordo levará em conta a personalidade do agente, a natureza, as circunstâncias, a gravidade e a repercussão social do ato de improbidade, bem como as vantagens, para o interesse público, na rápida solução do caso.

§ 3º As negociações para a celebração do acordo ocorrerão entre o Ministério Público e o investigado ou demandado e o seu defensor.

§ 4º O acordo celebrado pelo órgão do Ministério Público com atribuição, no plano judicial ou extrajudicial, deve ser objeto de aprovação, no prazo de até 60 (sessenta) dias, pelo órgão competente para apreciar as promoções de arquivamento do inquérito civil.

§ 5º Cumprido o disposto no § 4º deste artigo, o acordo será encaminhado ao juízo competente para fins de homologação.

Razões dos vetos

'A propositura legislativa, ao determinar que caberá ao Ministério Público a celebração de acordo de não persecução cível nas ações de improbidade administrativa, contraria o interesse público e gera insegurança jurídica ao ser incongruente com o art. 17 da própria Lei de Improbidade Administrativa, que se mantém inalterado, o qual dispõe que a ação judicial pela prática de ato de improbidade administrativa pode ser proposta pelo Ministério Público e/ou pessoa jurídica interessada leia-se, aqui, pessoa jurídica de direito público vítima do ato de improbidade. Assim, excluir o ente público lesado da possibilidade de celebração do acordo de não persecução cível representa retrocesso da matéria, haja vista se tratar de real interessado na finalização da demanda, além de não se apresentar harmônico com o sistema jurídico vigente.'"

Art. 17-B. O Ministério Público poderá, conforme as circunstâncias do caso concreto, celebrar acordo de não persecução civil, desde que dele advenham, ao menos, os seguintes resultados:
I - o integral ressarcimento do dano;
II - a reversão à pessoa jurídica lesada da vantagem indevida obtida, ainda que oriunda de agentes privados.
§ 1º A celebração do acordo a que se refere o caput deste artigo dependerá, cumulativamente:
I - da oitiva do ente federativo lesado, em momento anterior ou posterior à propositura da ação;
II - de aprovação, no prazo de até 60 (sessenta) dias, pelo órgão do Ministério Público competente para apreciar as promoções de arquivamento de inquéritos civis, se anterior ao ajuizamento da ação;
III - de homologação judicial, independentemente de o acordo ocorrer antes ou depois do ajuizamento da ação de improbidade administrativa.
§ 2º Em qualquer caso, a celebração do acordo a que se refere o caput deste artigo considerará a personalidade do agente, a natureza, as circunstâncias, a gravidade e a repercussão social do ato de improbidade, bem como as vantagens, para o interesse público, da rápida solução do caso.
§ 3º Para fins de apuração do valor do dano a ser ressarcido, deverá ser realizada a oitiva do Tribunal de Contas competente, que se manifestará, com indicação dos parâmetros utilizados, no prazo de 90 (noventa) dias.
§ 4º O acordo a que se refere o caput deste artigo poderá ser celebrado no curso da investigação de apuração do ilícito, no curso da ação de improbidade ou no momento da execução da sentença condenatória.
§ 5º As negociações para a celebração do acordo a que se refere o caput deste artigo ocorrerão entre o Ministério Público, de um lado, e, de outro, o investigado ou demandado e o seu defensor.
§ 6º O acordo a que se refere o caput deste artigo poderá contemplar a adoção de mecanismos e procedimentos internos de integridade, de auditoria e de incentivo à denúncia de irregularidades e a aplicação efetiva de códigos de ética e de conduta no âmbito da pessoa jurídica, se for o caso, bem como de outras medidas em favor do interesse público e de boas práticas administrativas.
§ 7º Em caso de descumprimento do acordo a que se refere o caput deste artigo, o investigado ou o demandado ficará impedido de celebrar novo acordo pelo prazo de 5 (cinco) anos, contado do conhecimento pelo Ministério Público do efetivo descumprimento.

6.2. REQUISITOS

O legislador elencou os seguintes requisitos para a validade do acordo:

i. **Promoção dos seguintes resultados:**
   a. Integral ressarcimento do dano;
   b. Reversão à pessoa jurídica lesada da vantagem indevida obtida, ainda que oriunda de agentes privados.
ii. **Oitiva do ente federativo lesado**, em momento anterior ou posterior à propositura da ação;
iii. **Aprovação do acordo:**
   a. *Se anterior ao ajuizamento da ação*, pelo órgão do **Ministério Público** competente para apreciar as promoções de arquivamento de inquéritos civis, no prazo de até 60 dias;
   b. *Sempre*, pelo juiz (**homologação judicial**), independentemente de o acordo ocorrer antes ou depois do ajuizamento da ação de improbidade administrativa;
iv. **Negociação** envolvendo:
   a. Ministério Público;
   b. Suposto sujeito ativo do ato de improbidade (investigado ou réu);
   c. Defensor ou advogado.

Quanto à apuração do **valor do dano** a ser ressarcido, deverá ser realizada a oitiva do Tribunal de Contas competente, que deve se manifestar em 90 dias, apontando os parâmetros utilizados.

Além disso, a celebração do acordo em questão considerará certos **aspectos**, em todos os casos:

i. Personalidade do agente (aspecto subjetivo);
ii. Natureza, circunstâncias, gravidade e repercussão social do ato de improbidade (aspecto objetivo)
iii. Vantagens, para o interesse público, da rápida solução do caso (aspecto público).

Uma observação é importante: de acordo com a lei, os acordos em matéria de improbidade são celebrados independentemente do pagamento de despesas processuais, vigendo a **gratuidade**[113].

6.3. MOMENTO

Quanto à fase do processo para a celebração do acordo de não persecução, a lei 14.230/2021 esclareceu que a amplitude e a oportunidade do acordo, que pode ser celebrado no curso de:

i. Investigação de apuração do ilícito (ato de improbidade);
ii. Ação de improbidade (**fase de conhecimento**, até o trânsito em julgado);
iii. Execução de sentença condenatória em ação de improbidade (**fase de execução**, após o trânsito em julgado)

Nessa mesma linha, já havia o entendimento do Superior Tribunal de Justiça de que era possível acordo de não persecução cível no âmbito da ação de improbidade administrativa em **fase recursal**:

> PROCESSUAL CIVIL E ADMINISTRATIVO. ACORDO N O AGRAVO EM RECURSO ESPECIAL. IMPROBIDADE A DMINISTRATIVA. HOMOLOGAÇÃO JUDICIAL DO AJUSTE. ART. 17, § 1º, DA LEI N. 8.429/1992, COM REDAÇÃO ALTERADA PELA LEI N. 13.964/2019.
> 1. Trata-se de possibilidade, ou não, de homologação judicial de acordo no âmbito de ação de improbidade administrativa em fase recursal.
> 2. A Lei n. 13.964/2019, de 24 de dezembro de 2019, alterou o § 1º do art. 17 da Lei n. 8.429/1992, o qual passou a prever a possibilidade de acordo de não persecução cível no âmbito da ação de improbidade administrativa.
> 3. No caso dos autos, as partes objetivam a homologação judicial de acordo no bojo do presente agravo em recurso especial, o qual não foi conhecido, por maioria, por esta e. Primeira Turma, mantendo-se o acórdão proferido pelo TJSP que condenou o recorrente à modalidade culposa do art. 10 da LIA, em razão de conduta omissiva consubstanciada pelo não cumprimento de ordem judicial que lhe fora emitida para o fornecimento ao paciente do medicamento destinado ao tratamento de deficiência coronária grave,

---

113 Art. 23-B. Nas ações e nos acordos regidos por esta Lei, não haverá adiantamento de custas, de preparo, de emolumentos, de honorários periciais e de quaisquer outras despesas

o qual veio a falecer em decorrência de infarto agudo de miocárdio, ensejando, por conseguinte, dano ao erário, no montante de R$ 50.000,00, devido à condenação do Município por danos morais em ação indenizatória.

4. O Conselho Superior do Ministério Público do Estado de São Paulo deliberou, por unanimidade, pela homologação do Termo de Acordo de Não Persecução Cível firmado entre a Promotoria de Justiça do Município de Votuporanga e o ora agravante, nos termos das Resoluções n. 1.193/2020 do Conselho Superior do Ministério Público do Estado de São Paulo e n. 179/2017 do Conselho Nacional do Ministério Público, tendo em vista a conduta culposa praticada pelo ora recorrente, bem como a reparação do dano ao Município.

5. Nessa linha de percepção, o Ministério Público Federal manifestou-se favoravelmente à homologação judicial do acordo em apreço asseverando que: "Realmente, resta consignado no ajuste que apesar de ter causado danos ao erário, o ato de improbidade em questão foi praticado na modalidade de culposa, tendo o Agravante se comprometido a reparar integralmente o Município no valor atualizado de R$ 91.079,91 (noventa e um mil setenta e nove reais e noventa e um centavos), além de concordar com a aplicação da pena de proibição de contratar com o Poder Público ou receber benefícios ou incentivos fiscais ou creditícios, direta ou indiretamente, ainda que por intermédio de pessoa jurídica da qual seja sócio majoritário, pelo prazo de cinco anos (e-STJ 998/1005). Em suma, os termos do ajuste não distanciam muito da condenação originária (e-STJ 691), revelando adequação para ambas as partes. Resta a toda evidência, portanto, que a transação celebrada entre o Agravante e o Agravado induz a extinção do feito na forma do art. 487, III, "b", do CPC ." (e-STJ fls. 1.036-1.037).

6. Dessa forma, tendo em vista a homologação do acordo pelo Conselho Superior do MPSP, a conduta culposa praticada pelo ora recorrente, bem como a reparação do dano ao Município de Votuporanga, além da manifestação favorável do Ministério Público Federal à homologação judicial do acordo, tem-se que a transação deve ser homologada, ensejando, por conseguinte, a extinção do feito, com resolução de mérito, com supedâneo no a rt. 487, III, "b", do CPC/2015.

7. Homologo o acordo e julgo prejudicado o agravo em recurso especial. (Acordo no AREsp 1314581/SP, Rel. Ministro Benedito Gonçalves, Primeira Turma, julgado em 23/02/2021, DJe 01/03/2021)

6.4. DESCUMPRIMENTO

Em caso de descumprimento do acordo, a lei prevê uma sanção para o investigado ou o demandado, que ficará **impedido de celebrar novo acordo pelo prazo de 5 anos**, contado do conhecimento pelo Ministério Público do efetivo descumprimento.

capítulo 7
PRESCRIÇÃO

A prescrição é a extinção, pelo decurso do tempo, do direito de propor a ação para a aplicação de sanção por ato de improbidade administrativa. Trata-se da perda não do direito de punir em si, mas da pretensão de reparação do direito violado e/ou da punição do agente.

É importante ter em mente que o comprometimento, pela prescrição, de uma das pretensões veiculáveis pela ação de improbidade administrativa - em relação a um ato específico - não compromete o ajuizamento posterior de outra ação quanto à parcela subsistente, relativa a outros atos eventualmente praticados.

7.1. PRAZOS

A lei, em sua redação originária, estabelecia os prazos prescricionais de acordo com o sujeito ativo do ato ímprobo[114], o que foi alterado pela atual redação:

> Art. 23. A ação para a aplicação das sanções previstas nesta Lei prescreve em **8 (oito) anos**, contados a partir da **ocorrência do fato** ou, no caso de infrações permanentes, do dia em que **cessou a permanência**.

---

114 Art. 23. As ações destinadas a levar a efeitos as sanções previstas nesta Lei podem ser propostas:

I - até cinco anos após o término do exercício de mandato, de cargo em comissão ou de função de confiança;

II - dentro do prazo prescricional previsto em lei específica para faltas disciplinares puníveis com demissão a bem do serviço público, nos casos de exercício de cargo efetivo ou emprego.

III - até cinco anos da data da apresentação à administração pública da prestação de contas final pelas entidades referidas no parágrafo único do art. 1º desta Lei.

Trata-se de regra totalmente distinta da redação original, que previa três prazos prescricionais distintos, a depender da natureza do vínculo do agente público com a Administração Pública.

Além da alteração do prazo, altera-se o **termo inicial**, que se dá não mais a partir da data do conhecimento do fato, como era no regime anterior, mas com a:

a. ocorrência do fato; ou

b. cessação da permanência no caso de infrações permanentes.

A lei prevê a possibilidade de interrupção (retomada do início da contagem) e de suspensão (pausa na contagem, a ser retomada de onde parou) dos prazos. Na hipótese de **litisconsórcio**, se estendem os efeitos da interrupção e da suspensão para todos os envolvidos na prática do ato ímprobo[115].

7.1.1. IMPRESCRITIBILIDADE DAS AÇÕES DE RESSARCIMENTO AO ERÁRIO

Acerca dos prazos prescricionais por atos ilícitos de improbidade, dispõe a Constituição Federal:

> Art. 37 § 4º Os atos de improbidade administrativa importarão a suspensão dos direitos políticos, a perda da função pública, a indisponibilidade dos bens e o ressarcimento ao erário, na forma e gradação previstas em lei, sem prejuízo da ação penal cabível.
> § 5º A lei estabelecerá os prazos de prescrição para ilícitos praticados por qualquer agente, servidor ou não, que causem prejuízos ao erário, **ressalvadas as respectivas ações de ressarcimento.**

Conforme estudado, a ação de improbidade administrativa é uma ação com peculiaridades, que objetiva a aplicação de sanção ao agente ímprobo e a terceiro participante ou beneficiário do ato. No entanto, em determinados casos, o ressarcimento ao erário pode ser buscado em uma ação autônoma por diversos motivos, como em uma ação civil pública.

---

115 Art. 23. § 6º A suspensão e a interrupção da prescrição produzem efeitos relativamente a todos os que concorreram para a prática do ato de improbidade.

§ 7º Nos atos de improbidade conexos que sejam objeto do mesmo processo, a suspensão e a interrupção relativas a qualquer deles estendem-se aos demais.

De acordo com o Superior Tribunal de Justiça, a imprescritibilidade se aplica **independentemente do meio processual** – ou seja, tanto em ações de improbidade como em ação popular, ação civil pública ou outra ação de ressarcimento. Assim, ainda que restasse prescrita a ação para a aplicação das sanções por improbidade administrativa, umas de suas sanções seria sempre imprescritível: o ressarcimento ao erário:

> Em relação à prescrição, a superação desse óbice processual, importa salientar que as ações que buscam a recomposição do erário (ressarcimento) após sofrimento de dano são imprescritíveis, nos termos do art. 37, § 5º, da Constituição da República. (STJ, REsp 718.321/SP, Rel. Ministro Mauro Campbell Marques, Segunda Turma, julgado em 10/11/2009)
>
> Vale registrar que o tema afirmou a imprescritibilidade da pretensão de ressarcimento ao erário pela prática de ato de improbidade administrativa, **não havendo nenhuma restrição quanto ao meio processual adotado**, que poderá ser ação de ressarcimento, ação civil pública, ação popular, ou mesmo a ação de improbidade administrativa. (...) No caso, o que foi valorizado, como sintetizou o Ministro Fachin no julgamento do Recurso Extraordinário n. 852.475/SP, foi a "arquitetura constitucional de proteção da coisa pública", ou seja, "Houve, assim, por escolha do poder constituinte originário, não apenas o alçamento da boa governança a patamar constitucional, mas da compreensão da coisa pública - não raras vezes tratada com desdém, vilipendiada por agentes particulares ou estatais - como um compromisso fundamental a ser protegido por todos". Assim, o escopo da norma é elevar a um patamar constitucional a proteção da coisa pública, tornando imprescritível o direito da sociedade em reaver o prejuízo que lhe foi causado em razão da prática de ato de improbidade administrativa. (Trecho do voto da Ministra Relatora no AgInt no RE nos EDcl no AgRg no REsp 1159598/SP, Rel. Ministra Maria Thereza De Assis Moura, Corte Especial, julgado em 18/11/2020).
>
> O ressarcimento do dano ao erário, posto imprescritível, deve ser tutelado quando veiculada referida pretensão na inicial da demanda, nos próprios autos da ação de improbidade administrativa ainda que considerado prescrito o pedido relativo às demais sanções previstas na Lei de Improbidade. (...) Consectariamente, uma vez autorizada a cumulação de pedidos condenatório e ressarcitório em sede de ação por improbidade administrativa, a rejeição de um dos pedidos, in casu, o condenatório, porquanto considerada prescrita a demanda (art. 23, I, da Lei n.º 8.429/92), **não obsta o prosseguimento da demanda quanto ao pedido ressarcitório** em razão de sua imprescritibilidade. (REsp 1089492/RO, Rel. Ministro Luiz Fux, Primeira Turma, julgado em 04/11/2010, DJe 18/11/2010)

Quanto à extensão do comando constitucional, em 2016, o Supremo Tribunal Federal pacificou que a ação de ressarcimento de danos decorrentes de **ilícito civil é prescritível**, firmando a seguinte tese de Repercussão Geral:

> É prescritível a ação de reparação de danos à Fazenda Pública decorrente de ilícito civil. (RE 669069, Relator Min. Teori Zavascki, Tribunal Pleno, julgado em 03/02/2016 – Tema 666 da Repercussão Geral)

Posteriormente, a Corte Suprema manifestou um entendimento ainda mais restritivo. Estabeleceu que **somente as ações de ressarcimento ao erário decorrentes de ato de improbidade administrativa praticado com dolo são imprescritíveis**, em nova tese de Repercussão Geral. Portanto, no caso de ato de improbidade que cause prejuízo ao erário praticado com culpa (admitida no regime anterior), a ação de ressarcimento era prescritível:

> A prescrição é instituto que milita em favor da estabilização das relações sociais. Há, no entanto, uma série de exceções explícitas no texto constitucional, como a prática dos crimes de racismo (art. 5º, XLII, CRFB) e da ação de grupos armados, civis ou militares, contra a ordem constitucional e o Estado Democrático (art. 5º, XLIV, CRFB). O texto constitucional é expresso (art. 37, § 5º, CRFB) ao prever que a lei estabelecerá os prazos de prescrição para ilícitos na esfera cível ou penal, aqui entendidas em sentido amplo, que gerem prejuízo ao erário e sejam praticados por qualquer agente. A Constituição, no mesmo dispositivo (art. 37, § 5º, CRFB) decota de tal comando para o Legislador as ações cíveis de ressarcimento ao erário, tornando-as, assim, imprescritíveis. São, portanto, **imprescritíveis as ações de ressarcimento ao erário fundadas na prática de ato doloso tipificado na Lei de Improbidade Administrativa**. Parcial provimento do recurso extraordinário para (i) afastar a prescrição da sanção de ressarcimento e (ii) determinar que o tribunal recorrido, superada a preliminar de mérito pela imprescritibilidade das ações de ressarcimento por improbidade administrativa, aprecie o mérito apenas quanto à pretensão de ressarcimento. (STF, RE 852475, Relator(a): Min. Alexandre de Moraes, Relator(a) p/ Acórdão: Min. Edson Fachin, Tribunal Pleno, julgado em 08/08/2018 – Tema 897 da Repercussão Geral).

Como a **lei 14.230/2021** extinguiu a improbidade por conduta culposa, pode-se dizer que **toda ação de ressarcimento ao erário fundada em ato de improbidade administrativa é imprescritível**, haja vista que somente existe improbidade dolosa.

Por outro lado, a cobrança fundada nos **demais atos ilícitos** (não dolosos ou anteriores à Lei de Improbidade Administrativa) ou em **acórdãos do TCU é prescritível**:

> A regra de prescritibilidade no Direito brasileiro é exigência dos princípios da segurança jurídica e do devido processo legal, o qual, em seu sentido material, deve garantir efetiva e real proteção contra o exercício do arbítrio, com a imposição de restrições substanciais ao poder do Estado em relação

à liberdade e à propriedade individuais, entre as quais a impossibilidade de permanência infinita do poder persecutório do Estado. 2. Analisando detalhadamente o tema da "prescritibilidade de ações de ressarcimento", este SUPREMO TRIBUNAL FEDERAL concluiu que, somente são imprescritíveis as ações de ressarcimento ao erário fundadas na prática de ato de improbidade administrativa doloso tipificado na Lei de Improbidade Administrativa – Lei 8.429/1992 (TEMA 897). Em relação a todos os demais atos ilícitos, inclusive àqueles atentatórios à probidade da administração não dolosos e aos anteriores à edição da Lei 8.429/1992, aplica-se o TEMA 666, sendo prescritível a ação de reparação de danos à Fazenda Pública. 3. A excepcionalidade reconhecida pela maioria do SUPREMO TRIBUNAL FEDERAL no TEMA 897, portanto, não se encontra presente no caso em análise, uma vez que, no processo de tomada de contas, o TCU não julga pessoas, não perquirindo a existência de dolo decorrente de ato de improbidade administrativa, mas, especificamente, realiza o julgamento técnico das contas à partir da reunião dos elementos objeto da fiscalização e apurada a ocorrência de irregularidade de que resulte dano ao erário, proferindo o acórdão em que se imputa o débito ao responsável, para fins de se obter o respectivo ressarcimento. 4. A pretensão de ressarcimento ao erário em face de agentes públicos reconhecida em acórdão de Tribunal de Contas prescreve na forma da Lei 6.830/1980 (Lei de Execução Fiscal). 5. Recurso Extraordinário DESPROVIDO, mantendo-se a extinção do processo pelo reconhecimento da prescrição. Fixação da seguinte tese para o TEMA 899: "**É prescritível a pretensão de ressarcimento ao erário fundada em decisão de Tribunal de Contas**". (RE 636886, Relator Min. Alexandre de Moraes, Tribunal Pleno, julgado em 20/04/2020 – Tema 899 da Repercussão Geral)

7.2. INTERRUPÇÃO

A lei traz os seguintes **marcos interruptivos** da contagem do prazo prescricional:

a. **ajuizamento da ação** de improbidade administrativa;
b. publicação da **sentença condenatória**;
c. publicação de decisão ou acórdão de **Tribunal de Justiça ou Tribunal Regional Federal** que confirma sentença condenatória ou que reforma sentença de improcedência;
d. publicação de decisão ou acórdão do **Superior Tribunal de Justiça** que confirma acórdão condenatório ou que reforma acórdão de improcedência;

e. publicação de decisão ou acórdão do **Supremo Tribunal Federal** que confirma acórdão condenatório ou que reforma acórdão de improcedência.

Alguns pontos são importantes. Primeiro, o critério não é o da data de julgamento, mas a da **publicação** da decisão ou do acórdão. Além disso, tanto uma **decisão monocrática** quanto o **acórdão** colegiado, possivelmente no julgamento do agravo interno contra a decisão do relator, interrompem o prazo – o que induz a possibilidade de dupla interrupção na mesma instância. Por fim, nesses graus recursais servirá como marco a **decisão que prejudique o réu**, porque o condena, seja mantendo a decisão anterior nesse sentido, seja a reformando.

Vale lembrar que a interrupção, em regra, faz com que a prescrição volte a contar do início, zerando o prazo transcorrido até o momento. No entanto, a lei estabelece que, interrompida a prescrição, **torna a contar do dia da interrupção, pela metade do prazo**, ou seja, por 4 anos.

Repare que a lei não fez qualquer ressalva acerca do prazo já transcorrido antes da interrupção, de maneira que, ainda que a interrupção ocorra tendo transcorrido apenas 1 ano dos 8 previstos na lei, tornará a contar por apenas mais 4 anos.

A previsão é curiosa, sob a ótica do ordenamento, acabando por ser favorável ao réu. Por outro lado, o rol de marcos interruptivos é desfavorável. Dessa equação, o legislador pretendeu equilibrar o tratamento da prescrição.

Assim sendo, se o juiz verificar, de ofício ou por provocação das partes, que o prazo se esgotou sem que fosse zerado (interrompido), entre dois desses marcos, deve reconhecer a prescrição intercorrente. Caso isso suceda depois do ajuizamento da ação, ou seja, no curso do processo, seja em que instância for, estaremos diante da **prescrição intercorrente**.

A viabilidade dessa modalidade prescricional supera a jurisprudência do Superior Tribunal de Justiça, que não admitia a prescrição intercorrente na ação de improbidade administrativa justamente por ausência de previsão legal. A partir da lei 14.230/2021, há previsão expressa da prescrição intercorrente nas referidas ações, que deve ser reconhecida, inclusive, de ofício pelo juiz.

7.3. SUSPENSÃO

Com relação à suspensão da prescrição, isto é, a **pausa na contagem** do prazo prescricional, a lei prevê que ocorrerá com a **instauração**, para apuração dos ilícitos da lei de improbidade administrativa, de:

a. Inquérito civil;
b. Processo administrativo.

Essa suspensão terá **duração máxima de 180 dias**. Após esse prazo, o cômputo é retomado de onde parou, mantendo-se, assim, o tempo já decorrido.

No entanto, o inquérito civil poderá ter duração de 365 dias, prorrogável uma vez por igual período. Encerrado o prazo, o Ministério Público terá 30 dias para propor a ação respectiva. Ou seja, mesmo o prazo do inquérito podendo chegar a 2 anos, a suspensão do prazo prescricional somente terá a duração de 180 dias, voltando a fluir com o fim deste prazo ou com o encerramento do inquérito, o que ocorrer primeiro.

QUADRO COMPARATIVO DE LEGISLAÇÃO

Redação original da lei 8.429/92	Redação com a lei 14.230/2021
Art. 1º Os atos de improbidade praticados por qualquer agente público, servidor ou não, contra a administração direta, indireta ou fundacional de qualquer dos Poderes da União, dos Estados, do Distrito Federal, dos Municípios, de Território, de empresa incorporada ao patrimônio público ou de entidade para cuja criação ou custeio o erário haja concorrido ou concorra com mais de cinqüenta por cento do patrimônio ou da receita anual, serão punidos na forma desta lei.	Art. 1º O sistema de responsabilização por atos de improbidade administrativa tutelará a probidade na organização do Estado e no exercício de suas funções, como forma de assegurar a integridade do patrimônio público e social, nos termos desta Lei.
Parágrafo único. Estão também sujeitos às penalidades desta lei os atos de improbidade praticados contra o patrimônio de entidade que receba subvenção, benefício ou incentivo, fiscal ou creditício, de órgão público bem como daquelas para cuja criação ou custeio o erário haja concorrido ou concorra com menos de cinqüenta por cento do patrimônio ou da receita anual, limitando-se, nestes casos, a sanção patrimonial à repercussão do ilícito sobre a contribuição dos cofres públicos.	Sem correspondência
Sem correspondência	§ 1º Consideram-se atos de improbidade administrativa as condutas dolosas tipificadas nos arts. 9º, 10 e 11 desta Lei, ressalvados tipos previstos em leis especiais. (Incluído pela Lei nº 14.230, de 2021)
Sem correspondência	§ 2º Considera-se dolo a vontade livre e consciente de alcançar o resultado ilícito tipificado nos arts. 9º, 10 e 11 desta Lei, não bastando a voluntariedade do agente. (Incluído pela Lei nº 14.230, de 2021)
Sem correspondência	§ 3º O mero exercício da função ou desempenho de competências públicas, sem comprovação de ato doloso com fim ilícito, afasta a responsabilidade por ato de improbidade administrativa. (Incluído pela Lei nº 14.230, de 2021)
Sem correspondência	§ 4º Aplicam-se ao sistema da improbidade disciplinado nesta Lei os princípios constitucionais do direito administrativo sancionador. (Incluído pela Lei nº 14.230, de 2021)
Sem correspondência	§ 5º Os atos de improbidade violam a probidade na organização do Estado e no exercício de suas funções e a integridade do patrimônio público e social dos Poderes Executivo, Legislativo e Judiciário, bem como da administração direta e indireta, no âmbito da União, dos Estados, dos Municípios e do Distrito Federal. (Incluído pela Lei nº 14.230, de 2021)

Redação original da lei 8.429/92	Redação com a lei 14.230/2021
Sem correspondência	§ 6º Estão sujeitos às sanções desta Lei os atos de improbidade praticados contra o patrimônio de entidade privada que receba subvenção, benefício ou incentivo, fiscal ou creditício, de entes públicos ou governamentais, previstos no § 5º deste artigo. (Incluído pela Lei nº 14.230, de 2021)
Sem correspondência	§ 7º Independentemente de integrar a administração indireta, estão sujeitos às sanções desta Lei os atos de improbidade praticados contra o patrimônio de entidade privada para cuja criação ou custeio o erário haja concorrido ou concorra no seu patrimônio ou receita atual, limitado o ressarcimento de prejuízos, nesse caso, à repercussão do ilícito sobre a contribuição dos cofres públicos. (Incluído pela Lei nº 14.230, de 2021)
Sem correspondência	§ 8º Não configura improbidade a ação ou omissão decorrente de divergência interpretativa da lei, baseada em jurisprudência, ainda que não pacificada, mesmo que não venha a ser posteriormente prevalecente nas decisões dos órgãos de controle ou dos tribunais do Poder Judiciário. (Incluído pela Lei nº 14.230, de 2021)
Art. 2º Reputa-se agente público, para os efeitos desta lei, todo aquele que exerce, ainda que transitoriamente ou sem remuneração, por eleição, nomeação, designação, contratação ou qualquer outra forma de investidura ou vínculo, mandato, cargo, emprego ou função nas entidades mencionadas no artigo anterior.	Art. 2º Para os efeitos desta Lei, consideram-se agente público o agente político, o servidor público e todo aquele que exerce, ainda que transitoriamente ou sem remuneração, por eleição, nomeação, designação, contratação ou qualquer outra forma de investidura ou vínculo, mandato, cargo, emprego ou função nas entidades referidas no art. 1º desta Lei. (Redação dada pela Lei nº 14.230, de 2021)
Sem correspondência	Parágrafo único. No que se refere a recursos de origem pública, sujeita-se às sanções previstas nesta Lei o particular, pessoa física ou jurídica, que celebra com a administração pública convênio, contrato de repasse, contrato de gestão, termo de parceria, termo de cooperação ou ajuste administrativo equivalente. (Incluído pela Lei nº 14.230, de 2021)
Art. 3º As disposições desta lei são aplicáveis, no que couber, àquele que, mesmo não sendo agente público, induza ou concorra para a prática do ato de improbidade ou dele se beneficie sob qualquer forma direta ou indireta.	Art. 3º As disposições desta Lei são aplicáveis, no que couber, àquele que, mesmo não sendo agente público, induza ou concorra dolosamente para a prática do ato de improbidade. (Redação dada pela Lei nº 14.230, de 2021)
Sem correspondência	§ 1º Os sócios, os cotistas, os diretores e os colaboradores de pessoa jurídica de direito privado não respondem pelo ato de improbidade que venha a ser imputado à pessoa jurídica, salvo se, comprovadamente, houver participação e benefícios diretos, caso em que responderão nos limites da sua participação. (Incluído pela Lei nº 14.230, de 2021)

Redação original da lei 8.429/92	Redação com a lei 14.230/2021
Sem correspondência	§ 2º As sanções desta Lei não se aplicarão à pessoa jurídica, caso o ato de improbidade administrativa seja também sancionado como ato lesivo à administração pública de que trata a Lei nº 12.846, de 1º de agosto de 2013. (Incluído pela Lei nº 14.230, de 2021)
Art. 4º Os agentes públicos de qualquer nível ou hierarquia são obrigados a velar pela estrita observância dos princípios de legalidade, impessoalidade, moralidade e publicidade no trato dos assuntos que lhe são afetos. (Revogado pela Lei nº 14.230, de 2021)	Revogado
Art. 5º Ocorrendo lesão ao patrimônio público por ação ou omissão, dolosa ou culposa, do agente ou de terceiro, dar-se-á o integral ressarcimento do dano. (Revogado pela Lei nº 14.230, de 2021)	Revogado
Art. 6º No caso de enriquecimento ilícito, perderá o agente público ou terceiro beneficiário os bens ou valores acrescidos ao seu patrimônio. (Revogado pela Lei nº 14.230, de 2021)	Revogado
Art. 7º Quando o ato de improbidade causar lesão ao patrimônio público ou ensejar enriquecimento ilícito, caberá à autoridade administrativa responsável pelo inquérito representar ao Ministério Público, para a indisponibilidade dos bens do indiciado.	Art. 7º Se houver indícios de ato de improbidade, a autoridade que conhecer dos fatos representará ao Ministério Público competente, para as providências necessárias.
Parágrafo único. A indisponibilidade a que se refere o caput deste artigo recairá sobre bens que assegurem o integral ressarcimento do dano, ou sobre o acréscimo patrimonial resultante do enriquecimento ilícito.	Revogado
Art. 8º O sucessor daquele que causar lesão ao patrimônio público ou se enriquecer ilicitamente está sujeito às cominações desta lei até o limite do valor da herança.	Art. 8º O sucessor ou o herdeiro daquele que causar dano ao erário ou que se enriquecer ilicitamente estão sujeitos apenas à obrigação de repará-lo até o limite do valor da herança ou do patrimônio transferido. (Redação dada pela Lei nº 14.230, de 2021)
Sem correspondência	Art. 8º-A A responsabilidade sucessória de que trata o art. 8º desta Lei aplica-se também na hipótese de alteração contratual, de transformação, de incorporação, de fusão ou de cisão societária. (Incluído pela Lei nº 14.230, de 2021)
Sem correspondência	Parágrafo único. Nas hipóteses de fusão e de incorporação, a responsabilidade da sucessora será restrita à obrigação de reparação integral do dano causado, até o limite do patrimônio transferido, não lhe sendo aplicáveis as demais sanções previstas nesta Lei decorrentes de atos e de fatos ocorridos antes da data da fusão ou da incorporação, exceto no caso de simulação ou de evidente intuito de fraude, devidamente comprovados. (Incluído pela Lei nº 14.230, de 2021)

Redação original da lei 8.429/92	Redação com a lei 14.230/2021
Art. 9º Constitui ato de improbidade administrativa importando enriquecimento ilícito auferir qualquer tipo de vantagem patrimonial indevida em razão do exercício de cargo, mandato, função, emprego ou atividade nas entidades mencionadas no art. 1º desta lei, e notadamente:	Art. 9º Constitui ato de improbidade administrativa importando em enriquecimento ilícito auferir, mediante a prática de ato doloso, qualquer tipo de vantagem patrimonial indevida em razão do exercício de cargo, de mandato, de função, de emprego ou de atividade nas entidades referidas no art. 1º desta Lei, e notadamente: (Redação dada pela Lei nº 14.230, de 2021)
I - receber, para si ou para outrem, dinheiro, bem móvel ou imóvel, ou qualquer outra vantagem econômica, direta ou indireta, a título de comissão, percentagem, gratificação ou presente de quem tenha interesse, direto ou indireto, que possa ser atingido ou amparado por ação ou omissão decorrente das atribuições do agente público;	Redação mantida
II - perceber vantagem econômica, direta ou indireta, para facilitar a aquisição, permuta ou locação de bem móvel ou imóvel, ou a contratação de serviços pelas entidades referidas no art. 1º por preço superior ao valor de mercado;	Redação mantida
III - perceber vantagem econômica, direta ou indireta, para facilitar a alienação, permuta ou locação de bem público ou o fornecimento de serviço por ente estatal por preço inferior ao valor de mercado;	Redação mantida
IV - utilizar, em obra ou serviço particular, veículos, máquinas, equipamentos ou material de qualquer natureza, de propriedade ou à disposição de qualquer das entidades mencionadas no art. 1º desta lei, bem como o trabalho de servidores públicos, empregados ou terceiros contratados por essas entidades;	IV - utilizar, em obra ou serviço particular, qualquer bem móvel, de propriedade ou à disposição de qualquer das entidades referidas no art. 1º desta Lei, bem como o trabalho de servidores, de empregados ou de terceiros contratados por essas entidades; (Redação dada pela Lei nº 14.230, de 2021)
V - receber vantagem econômica de qualquer natureza, direta ou indireta, para tolerar a exploração ou a prática de jogos de azar, de lenocínio, de narcotráfico, de contrabando, de usura ou de qualquer outra atividade ilícita, ou aceitar promessa de tal vantagem;	Redação mantida
VI - receber vantagem econômica de qualquer natureza, direta ou indireta, para fazer declaração falsa sobre medição ou avaliação em obras públicas ou qualquer outro serviço, ou sobre quantidade, peso, medida, qualidade ou característica de mercadorias ou bens fornecidos a qualquer das entidades mencionadas no art. 1º desta lei;	VI - receber vantagem econômica de qualquer natureza, direta ou indireta, para fazer declaração falsa sobre qualquer dado técnico que envolva obras públicas ou qualquer outro serviço ou sobre quantidade, peso, medida, qualidade ou característica de mercadorias ou bens fornecidos a qualquer das entidades referidas no art. 1º desta Lei; (Redação dada pela Lei nº 14.230, de 2021)
VII - adquirir, para si ou para outrem, no exercício de mandato, cargo, emprego ou função pública, bens de qualquer natureza cujo valor seja desproporcional à evolução do patrimônio ou à renda do agente público;	VII - adquirir, para si ou para outrem, no exercício de mandato, de cargo, de emprego ou de função pública, e em razão deles, bens de qualquer natureza, decorrentes dos atos descritos no caput deste artigo, cujo valor seja desproporcional à evolução do patrimônio ou à renda do agente público, assegurada a demonstração pelo agente da licitude da origem dessa evolução; (Redação dada pela Lei nº 14.230, de 2021)

Redação original da lei 8.429/92	Redação com a lei 14.230/2021
VIII - aceitar emprego, comissão ou exercer atividade de consultoria ou assessoramento para pessoa física ou jurídica que tenha interesse suscetível de ser atingido ou amparado por ação ou omissão decorrente das atribuições do agente público, durante a atividade;	Redação mantida
IX - perceber vantagem econômica para intermediar a liberação ou aplicação de verba pública de qualquer natureza;	Redação mantida
X - receber vantagem econômica de qualquer natureza, direta ou indiretamente, para omitir ato de ofício, providência ou declaração a que esteja obrigado;	Redação mantida
XI - incorporar, por qualquer forma, ao seu patrimônio bens, rendas, verbas ou valores integrantes do acervo patrimonial das entidades mencionadas no art. 1º desta lei;	Redação mantida
XII - usar, em proveito próprio, bens, rendas, verbas ou valores integrantes do acervo patrimonial das entidades mencionadas no art. 1º desta lei.	Redação mantida
Art. 10. Constitui ato de improbidade administrativa que causa lesão ao erário qualquer ação ou omissão, dolosa ou culposa, que enseje perda patrimonial, desvio, apropriação, malbaratamento ou dilapidação dos bens ou haveres das entidades referidas no art. 1º desta lei, e notadamente:	Art. 10. Constitui ato de improbidade administrativa que causa lesão ao erário qualquer ação ou omissão dolosa, que enseje, efetiva e comprovadamente, perda patrimonial, desvio, apropriação, malbaratamento ou dilapidação dos bens ou haveres das entidades referidas no art. 1º desta Lei, e notadamente: (Redação dada pela Lei nº 14.230, de 2021)
I - facilitar ou concorrer por qualquer forma para a incorporação ao patrimônio particular, de pessoa física ou jurídica, de bens, rendas, verbas ou valores integrantes do acervo patrimonial das entidades mencionadas no art. 1º desta lei;	I - facilitar ou concorrer, por qualquer forma, para a indevida incorporação ao patrimônio particular, de pessoa física ou jurídica, de bens, de rendas, de verbas ou de valores integrantes do acervo patrimonial das entidades referidas no art. 1º desta Lei; (Redação dada pela Lei nº 14.230, de 2021)
II - permitir ou concorrer para que pessoa física ou jurídica privada utilize bens, rendas, verbas ou valores integrantes do acervo patrimonial das entidades mencionadas no art. 1º desta lei, sem a observância das formalidades legais ou regulamentares aplicáveis à espécie;	Redação mantida
III - doar à pessoa física ou jurídica bem como ao ente despersonalizado, ainda que de fins educativos ou assistências, bens, rendas, verbas ou valores do patrimônio de qualquer das entidades mencionadas no art. 1º desta lei, sem observância das formalidades legais e regulamentares aplicáveis à espécie;	Redação mantida
IV - permitir ou facilitar a alienação, permuta ou locação de bem integrante do patrimônio de qualquer das entidades referidas no art. 1º desta lei, ou ainda a prestação de serviço por parte delas, por preço inferior ao de mercado;	Redação mantida

Redação original da lei 8.429/92	Redação com a lei 14.230/2021
V - permitir ou facilitar a aquisição, permuta ou locação de bem ou serviço por preço superior ao de mercado;	Redação mantida
VI - realizar operação financeira sem observância das normas legais e regulamentares ou aceitar garantia insuficiente ou inidônea;	Redação mantida
VII - conceder benefício administrativo ou fiscal sem a observância das formalidades legais ou regulamentares aplicáveis à espécie;	Redação mantida
VIII - frustrar a licitude de processo licitatório ou de processo seletivo para celebração de parcerias com entidades sem fins lucrativos, ou dispensá-los indevidamente; (Redação dada pela Lei nº 13.019, de 2014) (Vigência)	VIII - frustrar a licitude de processo licitatório ou de processo seletivo para celebração de parcerias com entidades sem fins lucrativos, ou dispensá-los indevidamente, acarretando perda patrimonial efetiva; (Redação dada pela Lei nº 14.230, de 2021)
IX - ordenar ou permitir a realização de despesas não autorizadas em lei ou regulamento;	Redação mantida
X - agir negligentemente na arrecadação de tributo ou renda, bem como no que diz respeito à conservação do patrimônio público;	X - agir ilicitamente na arrecadação de tributo ou de renda, bem como no que diz respeito à conservação do patrimônio público; (Redação dada pela Lei nº 14.230, de 2021)
XI - liberar verba pública sem a estrita observância das normas pertinentes ou influir de qualquer forma para a sua aplicação irregular;	Redação mantida
XII - permitir, facilitar ou concorrer para que terceiro se enriqueça ilicitamente;	Redação mantida
XIII - permitir que se utilize, em obra ou serviço particular, veículos, máquinas, equipamentos ou material de qualquer natureza, de propriedade ou à disposição de qualquer das entidades mencionadas no art. 1º desta lei, bem como o trabalho de servidor público, empregados ou terceiros contratados por essas entidades.	Redação mantida
XIV – celebrar contrato ou outro instrumento que tenha por objeto a prestação de serviços públicos por meio da gestão associada sem observar as formalidades previstas na lei; (Incluído pela Lei nº 11.107, de 2005)	Redação mantida
XV – celebrar contrato de rateio de consórcio público sem suficiente e prévia dotação orçamentária, ou sem observar as formalidades previstas na lei. (Incluído pela Lei nº 11.107, de 2005)	Redação mantida
XVI - facilitar ou concorrer, por qualquer forma, para a incorporação, ao patrimônio particular de pessoa física ou jurídica, de bens, rendas, verbas ou valores públicos transferidos pela administração pública a entidades privadas mediante celebração de parcerias, sem a observância das formalidades legais ou regulamentares aplicáveis à espécie; (Incluído pela Lei nº 13.019, de 2014) (Vigência)	Redação mantida

Redação original da lei 8.429/92	Redação com a lei 14.230/2021
XVII - permitir ou concorrer para que pessoa física ou jurídica privada utilize bens, rendas, verbas ou valores públicos transferidos pela administração pública a entidade privada mediante celebração de parcerias, sem a observância das formalidades legais ou regulamentares aplicáveis à espécie; (Incluído pela Lei nº 13.019, de 2014) (Vigência)	Redação mantida
XVIII - celebrar parcerias da administração pública com entidades privadas sem a observância das formalidades legais ou regulamentares aplicáveis à espécie; (Incluído pela Lei nº 13.019, de 2014)	Redação mantida
XIX - agir negligentemente na celebração, fiscalização e análise das prestações de contas de parcerias firmadas pela administração pública com entidades privadas; (Incluído pela Lei nº 13.019, de 2014, com a redação dada pela Lei nº 13.204, de 2015)	XIX - agir para a configuração de ilícito na celebração, na fiscalização e na análise das prestações de contas de parcerias firmadas pela administração pública com entidades privadas; (Redação dada pela Lei nº 14.230, de 2021)
XX - agir negligentemente na celebração, fiscalização e análise das prestações de contas de parcerias firmadas pela administração pública com entidades privadas; (Incluído pela Lei nº 13.019, de 2014)	XX - liberar recursos de parcerias firmadas pela administração pública com entidades privadas sem estrita observância das normas pertinentes ou influir de qualquer forma para a sua aplicação irregular. (Incluído pela Lei nº 13.019, de 2014, com a redação dada pela Lei nº 13.204, de 2015)
XXI - liberar recursos de parcerias firmadas pela administração pública com entidades privadas sem a estrita observância das normas pertinentes ou influir de qualquer forma para a sua aplicação irregular. (Incluído pela Lei nº 13.019, de 2014)	Revogado
Sem correspondência	XXII - conceder, aplicar ou manter benefício financeiro ou tributário contrário ao que dispõem o caput e o § 1º do art. 8º-A da Lei Complementar nº 116, de 31 de julho de 2003.
Sem correspondência	§ 1º Nos casos em que a inobservância de formalidades legais ou regulamentares não implicar perda patrimonial efetiva, não ocorrerá imposição de ressarcimento, vedado o enriquecimento sem causa das entidades referidas no art. 1º desta Lei. (Incluído pela Lei nº 14.230, de 2021)
Sem correspondência	§ 2º A mera perda patrimonial decorrente da atividade econômica não acarretará improbidade administrativa, salvo se comprovado ato doloso praticado com essa finalidade. (Incluído pela Lei nº 14.230, de 2021)
Art. 10-A. Constitui ato de improbidade administrativa qualquer ação ou omissão para conceder, aplicar ou manter benefício financeiro ou tributário contrário ao que dispõem o caput e o § 1º do art. 8º-A da Lei Complementar nº 116, de 31 de julho de 2003. (Incluído pela Lei Complementar nº 157, de 2016) (Produção de efeito) (Revogado pela Lei nº 14.230, de 2021)	Revogado (transformado no inciso XXII do art. 10).

Redação original da lei 8.429/92	Redação com a lei 14.230/2021
Art. 11. Constitui ato de improbidade administrativa que atenta contra os princípios da administração pública qualquer ação ou omissão que viole os deveres de honestidade, imparcialidade, legalidade, e lealdade às instituições, e notadamente:	Art. 11. Constitui ato de improbidade administrativa que atenta contra os princípios da administração pública a ação ou omissão dolosa que viole os deveres de honestidade, de imparcialidade e de legalidade, caracterizada por uma das seguintes condutas: (Redação dada pela Lei nº 14.230, de 2021)
I - praticar ato visando fim proibido em lei ou regulamento ou diverso daquele previsto, na regra de competência;	Revogado
II - retardar ou deixar de praticar, indevidamente, ato de ofício;	Revogado
III - revelar fato ou circunstância de que tem ciência em razão das atribuições e que deva permanecer em segredo;	III - revelar fato ou circunstância de que tem ciência em razão das atribuições e que deva permanecer em segredo, propiciando beneficiamento por informação privilegiada ou colocando em risco a segurança da sociedade e do Estado; (Redação dada pela Lei nº 14.230, de 2021)
IV - negar publicidade aos atos oficiais;	IV - negar publicidade aos atos oficiais, exceto em razão de sua imprescindibilidade para a segurança da sociedade e do Estado ou de outras hipóteses instituídas em lei; (Redação dada pela Lei nº 14.230, de 2021)
V - frustrar a licitude de concurso público;	V - frustrar, em ofensa à imparcialidade, o caráter concorrencial de concurso público, de chamamento ou de procedimento licitatório, com vistas à obtenção de benefício próprio, direto ou indireto, ou de terceiros; (Redação dada pela Lei nº 14.230, de 2021)
VI - deixar de prestar contas quando esteja obrigado a fazê-lo;	VI - deixar de prestar contas quando esteja obrigado a fazê-lo, desde que disponha das condições para isso, com vistas a ocultar irregularidades; (Redação dada pela Lei nº 14.230, de 2021)
VII - revelar ou permitir que chegue ao conhecimento de terceiro, antes da respectiva divulgação oficial, teor de medida política ou econômica capaz de afetar o preço de mercadoria, bem ou serviço.	Redação mantida
VIII - descumprir as normas relativas à celebração, fiscalização e aprovação de contas de parcerias firmadas pela administração pública com entidades privadas. (Vide Medida Provisória nº 2.088-35, de 2000) (Redação dada pela Lei nº 13.019, de 2014) (Vigência)	Redação mantida
IX - deixar de cumprir a exigência de requisitos de acessibilidade previstos na legislação. (Incluído pela Lei nº 13.146, de 2015) (Vigência)	Revogado
X - transferir recurso a entidade privada, em razão da prestação de serviços na área de saúde sem a prévia celebração de contrato, convênio ou instrumento congênere, nos termos do parágrafo único do art. 24 da Lei nº 8.080, de 19 de setembro de 1990. (Incluído pela Lei nº 13.650, de 2018)	Revogado

Redação original da lei 8.429/92	Redação com a lei 14.230/2021
Sem correspondência	XI - nomear cônjuge, companheiro ou parente em linha reta, colateral ou por afinidade, até o terceiro grau, inclusive, da autoridade nomeante ou de servidor da mesma pessoa jurídica investido em cargo de direção, chefia ou assessoramento, para o exercício de cargo em comissão ou de confiança ou, ainda, de função gratificada na administração pública direta e indireta em qualquer dos Poderes da União, dos Estados, do Distrito Federal e dos Municípios, compreendido o ajuste mediante designações recíprocas; (Incluído pela Lei nº 14.230, de 2021)
Sem correspondência	XII - praticar, no âmbito da administração pública e com recursos do erário, ato de publicidade que contrarie o disposto no § 1º do art. 37 da Constituição Federal, de forma a promover inequívoco enaltecimento do agente público e personalização de atos, de programas, de obras, de serviços ou de campanhas dos órgãos públicos. (Incluído pela Lei nº 14.230, de 2021)
Sem correspondência	§ 1º Nos termos da Convenção das Nações Unidas contra a Corrupção, promulgada pelo Decreto nº 5.687, de 31 de janeiro de 2006, somente haverá improbidade administrativa, na aplicação deste artigo, quando for comprovado na conduta funcional do agente público o fim de obter proveito ou benefício indevido para si ou para outra pessoa ou entidade. (Incluído pela Lei nº 14.230, de 2021)
Sem correspondência	§ 2º Aplica-se o disposto no § 1º deste artigo a quaisquer atos de improbidade administrativa tipificados nesta Lei e em leis especiais e a quaisquer outros tipos especiais de improbidade administrativa instituídos por lei. (Incluído pela Lei nº 14.230, de 2021)
Sem correspondência	§ 3º O enquadramento de conduta funcional na categoria de que trata este artigo pressupõe a demonstração objetiva da prática de ilegalidade no exercício da função pública, com a indicação das normas constitucionais, legais ou infralegais violadas. (Incluído pela Lei nº 14.230, de 2021)
Sem correspondência	§ 4º Os atos de improbidade de que trata este artigo exigem lesividade relevante ao bem jurídico tutelado para serem passíveis de sancionamento e independem do reconhecimento da produção de danos ao erário e de enriquecimento ilícito dos agentes públicos. (Incluído pela Lei nº 14.230, de 2021)
Sem correspondência	§ 5º Não se configurará improbidade a mera nomeação ou indicação política por parte dos detentores de mandatos eletivos, sendo necessária a aferição de dolo com finalidade ilícita por parte do agente. (Incluído pela Lei nº 14.230, de 2021)

Redação original da lei 8.429/92	Redação com a lei 14.230/2021
Art. 12. Independentemente das sanções penais, civis e administrativas previstas na legislação específica, está o responsável pelo ato de improbidade sujeito às seguintes cominações, que podem ser aplicadas isolada ou cumulativamente, de acordo com a gravidade do fato: (Redação dada pela Lei nº 12.120, de 2009).	Art. 12. Independentemente do ressarcimento integral do dano patrimonial, se efetivo, e das sanções penais comuns e de responsabilidade, civis e administrativas previstas na legislação específica, está o responsável pelo ato de improbidade sujeito às seguintes cominações, que podem ser aplicadas isolada ou cumulativamente, de acordo com a gravidade do fato: (Redação dada pela Lei nº 14.230, de 2021)
I - na hipótese do art. 9º, perda dos bens ou valores acrescidos ilicitamente ao patrimônio, ressarcimento integral do dano, quando houver, perda da função pública, suspensão dos direitos políticos de oito a dez anos, pagamento de multa civil de até três vezes o valor do acréscimo patrimonial e proibição de contratar com o Poder Público ou receber benefícios ou incentivos fiscais ou creditícios, direta ou indiretamente, ainda que por intermédio de pessoa jurídica da qual seja sócio majoritário, pelo prazo de dez anos;	I - na hipótese do art. 9º desta Lei, perda dos bens ou valores acrescidos ilicitamente ao patrimônio, perda da função pública, suspensão dos direitos políticos até 14 (catorze) anos, pagamento de multa civil equivalente ao valor do acréscimo patrimonial e proibição de contratar com o poder público ou de receber benefícios ou incentivos fiscais ou creditícios, direta ou indiretamente, ainda que por intermédio de pessoa jurídica da qual seja sócio majoritário, pelo prazo não superior a 14 (catorze) anos; (Redação dada pela Lei nº 14.230, de 2021)
II - na hipótese do art. 10, ressarcimento integral do dano, perda dos bens ou valores acrescidos ilicitamente ao patrimônio, se concorrer esta circunstância, perda da função pública, suspensão dos direitos políticos de cinco a oito anos, pagamento de multa civil de até duas vezes o valor do dano e proibição de contratar com o Poder Público ou receber benefícios ou incentivos fiscais ou creditícios, direta ou indiretamente, ainda que por intermédio de pessoa jurídica da qual seja sócio majoritário, pelo prazo de cinco anos;	II - na hipótese do art. 10 desta Lei, perda dos bens ou valores acrescidos ilicitamente ao patrimônio, se concorrer esta circunstância, perda da função pública, suspensão dos direitos políticos até 12 (doze) anos, pagamento de multa civil equivalente ao valor do dano e proibição de contratar com o poder público ou de receber benefícios ou incentivos fiscais ou creditícios, direta ou indiretamente, ainda que por intermédio de pessoa jurídica da qual seja sócio majoritário, pelo prazo não superior a 12 (doze) anos; (Redação dada pela Lei nº 14.230, de 2021)
III - na hipótese do art. 11, ressarcimento integral do dano, se houver, perda da função pública, suspensão dos direitos políticos de três a cinco anos, pagamento de multa civil de até cem vezes o valor da remuneração percebida pelo agente e proibição de contratar com o Poder Público ou receber benefícios ou incentivos fiscais ou creditícios, direta ou indiretamente, ainda que por intermédio de pessoa jurídica da qual seja sócio majoritário, pelo prazo de três anos.	III - na hipótese do art. 11 desta Lei, pagamento de multa civil de até 24 (vinte e quatro) vezes o valor da remuneração percebida pelo agente e proibição de contratar com o poder público ou de receber benefícios ou incentivos fiscais ou creditícios, direta ou indiretamente, ainda que por intermédio de pessoa jurídica da qual seja sócio majoritário, pelo prazo não superior a 4 (quatro) anos; (Redação dada pela Lei nº 14.230, de 2021)
IV - na hipótese prevista no art. 10-A, perda da função pública, suspensão dos direitos políticos de 5 (cinco) a 8 (oito) anos e multa civil de até 3 (três) vezes o valor do benefício financeiro ou tributário concedido. (Incluído pela Lei Complementar nº 157, de 2016)	Revogado
Parágrafo único. Na fixação das penas previstas nesta lei o juiz levará em conta a extensão do dano causado, assim como o proveito patrimonial obtido pelo agente.	Revogado

Redação original da lei 8.429/92	Redação com a lei 14.230/2021
Sem correspondência	§ 1º A sanção de perda da função pública, nas hipóteses dos incisos I e II do **caput** deste artigo, atinge apenas o vínculo de mesma qualidade e natureza que o agente público ou político detinha com o poder público na época do cometimento da infração, podendo o magistrado, na hipótese do inciso I do **caput** deste artigo, e em caráter excepcional, estendê-la aos demais vínculos, consideradas as circunstâncias do caso e a gravidade da infração. (Incluído pela Lei nº 14.230, de 2021)
Sem correspondência	§ 2º A multa pode ser aumentada até o dobro, se o juiz considerar que, em virtude da situação econômica do réu, o valor calculado na forma dos incisos I, II e III do **caput** deste artigo é ineficaz para reprovação e prevenção do ato de improbidade. (Incluído pela Lei nº 14.230, de 2021)
Sem correspondência	§ 3º Na responsabilização da pessoa jurídica, deverão ser considerados os efeitos econômicos e sociais das sanções, de modo a viabilizar a manutenção de suas atividades. (Incluído pela Lei nº 14.230, de 2021)
Sem correspondência	§ 4º Em caráter excepcional e por motivos relevantes devidamente justificados, a sanção de proibição de contratação com o poder público pode extrapolar o ente público lesado pelo ato de improbidade, observados os impactos econômicos e sociais das sanções, de forma a preservar a função social da pessoa jurídica, conforme disposto no § 3º deste artigo. (Incluído pela Lei nº 14.230, de 2021)
Sem correspondência	§ 5º No caso de atos de menor ofensa aos bens jurídicos tutelados por esta Lei, a sanção limitar-se-á à aplicação de multa, sem prejuízo do ressarcimento do dano e da perda dos valores obtidos, quando for o caso, nos termos do **caput** deste artigo. (Incluído pela Lei nº 14.230, de 2021)
Sem correspondência	§ 6º Se ocorrer lesão ao patrimônio público, a reparação do dano a que se refere esta Lei deverá deduzir o ressarcimento ocorrido nas instâncias criminal, civil e administrativa que tiver por objeto os mesmos fatos. (Incluído pela Lei nº 14.230, de 2021)
Sem correspondência	§ 7º As sanções aplicadas a pessoas jurídicas com base nesta Lei e na Lei nº 12.846, de 1º de agosto de 2013, deverão observar o princípio constitucional do **non bis in idem**. (Incluído pela Lei nº 14.230, de 2021)
Sem correspondência	§ 8º A sanção de proibição de contratação com o poder público deverá constar do Cadastro Nacional de Empresas Inidôneas e Suspensas (CEIS) de que trata a Lei nº 12.846, de 1º de agosto de 2013, observadas as limitações territoriais contidas em decisão judicial, conforme disposto no § 4º deste artigo. (Incluído pela Lei nº 14.230, de 2021)

Redação original da lei 8.429/92	Redação com a lei 14.230/2021
Sem correspondência	§ 9º As sanções previstas neste artigo somente poderão ser executadas após o trânsito em julgado da sentença condenatória. (Incluído pela Lei nº 14.230, de 2021)
Sem correspondência	§ 10. Para efeitos de contagem do prazo da sanção de suspensão dos direitos políticos, computar-se-á retroativamente o intervalo de tempo entre a decisão colegiada e o trânsito em julgado da sentença condenatória. (Incluído pela Lei nº 14.230, de 2021)
Art. 13. A posse e o exercício de agente público ficam condicionados à apresentação de declaração dos bens e valores que compõem o seu patrimônio privado, a fim de ser arquivada no serviço de pessoal competente. (Regulamento) (Regulamento)	Art. 13. A posse e o exercício de agente público ficam condicionados à apresentação de declaração de imposto de renda e proventos de qualquer natureza, que tenha sido apresentada à Secretaria Especial da Receita Federal do Brasil, a fim de ser arquivada no serviço de pessoal competente. (Redação dada pela Lei nº 14.230, de 2021)
§ 1º A declaração compreenderá imóveis, móveis, semoventes, dinheiro, títulos, ações, e qualquer outra espécie de bens e valores patrimoniais, localizado no País ou no exterior, e, quando for o caso, abrangerá os bens e valores patrimoniais do cônjuge ou companheiro, dos filhos e de outras pessoas que vivam sob a dependência econômica do declarante, excluídos apenas os objetos e utensílios de uso doméstico.	Revogado
§ 2º A declaração de bens será anualmente atualizada e na data em que o agente público deixar o exercício do mandato, cargo, emprego ou função.	§ 2º A declaração de bens a que se refere o **caput** deste artigo será atualizada anualmente e na data em que o agente público deixar o exercício do mandato, do cargo, do emprego ou da função. (Redação dada pela Lei nº 14.230, de 2021)
§ 3º Será punido com a pena de demissão, a bem do serviço público, sem prejuízo de outras sanções cabíveis, o agente público que se recusar a prestar declaração dos bens, dentro do prazo determinado, ou que a prestar falsa.	§ 3º Será apenado com a pena de demissão, sem prejuízo de outras sanções cabíveis, o agente público que se recusar a prestar a declaração dos bens a que se refere o **caput** deste artigo dentro do prazo determinado ou que prestar declaração falsa. (Redação dada pela Lei nº 14.230, de 2021)
§ 4º O declarante, a seu critério, poderá entregar cópia da declaração anual de bens apresentada à Delegacia da Receita Federal na conformidade da legislação do Imposto sobre a Renda e proventos de qualquer natureza, com as necessárias atualizações, para suprir a exigência contida no caput e no § 2º deste artigo.	Revogado
Art. 14. Qualquer pessoa poderá representar à autoridade administrativa competente para que seja instaurada investigação destinada a apurar a prática de ato de improbidade.	Redação mantida
§ 1º A representação, que será escrita ou reduzida a termo e assinada, conterá a qualificação do representante, as informações sobre o fato e sua autoria e a indicação das provas de que tenha conhecimento.	Redação mantida

Redação original da lei 8.429/92	Redação com a lei 14.230/2021
§ 2º A autoridade administrativa rejeitará a representação, em despacho fundamentado, se esta não contiver as formalidades estabelecidas no § 1º deste artigo. A rejeição não impede a representação ao Ministério Público, nos termos do art. 22 desta lei.	Redação mantida
§ 3º Atendidos os requisitos da representação, a autoridade determinará a imediata apuração dos fatos que, em se tratando de servidores federais, será processada na forma prevista nos arts. 148 a 182 da Lei nº 8.112, de 11 de dezembro de 1990 e, em se tratando de servidor militar, de acordo com os respectivos regulamentos disciplinares.	§ 3º Atendidos os requisitos da representação, a autoridade determinará a imediata apuração dos fatos, observada a legislação que regula o processo administrativo disciplinar aplicável ao agente. (Redação dada pela Lei nº 14.230, de 2021)
Art. 15. A comissão processante dará conhecimento ao Ministério Público e ao Tribunal ou Conselho de Contas da existência de procedimento administrativo para apurar a prática de ato de improbidade.	Redação mantida
Parágrafo único. O Ministério Público ou Tribunal ou Conselho de Contas poderá, a requerimento, designar representante para acompanhar o procedimento administrativo.	Redação mantida
Art. 16. Havendo fundados indícios de responsabilidade, a comissão representará ao Ministério Público ou à procuradoria do órgão para que requeira ao juízo competente a decretação do seqüestro dos bens do agente ou terceiro que tenha enriquecido ilicitamente ou causado dano ao patrimônio público.	Art. 16. Na ação por improbidade administrativa poderá ser formulado, em caráter antecedente ou incidente, pedido de indisponibilidade de bens dos réus, a fim de garantir a integral recomposição do erário ou do acréscimo patrimonial resultante de enriquecimento ilícito. (Redação dada pela Lei nº 14.230, de 2021)
§ 1º O pedido de seqüestro será processado de acordo com o disposto nos arts. 822 e 825 do Código de Processo Civil.	Revogado
Sem correspondência	§ 1º-A O pedido de indisponibilidade de bens a que se refere o caput deste artigo poderá ser formulado independentemente da representação de que trata o art. 7º desta Lei. (Incluído pela Lei nº 14.230, de 2021)
§ 2º Quando for o caso, o pedido incluirá a investigação, o exame e o bloqueio de bens, contas bancárias e aplicações financeiras mantidas pelo indiciado no exterior, nos termos da lei e dos tratados internacionais.	§ 2º Quando for o caso, o pedido de indisponibilidade de bens a que se refere o **caput** deste artigo incluirá a investigação, o exame e o bloqueio de bens, contas bancárias e aplicações financeiras mantidas pelo indiciado no exterior, nos termos da lei e dos tratados internacionais. (Redação dada pela Lei nº 14.230, de 2021)
Sem correspondência	§ 3º O pedido de indisponibilidade de bens a que se refere o **caput** deste artigo apenas será deferido mediante a demonstração no caso concreto de perigo de dano irreparável ou de risco ao resultado útil do processo, desde que o juiz se convença da probabilidade da ocorrência dos atos descritos na petição inicial com fundamento nos respectivos elementos de instrução, após a oitiva do réu em 5 (cinco) dias. (Incluído pela Lei nº 14.230, de 2021)

Redação original da lei 8.429/92	Redação com a lei 14.230/2021
Sem correspondência	§ 4º A indisponibilidade de bens poderá ser decretada sem a oitiva prévia do réu, sempre que o contraditório prévio puder comprovadamente frustrar a efetividade da medida ou houver outras circunstâncias que recomendem a proteção liminar, não podendo a urgência ser presumida. (Incluído pela Lei nº 14.230, de 2021)
Sem correspondência	§ 5º Se houver mais de um réu na ação, a somatória dos valores declarados indisponíveis não poderá superar o montante indicado na petição inicial como dano ao erário ou como enriquecimento ilícito. (Incluído pela Lei nº 14.230, de 2021)
Sem correspondência	§ 6º O valor da indisponibilidade considerará a estimativa de dano indicada na petição inicial, permitida a sua substituição por caução idônea, por fiança bancária ou por seguro-garantia judicial, a requerimento do réu, bem como a sua readequação durante a instrução do processo. (Incluído pela Lei nº 14.230, de 2021)
Sem correspondência	§ 7º A indisponibilidade de bens de terceiro dependerá da demonstração da sua efetiva concorrência para os atos ilícitos apurados ou, quando se tratar de pessoa jurídica, da instauração de incidente de desconsideração da personalidade jurídica, a ser processado na forma da lei processual. (Incluído pela Lei nº 14.230, de 2021)
Sem correspondência	§ 8º Aplica-se à indisponibilidade de bens regida por esta Lei, no que for cabível, o regime da tutela provisória de urgência da Lei nº 13.105, de 16 de março de 2015 (Código de Processo Civil). (Incluído pela Lei nº 14.230, de 2021)
Sem correspondência	§ 9º Da decisão que deferir ou indeferir a medida relativa à indisponibilidade de bens caberá agravo de instrumento, nos termos da Lei nº 13.105, de 16 de março de 2015 (Código de Processo Civil). (Incluído pela Lei nº 14.230, de 2021)
Sem correspondência	§ 10. A indisponibilidade recairá sobre bens que assegurem exclusivamente o integral ressarcimento do dano ao erário, sem incidir sobre os valores a serem eventualmente aplicados a título de multa civil ou sobre acréscimo patrimonial decorrente de atividade lícita. (Incluído pela Lei nº 14.230, de 2021)
Sem correspondência	§ 11. A ordem de indisponibilidade de bens deverá priorizar veículos de via terrestre, bens imóveis, bens móveis em geral, semoventes, navios e aeronaves, ações e quotas de sociedades simples e empresárias, pedras e metais preciosos e, apenas na inexistência desses, o bloqueio de contas bancárias, de forma a garantir a subsistência do acusado e a manutenção da atividade empresária ao longo do processo. (Incluído pela Lei nº 14.230, de 2021)

Redação original da lei 8.429/92	Redação com a lei 14.230/2021
Sem correspondência	§ 12. O juiz, ao apreciar o pedido de indisponibilidade de bens do réu a que se refere o **caput** deste artigo, observará os efeitos práticos da decisão, vedada a adoção de medida capaz de acarretar prejuízo à prestação de serviços públicos. (Incluído pela Lei nº 14.230, de 2021)
Sem correspondência	§ 13. É vedada a decretação de indisponibilidade da quantia de até 40 (quarenta) salários mínimos depositados em caderneta de poupança, em outras aplicações financeiras ou em conta-corrente. (Incluído pela Lei nº 14.230, de 2021)
Sem correspondência	§ 14. É vedada a decretação de indisponibilidade do bem de família do réu, salvo se comprovado que o imóvel seja fruto de vantagem patrimonial indevida, conforme descrito no art. 9º desta Lei. (Incluído pela Lei nº 14.230, de 2021)
Art. 17. A ação principal, que terá o rito ordinário, será proposta pelo Ministério Público ou pela pessoa jurídica interessada, dentro de trinta dias da efetivação da medida cautelar.	Art. 17. A ação para a aplicação das sanções de que trata esta Lei será proposta pelo Ministério Público e seguirá o procedimento comum previsto na Lei nº 13.105, de 16 de março de 2015 (Código de Processo Civil), salvo o disposto nesta Lei. (Redação dada pela Lei nº 14.230, de 2021)
§ 1º As ações de que trata este artigo admitem a celebração de acordo de não persecução cível, nos termos desta Lei. (Redação dada pela Lei nº 13.964, de 2019)	Revogado
§ 2º A Fazenda Pública, quando for o caso, promoverá as ações necessárias à complementação do ressarcimento do patrimônio público.	Revogado
§ 3º No caso de a ação principal ter sido proposta pelo Ministério Público, aplica-se, no que couber, o disposto no § 3º do art. 6º da Lei nº 4.717, de 29 de junho de 1965. (Redação dada pela Lei nº 9.366, de 1996)	Revogado
§ 4º O Ministério Público, se não intervir no processo como parte, atuará obrigatoriamente, como fiscal da lei, sob pena de nulidade.	Revogado
Sem correspondência.	§ 4º-A A ação a que se refere o caput deste artigo deverá ser proposta perante o foro do local onde ocorrer o dano ou da pessoa jurídica prejudicada. (Incluído pela Lei nº 14.230, de 2021)
§ 5º A propositura da ação prevenirá a jurisdição do juízo para todas as ações posteriormente intentadas que possuam a mesma causa de pedir ou o mesmo objeto. (Incluído pela Medida provisória nº 1.984-16, de 2000) (Incluído pela Medida provisória nº 2.180-35, de 2001)	§ 5º A propositura da ação a que se refere o caput deste artigo prevenirá a competência do juízo para todas as ações posteriormente intentadas que possuam a mesma causa de pedir ou o mesmo objeto. (Redação dada pela Lei nº 14.230, de 2021)

Redação original da lei 8.429/92	Redação com a lei 14.230/2021
§ 6º A ação será instruída com documentos ou justificação que contenham indícios suficientes da existência do ato de improbidade ou com razões fundamentadas da impossibilidade de apresentação de qualquer dessas provas, observada a legislação vigente, inclusive as disposições inscritas nos arts. 16 a 18 do Código de Processo Civil. (Vide Medida Provisória nº 2.088-35, de 2000) (Incluído pela Medida Provisória nº 2.225-45, de 2001)	§ 6º A petição inicial observará o seguinte: (Redação dada pela Lei nº 14.230, de 2021) I - deverá individualizar a conduta do réu e apontar os elementos probatórios mínimos que demonstrem a ocorrência das hipóteses dos arts. 9º, 10 e 11 desta Lei e de sua autoria, salvo impossibilidade devidamente fundamentada; (Incluído pela Lei nº 14.230, de 2021) II - será instruída com documentos ou justificação que contenham indícios suficientes da veracidade dos fatos e do dolo imputado ou com razões fundamentadas da impossibilidade de apresentação de qualquer dessas provas, observada a legislação vigente, inclusive as disposições constantes dos arts. 77 e 80 da Lei nº 13.105, de 16 de março de 2015 (Código de Processo Civil). (Incluído pela Lei nº 14.230, de 2021)
Sem correspondência	§ 6º-A O Ministério Público poderá requerer as tutelas provisórias adequadas e necessárias, nos termos dos arts. 294 a 310 da Lei nº 13.105, de 16 de março de 2015 (Código de Processo Civil (Incluído pela Lei nº 14.230, de 2021)
Sem correspondência	§ 6º-B A petição inicial será rejeitada nos casos do art. 330 da Lei nº 13.105, de 16 de março de 2015 (Código de Processo Civil), bem como quando não preenchidos os requisitos a que se referem os incisos I e II do § 6º deste artigo, ou ainda quando manifestamente inexistente o ato de improbidade imputado. (Incluído pela Lei nº 14.230, de 2021)
§ 7º Estando a inicial em devida forma, o juiz mandará autuá-la e ordenará a notificação do requerido, para oferecer manifestação por escrito, que poderá ser instruída com documentos e justificações, dentro do prazo de quinze dias. (Vide Medida Provisória nº 2.088-35, de 2000) (Incluído pela Medida Provisória nº 2.225-45, de 2001)	§ 7º Se a petição inicial estiver em devida forma, o juiz mandará autuá-la e ordenará a citação dos requeridos para que a contestem no prazo comum de 30 (trinta) dias, iniciado o prazo na forma do art. 231 da Lei nº 13.105, de 16 de março de 2015 (Código de Processo Civil). (Redação dada pela Lei nº 14.230, de 2021)
§ 8º Recebida a manifestação, o juiz, no prazo de trinta dias, em decisão fundamentada, rejeitará a ação, se convencido da inexistência do ato de improbidade, da improcedência da ação ou da inadequação da via eleita. (Vide Medida Provisória nº 2.088-35, de 2000) (Incluído pela Medida Provisória nº 2.225-45, de 2001)	Revogado
§ 9º Recebida a petição inicial, será o réu citado para apresentar contestação. (Vide Medida Provisória nº 2.088-35, de 2000) (Incluída pela Medida Provisória nº 2.225-45, de 2001)	Revogado
Sem correspondência	§ 9º-A Da decisão que rejeitar questões preliminares suscitadas pelo réu em sua contestação caberá agravo de instrumento. (Incluído pela Lei nº 14.230, de 2021)
§ 10. Da decisão que receber a petição inicial, caberá agravo de instrumento. (Vide Medida Provisória nº 2.088-35, de 2000) (Incluído pela Medida Provisória nº 2.225-45, de 2001)	Revogado

Redação original da lei 8.429/92	Redação com a lei 14.230/2021
Sem correspondência	§ 10-A. Havendo a possibilidade de solução consensual, poderão as partes requerer ao juiz a interrupção do prazo para a contestação, por prazo não superior a 90 (noventa) dias. (Incluído pela Lei nº 13.964, de 2019)
Sem correspondência	§ 10-B. Oferecida a contestação e, se for o caso, ouvido o autor, o juiz: (Incluído pela Lei nº 14.230, de 2021) I - procederá ao julgamento conforme o estado do processo, observada a eventual inexistência manifesta do ato de improbidade; (Incluído pela Lei nº 14.230, de 2021) II - poderá desmembrar o litisconsórcio, com vistas a otimizar a instrução processual. (Incluído pela Lei nº 14.230, de 2021)
Sem correspondência	§ 10-C. Após a réplica do Ministério Público, o juiz proferirá decisão na qual indicará com precisão a tipificação do ato de improbidade administrativa imputável ao réu, sendo-lhe vedado modificar o fato principal e a capitulação legal apresentada pelo autor. (Incluído pela Lei nº 14.230, de 2021)
Sem correspondência	§ 10-D. Para cada ato de improbidade administrativa, deverá necessariamente ser indicado apenas um tipo dentre aqueles previstos nos arts. 9º, 10 e 11 desta Lei. (Incluído pela Lei nº 14.230, de 2021)
Sem correspondência	§ 10-E. Proferida a decisão referida no § 10-C deste artigo, as partes serão intimadas a especificar as provas que pretendem produzir. (Incluído pela Lei nº 14.230, de 2021)
Sem correspondência	§ 10-F. Será nula a decisão de mérito total ou parcial da ação de improbidade administrativa que: (Incluído pela Lei nº 14.230, de 2021) I - condenar o requerido por tipo diverso daquele definido na petição inicial; (Incluído pela Lei nº 14.230, de 2021) II - condenar o requerido sem a produção das provas por ele tempestivamente especificadas. (Incluído pela Lei nº 14.230, de 2021)
§ 11. Em qualquer fase do processo, reconhecida a inadequação da ação de improbidade, o juiz extinguirá o processo sem julgamento do mérito. (Vide Medida Provisória nº 2.088-35, de 2000) (Incluído pela Medida Provisória nº 2.225-45, de 2001)	§ 11. Em qualquer momento do processo, verificada a inexistência do ato de improbidade, o juiz julgará a demanda improcedente. (Redação dada pela Lei nº 14.230, de 2021)
§ 12. Aplica-se aos depoimentos ou inquirições realizadas nos processos regidos por esta Lei o disposto no art. 221, caput e § 10, do Código de Processo Penal. (Vide Medida Provisória nº 2.088-35, de 2000) (Incluído pela Medida Provisória nº 2.225-45, de 2001)	Revogado

Redação original da lei 8.429/92	Redação com a lei 14.230/2021
§ 13. Para os efeitos deste artigo, também se considera pessoa jurídica interessada o ente tributante que figurar no polo ativo da obrigação tributária de que tratam o § 4º do art. 3º e o art. 8º-A da Lei Complementar nº 116, de 31 de julho de 2003. (Incluído pela Lei Complementar nº 157, de 2016)	Revogado
Sem correspondência	§ 14. Sem prejuízo da citação dos réus, a pessoa jurídica interessada será intimada para, caso queira, intervir no processo. (Incluído pela Lei nº 14.230, de 2021)
Sem correspondência	§ 15. Se a imputação envolver a desconsideração de pessoa jurídica, serão observadas as regras previstas nos arts. 133, 134, 135, 136 e 137 da Lei nº 13.105, de 16 de março de 2015 (Código de Processo Civil). (Incluído pela Lei nº 14.230, de 2021)
Sem correspondência	§ 16. A qualquer momento, se o magistrado identificar a existência de ilegalidades ou de irregularidades administrativas a serem sanadas sem que estejam presentes todos os requisitos para a imposição das sanções aos agentes incluídos no polo passivo da demanda, poderá, em decisão motivada, converter a ação de improbidade administrativa em ação civil pública, regulada pela Lei nº 7.347, de 24 de julho de 1985. (Incluído pela Lei nº 14.230, de 2021)
Sem correspondência	§ 17. Da decisão que converter a ação de improbidade em ação civil pública caberá agravo de instrumento. (Incluído pela Lei nº 14.230, de 2021)
Sem correspondência	§ 18. Ao réu será assegurado o direito de ser interrogado sobre os fatos de que trata a ação, e a sua recusa ou o seu silêncio não implicarão confissão. (Incluído pela Lei nº 14.230, de 2021)
Sem correspondência	§ 19. Não se aplicam na ação de improbidade administrativa: (Incluído pela Lei nº 14.230, de 2021) I - a presunção de veracidade dos fatos alegados pelo autor em caso de revelia; (Incluído pela Lei nº 14.230, de 2021) II - a imposição de ônus da prova ao réu, na forma dos §§ 1º e 2º do art. 373 da Lei nº 13.105, de 16 de março de 2015 (Código de Processo Civil); (Incluído pela Lei nº 14.230, de 2021) III - o ajuizamento de mais de uma ação de improbidade administrativa pelo mesmo fato, competindo ao Conselho Nacional do Ministério Público dirimir conflitos de atribuições entre membros de Ministérios Públicos distintos; (Incluído pela Lei nº 14.230, de 2021) IV - o reexame obrigatório da sentença de improcedência ou de extinção sem resolução de mérito. (Incluído pela Lei nº 14.230, de 2021)

Redação original da lei 8.429/92	Redação com a lei 14.230/2021
Sem correspondência	§ 20. A assessoria jurídica que emitiu o parecer atestando a legalidade prévia dos atos administrativos praticados pelo administrador público ficará obrigada a defendê-lo judicialmente, caso este venha a responder ação por improbidade administrativa, até que a decisão transite em julgado. (Incluído pela Lei nº 14.230, de 2021)
Sem correspondência	§ 21. Das decisões interlocutórias caberá agravo de instrumento, inclusive da decisão que rejeitar questões preliminares suscitadas pelo réu em sua contestação. (Incluído pela Lei nº 14.230, de 2021)
Sem correspondência	Art. 17-B. O Ministério Público poderá, conforme as circunstâncias do caso concreto, celebrar acordo de não persecução civil, desde que dele advenham, ao menos, os seguintes resultados: (Incluído pela Lei nº 14.230, de 2021) I - o integral ressarcimento do dano; (Incluído pela Lei nº 14.230, de 2021) II - a reversão à pessoa jurídica lesada da vantagem indevida obtida, ainda que oriunda de agentes privados. (Incluído pela Lei nº 14.230, de 2021)
Sem correspondência	§ 1º A celebração do acordo a que se refere o caput deste artigo dependerá, cumulativamente: (Incluído pela Lei nº 14.230, de 2021) I - da oitiva do ente federativo lesado, em momento anterior ou posterior à propositura da ação; (Incluído pela Lei nº 14.230, de 2021) II - de aprovação, no prazo de até 60 (sessenta) dias, pelo órgão do Ministério Público competente para apreciar as promoções de arquivamento de inquéritos civis, se anterior ao ajuizamento da ação; (Incluído pela Lei nº 14.230, de 2021) III - de homologação judicial, independentemente de o acordo ocorrer antes ou depois do ajuizamento da ação de improbidade administrativa. (Incluído pela Lei nº 14.230, de 2021)
Sem correspondência	§ 2º Em qualquer caso, a celebração do acordo a que se refere o **caput** deste artigo considerará a personalidade do agente, a natureza, as circunstâncias, a gravidade e a repercussão social do ato de improbidade, bem como as vantagens, para o interesse público, da rápida solução do caso. (Incluído pela Lei nº 14.230, de 2021)
Sem correspondência	§ 3º Para fins de apuração do valor do dano a ser ressarcido, deverá ser realizada a oitiva do Tribunal de Contas competente, que se manifestará, com indicação dos parâmetros utilizados, no prazo de 90 (noventa) dias. (Incluído pela Lei nº 14.230, de 2021)

Redação original da lei 8.429/92	Redação com a lei 14.230/2021
Sem correspondência	§ 4º O acordo a que se refere o **caput** deste artigo poderá ser celebrado no curso da investigação de apuração do ilícito, no curso da ação de improbidade ou no momento da execução da sentença condenatória. (Incluído pela Lei nº 14.230, de 2021)
Sem correspondência	§ 5º As negociações para a celebração do acordo a que se refere o **caput** deste artigo ocorrerão entre o Ministério Público, de um lado, e, de outro, o investigado ou demandado e o seu defensor. (Incluído pela Lei nº 14.230, de 2021)
Sem correspondência	§ 6º O acordo a que se refere o **caput** deste artigo poderá contemplar a adoção de mecanismos e procedimentos internos de integridade, de auditoria e de incentivo à denúncia de irregularidades e a aplicação efetiva de códigos de ética e de conduta no âmbito da pessoa jurídica, se for o caso, bem como de outras medidas em favor do interesse público e de boas práticas administrativas. (Incluído pela Lei nº 14.230, de 2021)
Sem correspondência	§ 7º Em caso de descumprimento do acordo a que se refere o **caput** deste artigo, o investigado ou o demandado ficará impedido de celebrar novo acordo pelo prazo de 5 (cinco) anos, contado do conhecimento pelo Ministério Público do efetivo descumprimento. (Incluído pela Lei nº 14.230, de 2021)

Redação original da lei 8.429/92	Redação com a lei 14.230/2021
Sem correspondência	Art. 17-C. A sentença proferida nos processos a que se refere esta Lei deverá, além de observar o disposto no art. 489 da Lei nº 13.105, de 16 de março de 2015 (Código de Processo Civil): (Incluído pela Lei nº 14.230, de 2021) I - indicar de modo preciso os fundamentos que demonstram os elementos a que se referem os arts. 9º, 10 e 11 desta Lei, que não podem ser presumidos; (Incluído pela Lei nº 14.230, de 2021) II - considerar as consequências práticas da decisão, sempre que decidir com base em valores jurídicos abstratos; (Incluído pela Lei nº 14.230, de 2021) III - considerar os obstáculos e as dificuldades reais do gestor e as exigências das políticas públicas a seu cargo, sem prejuízo dos direitos dos administrados e das circunstâncias práticas que houverem imposto, limitado ou condicionado a ação do agente; (Incluído pela Lei nº 14.230, de 2021) IV - considerar, para a aplicação das sanções, de forma isolada ou cumulativa: (Incluído pela Lei nº 14.230, de 2021) a) os princípios da proporcionalidade e da razoabilidade; (Incluído pela Lei nº 14.230, de 2021) b) a natureza, a gravidade e o impacto da infração cometida; (Incluído pela Lei nº 14.230, de 2021) c) a extensão do dano causado; (Incluído pela Lei nº 14.230, de 2021) d) o proveito patrimonial obtido pelo agente; (Incluído pela Lei nº 14.230, de 2021) e) as circunstâncias agravantes ou atenuantes; (Incluído pela Lei nº 14.230, de 2021) f) a atuação do agente em minorar os prejuízos e as consequências advindas de sua conduta omissiva ou comissiva; (Incluído pela Lei nº 14.230, de 2021) g) os antecedentes do agente; (Incluído pela Lei nº 14.230, de 2021) V - considerar na aplicação das sanções a dosimetria das sanções relativas ao mesmo fato já aplicadas ao agente; (Incluído pela Lei nº 14.230, de 2021) VI - considerar, na fixação das penas relativamente ao terceiro, quando for o caso, a sua atuação específica, não admitida a sua responsabilização por ações ou omissões para as quais não tiver concorrido ou das quais não tiver obtido vantagens patrimoniais indevidas; (Incluído pela Lei nº 14.230, de 2021) VII - indicar, na apuração da ofensa a princípios, critérios objetivos que justifiquem a imposição da sanção. (Incluído pela Lei nº 14.230, de 2021)
Sem correspondência	§ 1º A ilegalidade sem a presença de dolo que a qualifique não configura ato de improbidade. (Incluído pela Lei nº 14.230, de 2021)

Redação original da lei 8.429/92	Redação com a lei 14.230/2021
Sem correspondência	§ 2º Na hipótese de litisconsórcio passivo, a condenação ocorrerá no limite da participação e dos benefícios diretos, vedada qualquer solidariedade. (Incluído pela Lei nº 14.230, de 2021)
Sem correspondência	§ 3º Não haverá remessa necessária nas sentenças de que trata esta Lei. (Incluído pela Lei nº 14.230, de 2021)
Sem correspondência	Art. 17-D. A ação por improbidade administrativa é repressiva, de caráter sancionatório, destinada à aplicação de sanções de caráter pessoal previstas nesta Lei, e não constitui ação civil, vedado seu ajuizamento para o controle de legalidade de políticas públicas e para a proteção do patrimônio público e social, do meio ambiente e de outros interesses difusos, coletivos e individuais homogêneos. (Incluído pela Lei nº 14.230, de 2021)
Sem correspondência	Parágrafo único. Ressalvado o disposto nesta Lei, o controle de legalidade de políticas públicas e a responsabilidade de agentes públicos, inclusive políticos, entes públicos e governamentais, por danos ao meio ambiente, ao consumidor, a bens e direitos de valor artístico, estético, histórico, turístico e paisagístico, a qualquer outro interesse difuso ou coletivo, à ordem econômica, à ordem urbanística, à honra e à dignidade de grupos raciais, étnicos ou religiosos e ao patrimônio público e social submetem-se aos termos da Lei nº 7.347, de 24 de julho de 1985. (Incluído pela Lei nº 14.230, de 2021)
Art. 18. A sentença que julgar procedente ação civil de reparação de dano ou decretar a perda dos bens havidos ilicitamente determinará o pagamento ou a reversão dos bens, conforme o caso, em favor da pessoa jurídica prejudicada pelo ilícito.	Art. 18. A sentença que julgar procedente a ação fundada nos arts. 9º e 10 desta Lei condenará ao ressarcimento dos danos e à perda ou à reversão dos bens e valores ilicitamente adquiridos, conforme o caso, em favor da pessoa jurídica prejudicada pelo ilícito. (Redação dada pela Lei nº 14.230, de 2021)
Sem correspondência	§ 1º Se houver necessidade de liquidação do dano, a pessoa jurídica prejudicada procederá a essa determinação e ao ulterior procedimento para cumprimento da sentença referente ao ressarcimento do patrimônio público ou à perda ou à reversão dos bens. (Incluído pela Lei nº 14.230, de 2021)
Sem correspondência	§ 2º Caso a pessoa jurídica prejudicada não adote as providências a que se refere o § 1º deste artigo no prazo de 6 (seis) meses, contado do trânsito em julgado da sentença de procedência da ação, caberá ao Ministério Público proceder à respectiva liquidação do dano e ao cumprimento da sentença referente ao ressarcimento do patrimônio público ou à perda ou à reversão dos bens, sem prejuízo de eventual responsabilização pela omissão verificada. (Incluído pela Lei nº 14.230, de 2021)
Sem correspondência	§ 3º Para fins de apuração do valor do ressarcimento, deverão ser descontados os serviços efetivamente prestados. (Incluído pela Lei nº 14.230, de 2021)

Redação original da lei 8.429/92	Redação com a lei 14.230/2021
Sem correspondência	§ 4º O juiz poderá autorizar o parcelamento, em até 48 (quarenta e oito) parcelas mensais corrigidas monetariamente, do débito resultante de condenação pela prática de improbidade administrativa se o réu demonstrar incapacidade financeira de saldá-lo de imediato. (Incluído pela Lei nº 14.230, de 2021)
Sem correspondência	Art. 18-A. A requerimento do réu, na fase de cumprimento da sentença, o juiz unificará eventuais sanções aplicadas com outras já impostas em outros processos, tendo em vista a eventual continuidade de ilícito ou a prática de diversas ilicitudes, observado o seguinte: (Incluído pela Lei nº 14.230, de 2021) I - no caso de continuidade de ilícito, o juiz promoverá a maior sanção aplicada, aumentada de 1/3 (um terço), ou a soma das penas, o que for mais benéfico ao réu; (Incluído pela Lei nº 14.230, de 2021) II - no caso de prática de novos atos ilícitos pelo mesmo sujeito, o juiz somará as sanções. (Incluído pela Lei nº 14.230, de 2021)
Sem correspondência	Parágrafo único. As sanções de suspensão de direitos políticos e de proibição de contratar ou de receber incentivos fiscais ou creditícios do poder público observarão o limite máximo de 20 (vinte) anos. (Incluído pela Lei nº 14.230, de 2021)
Art. 19. Constitui crime a representação por ato de improbidade contra agente público ou terceiro beneficiário, quando o autor da denúncia o sabe inocente. Pena: detenção de seis a dez meses e multa.	Redação mantida
Parágrafo único. Além da sanção penal, o denunciante está sujeito a indenizar o denunciado pelos danos materiais, morais ou à imagem que houver provocado.	Redação mantida
Art. 20. A perda da função pública e a suspensão dos direitos políticos só se efetivam com o trânsito em julgado da sentença condenatória.	Redação mantida
Parágrafo único. A autoridade judicial ou administrativa competente poderá determinar o afastamento do agente público do exercício do cargo, emprego ou função, sem prejuízo da remuneração, quando a medida se fizer necessária à instrução processual.	§ 1º A autoridade judicial competente poderá determinar o afastamento do agente público do exercício do cargo, do emprego ou da função, sem prejuízo da remuneração, quando a medida for necessária à instrução processual ou para evitar a iminente prática de novos ilícitos. (Incluído pela Lei nº 14.230, de 2021)

Redação original da lei 8.429/92	Redação com a lei 14.230/2021
	§ 2º O afastamento previsto no § 1º deste artigo será de até 90 (noventa) dias, prorrogáveis uma única vez por igual prazo, mediante decisão motivada. (Incluído pela Lei nº 14.230, de 2021)
Art. 21. A aplicação das sanções previstas nesta lei independe: I - da efetiva ocorrência de dano ao patrimônio público, salvo quanto à pena de ressarcimento; (Redação dada pela Lei nº 12.120, de 2009). II - da aprovação ou rejeição das contas pelo órgão de controle interno ou pelo Tribunal ou Conselho de Contas.	Art. 21. A aplicação das sanções previstas nesta lei independe: I - da efetiva ocorrência de dano ao patrimônio público, salvo quanto à pena de ressarcimento e às condutas previstas no art. 10 desta Lei; (Redação dada pela Lei nº 14.230, de 2021) II - da aprovação ou rejeição das contas pelo órgão de controle interno ou pelo Tribunal ou Conselho de Contas.
Sem correspondência	§ 1º Os atos do órgão de controle interno ou externo serão considerados pelo juiz quando tiverem servido de fundamento para a conduta do agente público. (Incluído pela Lei nº 14.230, de 2021)
Sem correspondência	§ 2º As provas produzidas perante os órgãos de controle e as correspondentes decisões deverão ser consideradas na formação da convicção do juiz, sem prejuízo da análise acerca do dolo na conduta do agente. (Incluído pela Lei nº 14.230, de 2021)
Sem correspondência	§ 3º As sentenças civis e penais produzirão efeitos em relação à ação de improbidade quando concluírem pela inexistência da conduta ou pela negativa da autoria. (Incluído pela Lei nº 14.230, de 2021)
Sem correspondência	§ 4º A absolvição criminal em ação que discuta os mesmos fatos, confirmada por decisão colegiada, impede o trâmite da ação da qual trata esta Lei, havendo comunicação com todos os fundamentos de absolvição previstos no art. 386 do Decreto-Lei nº 3.689, de 3 de outubro de 1941 (Código de Processo Penal). (Incluído pela Lei nº 14.230, de 2021)
Sem correspondência	§ 5º Sanções eventualmente aplicadas em outras esferas deverão ser compensadas com as sanções aplicadas nos termos desta Lei. (Incluído pela Lei nº 14.230, de 2021)
Art. 22. Para apurar qualquer ilícito previsto nesta lei, o Ministério Público, de ofício, a requerimento de autoridade administrativa ou mediante representação formulada de acordo com o disposto no art. 14, poderá requisitar a instauração de inquérito policial ou procedimento administrativo.	Art. 22. Para apurar qualquer ilícito previsto nesta Lei, o Ministério Público, de ofício, a requerimento de autoridade administrativa ou mediante representação formulada de acordo com o disposto no art. 14 desta Lei, poderá instaurar inquérito civil ou procedimento investigativo assemelhado e requisitar a instauração de inquérito policial. (Redação dada pela Lei nº 14.230, de 2021)
Sem correspondência	Parágrafo único. Na apuração dos ilícitos previstos nesta Lei, será garantido ao investigado a oportunidade de manifestação por escrito e de juntada de documentos que comprovem suas alegações e auxiliem na elucidação dos fatos. (Incluído pela Lei nº 14.230, de 2021)

Redação original da lei 8.429/92	Redação com a lei 14.230/2021
Art. 23. As ações destinadas a levar a efeitos as sanções previstas nesta lei podem ser propostas: I - até cinco anos após o término do exercício de mandato, de cargo em comissão ou de função de confiança; II - dentro do prazo prescricional previsto em lei específica para faltas disciplinares puníveis com demissão a bem do serviço público, nos casos de exercício de cargo efetivo ou emprego. III - até cinco anos da data da apresentação à administração pública da prestação de contas final pelas entidades referidas no parágrafo único do art. 10 desta Lei.	Art. 23. A ação para a aplicação das sanções previstas nesta Lei prescreve em 8 (oito) anos, contados a partir da ocorrência do fato ou, no caso de infrações permanentes, do dia em que cessou a permanência. (Redação dada pela Lei nº 14.230, de 2021) I - (revogado); (Redação dada pela Lei nº 14.230, de 2021) II - (revogado); (Redação dada pela Lei nº 14.230, de 2021) III - (revogado). (Redação dada pela Lei nº 14.230, de 2021)
Sem correspondência	§ 1º A instauração de inquérito civil ou de processo administrativo para apuração dos ilícitos referidos nesta Lei suspende o curso do prazo prescricional por, no máximo, 180 (cento e oitenta) dias corridos, recomeçando a correr após a sua conclusão ou, caso não concluído o processo, esgotado o prazo de suspensão. (Incluído pela Lei nº 14.230, de 2021)
Sem correspondência	§ 2º O inquérito civil para apuração do ato de improbidade será concluído no prazo de 365 (trezentos e sessenta e cinco) dias corridos, prorrogável uma única vez por igual período, mediante ato fundamentado submetido à revisão da instância competente do órgão ministerial, conforme dispuser a respectiva lei orgânica. (Incluído pela Lei nº 14.230, de 2021)
Sem correspondência	§ 3º Encerrado o prazo previsto no § 2º deste artigo, a ação deverá ser proposta no prazo de 30 (trinta) dias, se não for caso de arquivamento do inquérito civil. (Incluído pela Lei nº 14.230, de 2021)
Sem correspondência	§ 4º O prazo da prescrição referido no **caput** deste artigo interrompe-se: (Incluído pela Lei nº 14.230, de 2021) I - pelo ajuizamento da ação de improbidade administrativa; (Incluído pela Lei nº 14.230, de 2021) II - pela publicação da sentença condenatória; (Incluído pela Lei nº 14.230, de 2021) III - pela publicação de decisão ou acórdão de Tribunal de Justiça ou Tribunal Regional Federal que confirma sentença condenatória ou que reforma sentença de improcedência; (Incluído pela Lei nº 14.230, de 2021) IV - pela publicação de decisão ou acórdão do Superior Tribunal de Justiça que confirma acórdão condenatório ou que reforma acórdão de improcedência; (Incluído pela Lei nº 14.230, de 2021) V - pela publicação de decisão ou acórdão do Supremo Tribunal Federal que confirma acórdão condenatório ou que reforma acórdão de improcedência. (Incluído pela Lei nº 14.230, de 2021)

Redação original da lei 8.429/92	Redação com a lei 14.230/2021
Sem correspondência	§ 5º Interrompida a prescrição, o prazo recomeça a correr do dia da interrupção, pela metade do prazo previsto no **caput** deste artigo. (Incluído pela Lei nº 14.230, de 2021)
Sem correspondência	§ 6º A suspensão e a interrupção da prescrição produzem efeitos relativamente a todos os que concorreram para a prática do ato de improbidade. (Incluído pela Lei nº 14.230, de 2021)
Sem correspondência	§ 7º Nos atos de improbidade conexos que sejam objeto do mesmo processo, a suspensão e a interrupção relativas a qualquer deles estendem-se aos demais. (Incluído pela Lei nº 14.230, de 2021)
Sem correspondência	§ 8º O juiz ou o tribunal, depois de ouvido o Ministério Público, deverá, de ofício ou a requerimento da parte interessada, reconhecer a prescrição intercorrente da pretensão sancionadora e decretá-la de imediato, caso, entre os marcos interruptivos referidos no § 4º, transcorra o prazo previsto no § 5º deste artigo. (Incluído pela Lei nº 14.230, de 2021)
Sem correspondência	Art. 23-A. É dever do poder público oferecer contínua capacitação aos agentes públicos e políticos que atuem com prevenção ou repressão de atos de improbidade administrativa. (Incluído pela Lei nº 14.230, de 2021)
Sem correspondência	Art. 23-B. Nas ações e nos acordos regidos por esta Lei, não haverá adiantamento de custas, de preparo, de emolumentos, de honorários periciais e de quaisquer outras despesas. (Incluído pela Lei nº 14.230, de 2021)
Sem correspondência	§ 1º No caso de procedência da ação, as custas e as demais despesas processuais serão pagas ao final. (Incluído pela Lei nº 14.230, de 2021)
Sem correspondência	§ 2º Haverá condenação em honorários sucumbenciais em caso de improcedência da ação de improbidade se comprovada má-fé. (Incluído pela Lei nº 14.230, de 2021)
Sem correspondência	Art. 23-C. Atos que ensejem enriquecimento ilícito, perda patrimonial, desvio, apropriação, malbaratamento ou dilapidação de recursos públicos dos partidos políticos, ou de suas fundações, serão responsabilizados nos termos da Lei nº 9.096, de 19 de setembro de 1995. (Incluído pela Lei nº 14.230, de 2021)
Art. 24. Esta lei entra em vigor na data de sua publicação.	Redação mantida
Art. 25. Ficam revogadas as Leis nºs 3.164, de 1º de junho de 1957, e 3.502, de 21 de dezembro de 1958 e demais disposições em contrário.	Redação mantida

QUESTÕES COMENTADAS

1. (FGV / TJ-PR / 2021) João foi condenado à perda da função pública e ao ressarcimento de quinhentos mil reais ao erário estadual pela prática de ato doloso de improbidade administrativa. Atualmente, o processo encontra-se em fase de cumprimento de sentença e, apesar de João ostentar altíssimo padrão de vida e de haver indícios de que o devedor possui patrimônio expropriável, até agora não houve o ressarcimento ao erário. As medidas ordinárias de praxe para satisfação da obrigação já foram tentadas, sem êxito.

    O Ministério Público, autor da ação, requereu ao Juízo a aplicação de medidas executivas atípicas consistentes na apreensão de passaporte e na suspensão da CNH de João.

    De acordo com a jurisprudência do Superior Tribunal de Justiça, em tese, a pretensão ministerial é:

    A. possível, eis que João foi condenado por ato de improbidade administrativa na modalidade dolosa, razão pela qual o não cumprimento voluntário da obrigação no prazo de quinze dias já dá ensejo, automaticamente, à adoção das medidas atípicas requeridas pelo Ministério Público;

    B. possível, desde que tais medidas sejam adotadas de modo subsidiário, por meio de decisão que contenha fundamentação adequada às especificidades da hipótese concreta, com observância do contraditório substancial e do postulado da proporcionalidade;

    C. possível, desde a data em que o cartório certificar o trânsito em julgado da sentença, pois a partir dessa data está implícito o periculum in mora consistente no risco em concreto de dilapidação do patrimônio do executado, cabendo ao juízo o decreto de ofício de tais medidas;

    D. inviável, pois, em sede de cumprimento de sentença que determinou o pagamento de quantia certa a título de ressarcimento ao erário, não são cabíveis quaisquer medidas atípicas executivas, eis que incompatíveis com o interesse público implícito nas ações desta natureza;

    E. inviável, pois, em sede de cumprimento de sentença que determinou o pagamento de quantia certa a título de ressarcimento ao erário, não são cabíveis quaisquer medidas atípicas executivas, eis que não previstas na Lei de Improbidade Administrativa.

Comentários

A **assertiva B** está correta e é o gabarito da questão.

De acordo com o recente entendimento do Superior Tribunal de Justiça, como regra, são cabíveis medidas executivas atípicas, de cunho não patrimonial, no cumprimento de sentença proferida em ação de improbidade administrativa.

> São cabíveis medidas executivas atípicas de cunho não patrimonial no cumprimento de sentença proferida em ação de improbidade administrativa. STJ. 2a Turma, REsp 1.929.230-MT, Rel. Min. Herman Benjamin, julgado em 04/05/2021 (Info 695).

No julgamento, a Corte Superior entendeu que, diante da ausência de disposições específicas para a execução da sentença de improbidade administrativa, aplicam-se de modo subsidiário as disposições sobre o cumprimento de sentença, previstas nos arts. 513 e seguintes, do Código de Processo Civil.

Lembre-se que, no âmbito do cumprimento de sentença regido pelo CPC, é possível a adoção de meios executivos atípicos, desde que:

- existam indícios de que o devedor possui patrimônio expropriável (bens que podem ser penhorados);
- essas medidas atípicas sejam adotadas de modo subsidiário;
- a decisão judicial que a determinar contenha fundamentação adequada às especificidades da hipótese concreta;
- sejam observados o contraditório substancial e o postulado da proporcionalidade.

(STJ. 3a Turma. REsp 1788950/MT, Rel. Min. Nancy Andrighi, julgado em 23/04/2019)

> Desse modo, o STJ entendeu que, sendo cabível a aplicação de medidas executivas atípicas em ações meramente patrimoniais, com mais razão o uso dos meios atípicos na ação de improbidade administrativa, pois se tutela a moralidade e o patrimônio público.

2. **(Questão inédita) Constitui ato de improbidade administrativa que atenta contra os princípios da administração pública a ação ou omissão dolosa que viole os deveres de honestidade, de imparcialidade e de legalidade, caracterizada por uma das seguintes condutas, <u>exceto</u>:**
   A. Nomear cônjuge, companheiro ou parente em linha reta, colateral ou por afinidade, até o terceiro grau, inclusive, da autoridade nomeante ou de servidor da mesma pessoa jurídica investido em cargo de direção, chefia ou assessoramento, para o exercício de cargo em comissão ou de confiança ou, ainda, de função gratificada na administração pública direta e indireta em qualquer dos Poderes da União, dos Estados, do Distrito Federal e dos Municípios, compreendido o ajuste mediante designações recíprocas.
   B. Negar publicidade aos atos oficiais, exceto em razão de sua imprescindibilidade para a segurança da sociedade e do Estado ou de outras hipóteses instituídas em lei.
   C. Deixar de prestar contas quando esteja obrigado a fazê-lo, desde que disponha das condições para isso, com vistas a ocultar irregularidades.
   D. Retardar ou deixar de praticar, indevidamente, ato de ofício.

   Gabarito: alternativa D.

   Comentários:

   A **alternativa A** está correta, nos termos do que prevê o art. 11, XI, da lei de improbidade administrativa.

   O inciso XI, inserido pela Lei n. 14.230/2021, tipifica o nepotismo como ato de improbidade que atenta contra os princípios. É a primeira lei a nível nacional que prevê expressamente o nepotismo. No entanto, embora tenha o mérito de tipificar expressamente o nepotismo, sua redação é criticada por simplesmente reproduzir a súmula vinculante nº 13, sem realizar qualquer avanço em sua redação.

   A **alternativa B** está correta, sendo pertinente destacar que o dispositivo teve sua redação alterada pela Lei n. 14.230/2021.

Redação original	Redação com a lei 14.230/2021
IV - negar publicidade aos atos oficiais;	IV - negar publicidade aos atos oficiais, **exceto em razão de sua imprescindibilidade para a segurança da sociedade e do Estado ou de outras hipóteses instituídas em lei;**

A **alternativa C** está correta, sendo pertinente destacar que o dispositivo teve sua redação alterada pela Lei n. 14.230/2021.

Redação original	Redação com a lei 14.230/2021
VI - deixar de prestar contas quando esteja obrigado a fazê-lo;	VI - deixar de prestar contas quando esteja obrigado a fazê-lo, **desde que disponha das condições para isso, com vistas a ocultar irregularidades;**

A **alternativa D** está incorreta e é o gabarito da questão.

Atenção: a conduta era considerada ato de improbidade e constava do rol do art. 11 (inciso II) da LIA. Contudo, a Lei n. 14.230/2021 revogou o dispositivo.

Redação original	Redação com a lei 14.230/2021
II - retardar ou deixar de praticar, indevidamente, ato de ofício;	II – (revogado)

3. **(Questão inédita) Constituem sanções previstas no artigo 12 da lei de improbidade administrativa, exceto:**
   A. Em relação aos atos de improbidade que importam em enriquecimento ilícito, é possível a suspensão dos direitos políticos por até 14 anos e aplicação de multa civil em valor equivalente ao do acréscimo patrimonial.
   B. Em relação aos atos de improbidade que causam prejuízo ao erário, é possível a suspensão dos direitos políticos por até 12 anos e aplicação de multa civil equivalente ao valor do dano.
   C. Em relação aos atos de improbidade que atentam contra os princípios da Administração Pública, é possível a perda da função pública, sendo descabida a suspensão dos direitos políticos.
   D. As sanções podem ser aplicadas de forma isolada ou cumulativa, de acordo com a gravidade do fato.

Gabarito: alternativa C.

Comentários:

A **alternativa A** está correta, nos termos do inciso I do art. 12 da lei de improbidade administrativa:

> I - na hipótese do art. 9º desta Lei, perda dos bens ou valores acrescidos ilicitamente ao patrimônio, perda da função pública, **suspensão dos direitos políticos até 14 (catorze) anos**, pagamento de **multa civil equivalente ao valor do acréscimo patrimonial** e proibição de contratar com o poder público ou de receber benefícios ou incentivos fiscais ou creditícios, direta ou indiretamente, ainda que por intermédio de pessoa jurídica da qual seja sócio majoritário, pelo prazo não superior a 14 (catorze) anos; (Redação dada pela Lei nº 14.230, de 2021)

A **alternativa B** está correta, nos termos do inciso II do art. 12 da lei de improbidade administrativa.

> II - na hipótese do art. 10 desta Lei, perda dos bens ou valores acrescidos ilicitamente ao patrimônio, se concorrer esta circunstância, perda da função pública, **suspensão dos direitos políticos até 12 (doze) anos**, pagamento de **multa civil equivalente ao valor do dano** e proibição de contratar com o poder público ou de receber benefícios ou incentivos fiscais ou creditícios, direta ou indiretamente, ainda que por intermédio de pessoa jurídica da qual seja sócio majoritário, pelo prazo não superior a 12 (doze) anos; (Redação dada pela Lei nº 14.230, de 2021)

A **alternativa C** está incorreta vez que o inciso III do art. 12 **não prevê como sanção**, nos casos de atos de improbidade que atentam contra os **princípios da Administração Pública**, a <u>perda da função pública e a suspensão de direitos políticos</u>.

> III - na hipótese do art. 11 desta Lei, pagamento de multa civil de até 24 (vinte e quatro) vezes o valor da remuneração percebida pelo agente e proibição de contratar com o poder público ou de receber benefícios ou incentivos fiscais ou creditícios, direta ou indiretamente, ainda que por intermédio de pessoa jurídica da qual seja sócio majoritário, pelo prazo não superior a 4 (quatro) anos; (Redação dada pela Lei nº 14.230, de 2021)

	Perda dos bens e valores	Perda da função pública	Suspensão dos direitos políticos	Multa civil	Proibição de contratar e receber benefícios
Art. 9º	Sim	Sim	Até 14 anos	Equivalente ao acréscimo patrimonial	Até 14 anos
Art. 10	Sim, se houver	Sim	Até 12 anos	Equivalente ao valor do dano	Até 12 anos
Art. 11	Não	Não	Não	24 vezes o valor da remuneração	Até 4 anos

Em síntese:

A **alternativa D** está correta, conforme dispõe o caput do art. 12.

> Art. 12. Independentemente do ressarcimento integral do dano patrimonial, se efetivo, e das sanções penais comuns e de responsabilidade, civis e administrativas previstas na legislação específica, está o responsável pelo ato de improbidade sujeito às seguintes cominações, que **podem ser aplicadas isolada ou cumulativamente, de acordo com a gravidade do fato** (Redação dada pela Lei nº 14.230, de 2021)

4. **(Questão inédita)** Com base no que dispõe a Lei n. 8.429/92, em relação ao sujeito ativo dos atos de improbidade administrativa é correto afirmar que:

   A. Os agentes políticos, inclusive o Presidente da República, estão sujeitos à responsabilização por improbidade administrativa.
   B. Os agentes políticos não se sujeitam às disposições da Lei n. 8.429/92.
   C. O particular responde por ato de improbidade administrativa, desde que induza ou concorra de forma dolosa para a sua prática.
   D. O particular em colaboração, que atue por delegação, não se sujeita as disposições da Lei n. 8.429/92 porque não é agente público.
   E. O particular responde por ato de improbidade administrativa, desde que induza ou concorra de forma culposa ou dolosa para a sua prática.

Gabarito: alternativa C

Comentários

A **alternativa A** está incorreta, uma vez que a lei de improbidade administrativa é aplicável aos agentes públicos em sentido amplo, incluindo-se os agentes políticos.

> Art. 2º Para os efeitos desta Lei, consideram-se agente público o agente político, o servidor público e todo aquele que exerce, ainda que transitoriamente ou sem remuneração, por eleição, nomeação, designação, contratação ou qualquer outra forma de investidura ou vínculo, mandato, cargo, emprego ou função nas entidades referidas no art. 1º desta Lei.

Vale mencionar que o STF e STJ entendem que os agentes políticos se submetem às disposições da lei de improbidade administrativa, ainda que suas condutas sejam caracterizadas **como crime de responsabilidade, excetuando-se o Presidente da República**.

> **Jurisprudência do STF e do STJ**
>
> **STF: Os agentes políticos, com exceção do Presidente da República, encontram-se sujeitos a duplo regime sancionatório**, de modo que se submetem tanto à responsabilização civil pelos atos de improbidade administrativa quanto à responsabilização político-administrativa por crimes de responsabilidade (Pet 3240, AgR/DF, julgamento em 10.5.2018, Informativo 901).
>
> STJ: A Corte Especial do STJ, no julgamento da Rcl 2.790/SC, pacificou o entendimento de que **os agentes políticos podem ser processados por seus atos pela Lei de Improbidade Administrativa (8.429/92), ressalvado apenas o Presidente da República** (AgRg no AREsp 46.546/MA).
>
> STJ: Os agentes políticos municipais se submetem aos ditames da Lei de Improbidade Administrativa - LIA, sem prejuízo da responsabilização política e criminal estabelecida no Decreto-Lei n. 201/1967 (REsp 1.135.767-SP, Informativo 436).

> No entanto, conforme verificamos no art. 2º, a lei estabelece que os agentes políticos estão sujeitos às sanções previstas na lei de improbidade, sem realizar qualquer distinção ou estabelecer exceções. Desta forma, deve-se ter muito cuidado com a cobrança da **letra de lei**, pois, quando cobrada em sua literalidade, **abarca os agentes políticos sem distinção**.

De outro lado, caso cobrado o entendimento jurisprudencial, deve-se considerar ainda válidos os entendimentos supramencionados.

A **alternativa B** está incorreta. Ver comentário na alternativa A.

A **alternativa C** está correta.

O art. 1º ainda trouxe algumas das principais alterações promovidas pela Lei n. 14.230/2021, dentre elas, a impossibilidade de responsabilização, com base na referida lei, por ato culposo. Apenas os atos dolosos, portanto, são capazes de ensejar a responsabilização por improbidade administrativa.

> **Somente se configura ato de improbidade administrativa a conduta dolosa.** A conduta culposa jamais autoriza a responsabilidade por improbidade administrativa.

A **alternativa D** está incorreta.

A qualificação de uma pessoa como agente público **independe do pagamento de remuneração** e pode ocorrer ainda que o vínculo com a Administração seja **transitório**.

> Logo, por exemplo, um estagiário na Administração Pública ou um agente em colaboração que atue por delegação, ainda que sem remuneração, estão sujeitos às disposições da lei de improbidade na qualidade de agentes públicos.

A **alternativa E** está incorreta.

> Art. 1º (...) § 2º Considera-se dolo a vontade livre e consciente de alcançar o resultado ilícito tipificado nos arts. 9º, 10 e 11 desta Lei, não bastando a voluntariedade do agente.
> Neste sentido, exige-se, a partir de agora, que esteja presente o **dolo específico** para configuração da improbidade, importando em **superação da jurisprudência do STJ**, que se contentava com o dolo genérico[116].

5. (Questão inédita) Com relação ao procedimento judicial da ação civil pública por improbidade administrativa, é <u>incorreto afirmar que:</u>
    A. Deve seguir o rito ordinário do Código de Processo Civil, com as modificações estabelecidas pela Lei n. 8.429/92.
    B. São legitimados à propositura da ação o Ministério Público e a Fazenda Pública.
    C. Não haverá remessa necessária nas ações de improbidade administrativa.
    D. Não se aplica a presunção de veracidade dos fatos alegados pelo autor em caso de revelia.
    E. Não é possível o ajuizamento de mais de uma ação de improbidade administrativa pelo mesmo fato.

Gabarito: alternativa B

---

[116] AREsp 1121329/RJ, Rel. Ministro SÉRGIO KUKINA, PRIMEIRA TURMA, julgado em 19/06/2018, DJe 26/06/2018

Comentários:

Alternativa A – a alternativa está correta

A ação civil pública de improbidade administrativa (ACPIA) deve seguir o rito ordinário do CPC, com as modificações estabelecidas pela Lei n. 8.429/92.

Alternativa B – a alternativa está incorreta e é o gabarito da questão.

Apenas o Ministério Público é legitimado a propor ação civil pública, nos termos do art. 17, caput, da lei em comento.

> Art. 17. A ação para a aplicação das sanções de que trata esta Lei **será proposta pelo Ministério Público** e seguirá o procedimento comum previsto na Lei nº 13.105, de 16 de março de 2015 (Código de Processo Civil), salvo o disposto nesta Lei. (Redação dada pela Lei nº 14.230, de 2021)

Alternativa C – a alternativa está correta

> Art. 17-C § 3º Não haverá remessa necessária nas sentenças de que trata esta Lei. (Incluído pela Lei nº 14.230, de 2021)

Alternativa D – a alternativa está correta

> Art. 17 § 19. Não se aplicam na ação de improbidade administrativa: (Incluído pela Lei nº 14.230, de 2021)
> I - a presunção de veracidade dos fatos alegados pelo autor em caso de revelia; (Incluído pela Lei nº 14.230, de 2021)

Alternativa E – a alternativa está correta

> Art. 17 § 19. Não se aplicam na ação de improbidade administrativa: (Incluído pela Lei nº 14.230, de 2021) (...)
> III - o ajuizamento de mais de uma ação de improbidade administrativa pelo mesmo fato, competindo ao Conselho Nacional do Ministério Público dirimir conflitos de atribuições entre membros de Ministérios Públicos distintos; (Incluído pela Lei nº 14.230, de 2021)

6. **(Questão inédita)** A indisponibilidade de bens, prevista no art. 16 da Lei n. 8.429/92, visa a garantir a integral recomposição do erário ou do acréscimo patrimonial resultante de enriquecimento ilícito. Sobre a medida, é correto afirmar que:

   A. Independe da demonstração de periculum in mora e do fumus boni iuris, vez que possui natureza de tutela de evidência.
   B. Não admite o contraditório diferido, de modo que será sempre precedida de oitiva do réu, que gozará do prazo de 05 (cinco) dias para se manifestar.
   C. Pode ser utilizada para assegurar o pagamento da multa.
   D. O pedido de indisponibilidade somente poderá ser formulado em caráter incidental.
   E. Admite-se a substituição por caução idônea, fiança-bancária ou por seguro garantia judicial.

Gabarito: Alternativa E

Comentários

A alternativa A está incorreta.

> A Lei n. 8.429/92 prevê medidas cautelares com o objetivo de assegurar o resultado prático de uma eventual sentença condenatória. As medidas cautelares da LIA **seguem a regra geral das tutelas de urgência do ordenamento jurídico, ou seja, exigem a demonstração do *periculum in mora* e do *fumus boni iuris*.**

O regime das medidas cautelares foi objeto de regulamentação mais abrangente com a Lei n. 14.230/2021, tratando do tema no art. 16 e **superando a jurisprudência do STJ** em diversos pontos.

A alternativa B está incorreta

> De acordo com a lei, somente será concedida após a oitiva do réu, no prazo de 05 (cinco) dias, **salvo quando** o contraditório prévio puder comprovadamente frustrar a efetividade da medida ou houver outras circunstâncias que recomendem a proteção liminar, não podendo a urgência ser presumida. Neste caso, o contraditório será diferido.

A alternativa C está incorreta

> Art. 16 (...) § 10. A indisponibilidade recairá sobre bens que assegurem exclusivamente o integral ressarcimento do dano ao erário, **sem incidir sobre os valores a serem eventualmente aplicados a título de multa civil ou sobre acréscimo patrimonial decorrente de atividade lícita.**

Inclusive, trata-se de superação legislativa da jurisprudência do STJ diz respeito à possibilidade de garantia, por meio de indisponibilidade de bens, do valor de eventual multa a ser aplicada.

A Corte Superior entendia que a indisponibilidade poderia recair sobre bens suficientes para garantir o ressarcimento ao erário, a perda dos valores acrescidos ilicitamente ao patrimônio e o valor de eventual multa a ser aplicada:

A indisponibilidade de bens deve recair sobre o patrimônio do réu de modo suficiente a garantir o integral ressarcimento de eventual prejuízo ao erário, levando-se em consideração, ainda, o valor de possível multa civil como sanção autônoma (STJ. AgRg no REsp 1311013 / RO).

A alternativa D está incorreta

> Art. 16. Na ação por improbidade administrativa **poderá ser formulado, em caráter antecedente ou incidente**, pedido de indisponibilidade de bens dos réus, a fim de garantir a integral recomposição do erário ou do acréscimo patrimonial resultante de enriquecimento ilícito. (Redação dada pela Lei nº 14.230, de 2021)

A alternativa E está correta. É permitida a sua substituição por caução idônea, por fiança bancária ou por seguro-garantia judicial, a requerimento do réu, bem como a sua readequação durante a instrução do processo (art. 16, §6º).

A lei cria um verdadeiro direito subjetivo para o réu em substituir a indisponibilidade de seus bens pelas formas de garantia admitidas na lei.

7. **(Questão inédita) Sobre a prescrição, no âmbito da improbidade administrativa, julgue os itens a seguir:**
   I. A ação para a aplicação das sanções previstas na Lei de Improbidade Administrativa prescreve em 8 (oito) anos, contados, no caso de infrações permanentes, do dia em que cessou a permanência.
   II. Será interrompida pelo ajuizamento da ação de improbidade administrativa.
   III. Será interrompida pela publicação da sentença condenatória.
   IV. Será suspensa com a instauração de inquérito civil ou processo administrativo, pelo prazo máximo de 365 dias.
   V. Não se admite a prescrição intercorrente em ação de improbidade administrativa.

   Estão corretos:
   A. Os itens I, II, IV e V.
   B. Os itens I, II, III e IV.
   C. Todos os itens estão corretos.
   D. Os itens I, II e III.
   E. Os itens I, III, IV e V.

Gabarito: Alternativa D
Comentários:

Item I – correto. Conforme prevê o art. 23 da Lei n. 8.429/2021:

> A ação para a aplicação das sanções previstas nesta Lei prescreve em 8 (oito) anos, contados a partir da ocorrência do fato ou, no caso de infrações permanentes, do dia em que cessou a permanência. (Redação dada pela Lei nº 14.230, de 2021)

Item II – correto

> Art. 23, § 4º, **O prazo da prescrição referido no** caput deste artigo interrompe-se: (Incluído pela Lei nº 14.230, de 2021)
> I - pelo ajuizamento da ação de improbidade administrativa; (Incluído pela Lei nº 14.230, de 2021)

Item III – correto

> **Art. 23, § 4º,** O prazo da prescrição referido no **caput** deste artigo interrompe-se: (Incluído pela Lei nº 14.230, de 2021)
> II - pela publicação da sentença condenatória; (Incluído pela Lei nº 14.230, de 2021)

Item IV – incorreto

> Art. 23, § 1º **A instauração de inquérito civil** ou de processo administrativo para apuração dos ilícitos referidos nesta Lei suspende o curso do prazo prescricional por, no máximo, **180 (cento e oitenta) dias corridos**, recomeçando a correr após a sua conclusão ou, caso não concluído o processo, esgotado o prazo de suspensão. (Incluído pela Lei nº 14.230, de 2021)

No entanto, **o inquérito civil poderá ter duração de 365 dias**, prorrogável uma vez por igual período. Encerrado o prazo, o Ministério Público terá 30 dias para propor a ação respectiva.

Mesmo o prazo do inquérito podendo chegar a 2 (dois) anos, a suspensão do prazo prescricional somente terá a duração de 180 dias, voltando a fluir com o fim deste prazo ou com o encerramento do inquérito, o que ocorrer primeiro.

Item V – incorreto

> Art. 23, § 8º - O juiz ou o tribunal, depois de ouvido o Ministério Público, deverá, **de ofício ou a requerimento** da parte interessada, **reconhecer a prescrição intercorrente** da pretensão sancionadora e decretá-la de imediato, caso, entre os marcos interruptivos referidos no § 4º, transcorra o prazo previsto no § 5º deste artigo.

Importa destacar que o STJ **não admitia a prescrição intercorrente** na ação de improbidade administrativa justamente por ausência de previsão legal. A partir da lei 14.230/2021, há previsão expressa da prescrição intercorrente nas referidas ações, que deve ser reconhecida, inclusive, de ofício pelo juiz.

8. **(Questão inédita)** À luz da Lei n.º 8.429/1992, assinale a opção correta, a respeito de improbidade administrativa.

   A. O ato de improbidade administrativa prevista no art. 10 da lei 8.429/92 se configura por conduta comissiva ou omissiva, dolosa ou culposa, notadamente nos casos previstos no dispositivo.

   B. A representação para instauração de investigação destinada a apurar a prática de ato de improbidade pode ser apresentada por qualquer cidadão, desde que se comprove estar em gozo dos direitos políticos.

   C. Os atos de improbidade praticados por qualquer agente público, seja ele servidor público efetivo ou não, sujeitam-se à referida lei.

   D. São legitimados ativos à propositura da ação de improbidade administrativa o Ministério Público e a pessoa jurídica interessada.

   Gabarito: alternativa C.

   Comentários:

   A **alternativa A** está incorreta. Com o advento da Lei n. 14.230/2021 a prática de atos de improbidade na modalidade culposa foi afastada, de modo que para se configurar ato de improbidade que cause lesão ao erário, a ação ou omissão deve ser dolosa.

   > Art. 10. Constitui ato de improbidade administrativa que causa lesão ao erário **qualquer ação ou omissão dolosa**, que enseje, efetiva e comprovadamente, perda patrimonial, desvio, apropriação, malbaratamento ou dilapidação dos bens ou haveres das entidades referidas no art. 1º desta Lei, e notadamente: (Redação dada pela Lei nº 14.230, de 2021)

   A **alternativa B** está incorreta. Não há necessidade de estar no gozo dos direitos políticos para realizar a representação. Não há necessidade, inclusive, de ser cidadão. Qualquer pessoa pode representar à autoridade administrativa:

   > Art. 14. Qualquer pessoa poderá representar à autoridade administrativa competente para que seja instaurada investigação destinada a apurar a prática de ato de improbidade.

   A **alternativa C** está correta e é o gabarito da questão. É o que dispõe o art. 2º da lei 8.429/92:

   > Art. 2º Para os efeitos desta Lei, consideram-se agente público o agente político, o servidor público **e todo aquele que exerce, ainda que transitoriamente ou sem remuneração,** por eleição, nomeação, designação, contratação ou qualquer outra forma de investidura ou vínculo, mandato, cargo, emprego ou função nas entidades referidas no art. 1º desta Lei. (Redação dada pela Lei nº 14.230, de 2021)

   A **alternativa D** está incorreta. Com as alterações trazidas pela Lei n. 14.230/2021, o Ministério Público passa a ser o único legitimado para a propositura da ação de improbidade

> A Lei n. 14.230/2021 retirou a legitimidade ativa da Entidade interessada para propositura da ação de improbidade, cabendo, a partir de então, exclusivamente ao Ministério Público propor a referida ação (art. 17)

9. **(Questão inédita) Servidor público estadual que, no exercício da função pública, concorrer para que terceiro enriqueça ilicitamente estará sujeito a responder por ato de improbidade administrativa que**
   A. atenta contra os princípios da administração pública, se sua conduta for dolosa.
   B. atenta contra os princípios da administração pública, ainda que sua conduta seja culposa.
   C. importa enriquecimento ilícito, se sua conduta for dolosa.
   D. importa enriquecimento ilícito, ainda que sua conduta seja culposa.
   E. causa prejuízo ao erário, se sua conduta for dolosa.

   Gabarito: alternativa E

   Comentários

   A **alternativa A** está incorreta. Ver explicação da alternativa E.

   A **alternativa B** está incorreta. Ver explicação da alternativa E. Além disso, a lei de improbidade administrativa pune apenas as condutas praticadas de forma dolosa.

   A **alternativa C** está incorreta. Ver explicação da alternativa E.

   A **alternativa D** está incorreta. Ver explicação da alternativa E. Além disso, a lei de improbidade administrativa pune apenas as condutas praticadas de forma dolosa.

   A **alternativa E** está correta e é o gabarito da questão. Trata-se de ato de improbidade administrativa que causa prejuízo ao erário (art. 10) e pode ocorrer somente na modalidade dolosa, conforme *caput* do dispositivo.

   > Art. 10. Constitui ato de improbidade administrativa que causa **lesão ao erário** qualquer ação ou omissão **dolosa**, que enseje, efetiva e comprovadamente, perda patrimonial, desvio, apropriação, malbaratamento ou dilapidação dos bens ou haveres das entidades referidas no art. 1º desta Lei, e notadamente: (Redação dada pela Lei nº 14.230, de 2021)
   > XII - permitir, facilitar ou concorrer para que terceiro se enriqueça ilicitamente;

   Convém destacar que:

   > **Somente se configura ato de improbidade administrativa a conduta dolosa**. A conduta culposa jamais autoriza a responsabilidade por improbidade administrativa.

10. (Questão inédita) Acerca da improbidade administrativa, considere a seguinte situação e julgue o item:

Um agente público foi condenado por ato de improbidade administrativa. Na sentença, determinou-se que o elemento subjetivo do réu, no caso, havia sido culpa leve. Não houve condenação à perda da função pública nem à suspensão dos direitos políticos.

No caso, a sentença foi proferida de forma correta, uma vez que não se condena à perda da função pública nem à suspensão dos direitos políticos quando há culpa leve.

Gabarito: INCORRETA.

Comentários:

Primeiramente, em relação ao elemento subjetivo do réu, importa mencionar que as condutas culposas deixaram de ser punidas pela lei de improbidade administrativa, exigindo-se, a partir das alterações promovidas pela Lei n. 14.230/2021, a presença de elemento subjetivo específico (dolo específico), no que diz respeito aos atos de improbidade.

Não significa dizer que as condutas culposas deixaram de ser punidas, mas tão somente que não serão punidas pela lei de improbidade.

11. (Questão inédita) Acerca da improbidade administrativa, julgue o seguinte item:

Eventual decretação de indisponibilidade de bens poderá recair sobre os bens adquiridos pelo referido agente antes da prática do ato ímprobo, devendo-se considerar, ainda, o valor de possível multa civil como sanção autônoma.

Gabarito: INCORRETA.

Comentários:

No que diz respeito à indisponibilidade de bens, vale destacar que houve superação da jurisprudência do STJ, uma vez que a lei passou a vedar que esta recaia sobre a multa civil.

> Art. 16 (...) §10. A indisponibilidade recairá sobre bens que assegurem exclusivamente o integral ressarcimento do dano ao erário, **sem incidir sobre os valores a serem eventualmente aplicados a título de multa civil ou sobre acréscimo patrimonial decorrente de atividade lícita.**

A Corte Superior entendia que a indisponibilidade poderia recair sobre bens suficientes para garantir o ressarcimento ao erário, a perda dos valores acrescidos ilicitamente ao patrimônio e o valor de eventual multa a ser aplicada:

> A indisponibilidade de bens deve recair sobre o patrimônio do réu de modo suficiente a garantir o integral ressarcimento de eventual prejuízo ao erário, levando-se em consideração, ainda, o valor de possível multa civil como sanção autônoma (STJ. AgRg no REsp 1311013 / RO).

12. **(Questão inédita) Considerando as disposições da Lei de Improbidade Administrativa (Lei n.º 8.429/1992) e o processo administrativo disciplinar, julgue o item seguinte.**

    Servidor público que receber quantia em dinheiro para deixar de tomar providência a que seria obrigado em razão do cargo que ocupa estará sujeito, entre outras sanções, à suspensão dos seus direitos políticos por um período de oito anos a dez anos.

    Gabarito: incorreta.

    Comentários:

    Com a edição da Lei n. 14.230/2021, a alternativa passa a ser considerada **incorreta**. A conduta descrita na questão se configura ato de improbidade administrativa que importa em enriquecimento ilícito:

    > Art. 9º Constitui ato de improbidade administrativa importando em enriquecimento ilícito auferir, mediante a prática de ato doloso, qualquer tipo de vantagem patrimonial indevida em razão do exercício de cargo, de mandato, de função, de emprego ou de atividade nas entidades referidas no art. 1º desta Lei, e notadamente: (Redação dada pela Lei nº 14.230, de 2021)
    >
    > X - receber vantagem econômica de qualquer natureza, direta ou indiretamente, para omitir ato de ofício, providência ou declaração a que esteja obrigado;

    No entanto, dentre as sanções aplicáveis ao caso, o prazo da sanção de suspensão dos direitos políticos foi ampliado e não se prevê mais um prazo mínimo:

    > Art. 12, I - na hipótese do art. 9º desta Lei, perda dos bens ou valores acrescidos ilicitamente ao patrimônio, perda da função pública, **suspensão dos direitos políticos até 14 (catorze) anos**, pagamento de multa civil equivalente ao valor do acréscimo patrimonial e proibição de contratar com o poder público ou de receber benefícios ou incentivos fiscais ou creditícios, direta ou indiretamente, ainda que por intermédio de pessoa jurídica da qual seja sócio majoritário, pelo prazo não superior a 14 (catorze) anos; (Redação dada pela Lei nº 14.230, de 2021)

13. **(Questão inédita) Assinale a alternativa correta.**
    A. A aplicação da sanção de perda da função pública independe do trânsito em julgado da sentença condenatória.
    B. A aplicação das sanções previstas na Lei de Improbidade Administrava só pode ocorrer após o pronunciamento do Tribunal de Contas sobre o ato impugnado.
    C. A sanção de suspensão dos direitos políticos pode ser executada provisoriamente.
    D. A aplicação das sanções aos atos de improbidade administrativa independe da efetiva ocorrência de dano ao patrimônio público, salvo quanto à pena de ressarcimento e às condutas que causam prejuízo ao erário.
    E. O afastamento do agente público do exercício do cargo, emprego ou função, quando a medida se fizer necessária à instrução processual, impõe a suspensão da respectiva remuneração.

Gabarito: alternativa D

Comentários

A **alternativa A está incorreta.** Conforme dispõe os arts. 12, §9º e 20 da lei 8.429/92:

> Art. 12 (...) § 9º As sanções previstas neste artigo somente poderão ser executadas após o trânsito em julgado da sentença condenatória.
>
> Art. 20. A perda da função pública e a suspensão dos direitos políticos só se efetivam com o trânsito em julgado da sentença condenatória.

A **alternativa B está incorreta.** O art. 21 estabelece que a aplicação das sanções por improbidade administrativa independe de prévia manifestação do Tribunal de Contas:

> Art. 21. A aplicação das sanções previstas nesta lei **independe**: (...)
> **II - da aprovação ou rejeição das contas pelo órgão de controle interno ou pelo Tribunal ou Conselho de Contas.**

A **alternativa C está incorreta.** A suspensão dos direitos políticos só pode ser aplicada após o trânsito em julgado da sentença condenatória, conforme art. 20, LIA. Ver comentário na alternativa A.

A **alternativa D está correta.** O art. 21 estabelece que a aplicação das sanções por improbidade administrativa independe de dano ao patrimônio público:

> Art. 21. A aplicação das sanções previstas nesta lei independe:
> **I -** da efetiva ocorrência de dano ao patrimônio público, salvo quanto à pena de ressarcimento e às condutas previstas no art. 10 desta Lei; (Redação dada pela Lei nº 14.230, de 2021)

A **alternativa E está incorreta**. A medida cautelar de afastamento ocorre sem prejuízo da remuneração do agente público:

> Art. 20 (...) § 1º A autoridade judicial competente poderá determinar o afastamento do agente público do exercício do cargo, do emprego ou da função, sem prejuízo da remuneração, quando a medida for necessária à instrução processual ou para evitar a iminente prática de novos ilícitos. (Incluído pela Lei nº 14.230, de 2021)

14. **(Questão inédita) Suponha que o Prefeito de um Município da Federação dispensou indevidamente a realização de procedimento licitatório, com dolo genérico, não tendo sido comprovada a efetiva perda patrimonial. Neste caso, a conduta do Prefeito**
    A. seria considerada ato de improbidade administrativa que causa prejuízo ao erário, porque este é presumido em tal hipótese.
    B. não seria considerada ato de improbidade administrativa, pois é necessário comprovar prejuízo efetivo ao erário para a caracterização de um ato de improbidade.
    C. seria considerada ato de improbidade administrativa que atenta contra princípios da Administração Pública, pela não comprovação do dano.
    D. não seria considerada ato de improbidade administrativa, pois o rol de hipóteses de dispensa de licitação da Lei Federal n.º 14.133/2021 não é taxativo.
    E. seria considerada ato de improbidade administrativa decorrente de concessão ou aplicação indevida de recurso público, face à não comprovação do prejuízo.

Gabarito: alternativa B

Comentários

A **alternativa A** está incorreta.

Nos termos do que dispõe o art. 10, *caput*, da Lei n. 8.429/92:

> Art. 10. Constitui ato de improbidade administrativa que causa lesão ao erário qualquer ação ou omissão **dolosa**, que enseje, **efetiva e comprovadamente**, perda patrimonial, desvio, apropriação, malbaratamento ou dilapidação dos bens ou haveres das entidades referidas no art. 1º desta Lei, e notadamente:

Detalhe de grande importância é a exigência de que o ato tenha causado, "efetiva e comprovadamente" dano ao erário.

Portanto, a partir da nova redação, **não é mais possível a responsabilização por improbidade administrativa com base em "dano presumido"**, como era admitido anteriormente pelo STJ, na hipótese de frustração da licitude de processo licitatório ou de processo seletivo de parcerias ou dispensá-los indevidamente, em que reconhecia um dano *in re ipsa*[117].

Esse entendimento foi reforçado pela alteração da redação do inciso VIII, do art. 10, que passa a exigir expressamente "**perda patrimonial efetiva**" para configuração da improbidade.

Redação original	Redação com a lei 14.230/2021
Art. 10. Constitui ato de improbidade administrativa que causa lesão ao erário qualquer ação ou omissão, **dolosa ou culposa**, que enseje perda patrimonial, desvio, apropriação, malbaratamento ou dilapidação dos bens ou haveres das entidades referidas no art. 1º desta lei, **e notadamente:**	Art. 10. Constitui ato de improbidade administrativa que causa lesão ao erário qualquer ação ou omissão **dolosa**, que enseje, **efetiva e comprovadamente**, perda patrimonial, desvio, apropriação, malbaratamento ou dilapidação dos bens ou haveres das entidades referidas no art. 1º desta Lei, **e notadamente:**

Redação original	Redação com a lei 14.230/2021
VIII - frustrar a licitude de processo licitatório ou de processo seletivo para celebração de parcerias com entidades sem fins lucrativos, ou dispensá-los indevidamente;	VIII - frustrar a licitude de processo licitatório ou de processo seletivo para celebração de parcerias com entidades sem fins lucrativos, ou dispensá-los indevidamente, **acarretando perda patrimonial efetiva;**

A referida conduta, disposta no enunciado, quando não há efetiva perda patrimonial, será sancionada com base no art. 11, isto é, consiste em ato de improbidade que atenta contra os princípios da administração pública:

Redação original	Redação com a lei 14.230/2021
V - frustrar a licitude de concurso público;	V - frustrar, em **ofensa à imparcialidade**, o **caráter concorrencial** de concurso público, de **chamamento ou de procedimento licitatório**, com vistas à obtenção de benefício próprio, direto ou indireto, ou de terceiros;

A **alternativa B** está correta e é o gabarito da questão. Ver explicação da alternativa A.

A **alternativa C** está incorreta. Além da explicação já apresentada, acrescente-se que para todas as modalidades de improbidade previstas na Lei n. 8.429/92 exige-se o elemento subjetivo do dolo específico.

A **alternativa D** está incorreta. O rol de dispensa de licitação da lei 14.133/2021 é taxativo, não existindo hipótese de dispensa não prevista em lei.

A **alternativa E** está incorreta. Ver explicação da alternativa A.

---

117 AREsp 1507319/PB, Rel. Ministro FRANCISCO FALCÃO, SEGUNDA TURMA, julgado em 05/03/2020, DJe 10/03/2020

15. **(Questão inédita)** Dispõe o art. 16, da Lei nº 8.429/1992, que a decretação de indisponibilidade de bens objetiva garantir a integral recomposição do erário ou do acréscimo patrimonial resultante de enriquecimento ilícito e, portanto:

I. A indisponibilidade de bens de terceiro dependerá da demonstração da sua efetiva concorrência para os atos ilícitos apurados e, quando se tratar de pessoa jurídica, independe da instauração de incidente de desconsideração da personalidade jurídica, a ser processado na forma da lei processual.

II. A lei estabelece uma ordem de preferência dos bens a serem tornados indisponíveis – veículos de via terrestre, bens imóveis, bens móveis em geral, semoventes, navios e aeronaves, ações e quotas de sociedades simples e empresárias, pedras e metais preciosos – e, apenas na inexistência desses, deve ser determinada a indisponibilidade das contas bancárias.

III. Para fins de decretação da indisponibilidade de bens, a demonstração do *fumus boni juris* consiste em meros indícios de prática de atos ímprobos.

IV. Por se tratar de uma tutela de evidência, tem por finalidade conservar bens no patrimônio do devedor, evitando que sejam subtraídos ou alienados, sem apreensão física ou desapossamento do bem, sendo desnecessária a comprovação do *periculum in mora*, o qual está implícito no comando normativo do art. 7º da Lei nº 8.429/1992.

É CORRETO afirmar que:

A. apenas as assertivas I e II estão corretas.
B. apenas as assertivas III e IV estão corretas.
C. apenas as assertivas I e IV estão corretas.
D. apenas as assertivas I, II e IV estão corretas.

Gabarito: alternativa A.

Comentários:

O item I está correto:

> Art. 16, § 7º A indisponibilidade de bens de terceiro dependerá da demonstração da sua efetiva concorrência para os atos ilícitos apurados ou, quando se tratar de pessoa jurídica, da instauração de incidente de desconsideração da personalidade jurídica, a ser processado na forma da lei processual. (Incluído pela Lei nº 14.230, de 2021)

O item II está correto:

> Art. 16 § 11. A ordem de indisponibilidade de bens deverá priorizar veículos de via terrestre, bens imóveis, bens móveis em geral, semoventes, navios e aeronaves, ações e quotas de sociedades simples e empresárias, pedras e metais preciosos **e, apenas na inexistência desses, o bloqueio de contas bancárias,** de forma a garantir a subsistência do acusado e a manutenção da atividade empresária ao longo do processo. (Incluído pela Lei nº 14.230, de 2021)

Os **itens III e IV estão incorretos**, trata-se de superação da jurisprudência. O STJ possuía entendimento pacífico no sentido de que a decretação de indisponibilidade dos bens não dependia da demonstração do *periculum in mora*. Para a Corte, o risco de dano irreparável ou ao resultado útil do processo **era presumido**[118]. Por este motivo, entendia que a medida, em verdade, **possuía natureza de tutela de evidência**, haja vista a dispensa da demonstração concreta do *periculum in mora*[119].

16. **(Questão inédita) Julgue o item a seguir:**

    Configura-se improbidade a nomeação ou indicação política por parte dos detentores de mandatos eletivos, independentemente da aferição de dolo com finalidade ilícita por parte do agente.

    Gabarito: Errada.

Nos termos do § 5º do art. 11 não se configurará improbidade a mera nomeação ou indicação política por parte dos detentores de mandatos eletivos, sendo necessária a aferição de dolo com finalidade ilícita por parte do agente.

Portanto, para configuração da improbidade por nepotismo, é imprescindível o dolo específico. Não havendo dolo específico, o ato não configurará improbidade, mas, ainda assim, será um ato nulo por violação da moralidade e da impessoalidade.

---

[118] REsp 1.366.721-BA. Informativo 547

[119] REsp 1899698/PR, Rel. Ministra ASSUSETE MAGALHÃES, SEGUNDA TURMA, julgado em 02/03/2021, DJe 16/04/2021

17. (Questão inédita) Com base na Lei n. 8.429/92, é correto afirmar:

A. Não cabe acordo de não persecução civil na ação civil pública por improbidade administrativa.

B. Cabe acordo de não persecução civil na ação civil pública por improbidade administrativa, mediante prévia oitiva do ente lesado, não dependendo de homologação judicial.

C. Cabe acordo de não persecução civil na ação civil pública por improbidade administrativa, mediante prévia oitiva do ente lesado, desde que celebrado antes da propositura da ação.

D. Cabe acordo de não persecução civil na ação civil pública por improbidade administrativa, mediante prévia oitiva do ente lesado, dependendo de homologação judicial, ainda que o acordo ocorra antes do ajuizamento da ação de improbidade administrativa.

Gabarito: letra D.

Comentários

Originalmente, a Lei n. 8.429/92 vedava de forma peremptória a transação, o acordo ou a conciliação na ACPIA. No entanto, essa regra foi recentemente alterada para permitir o acordo de não persecução cível, alteração confirmada pela lei 14.230/2021:

> Art. 17-B. O Ministério Público poderá, conforme as circunstâncias do caso concreto, celebrar acordo de não persecução civil, desde que dele advenham, ao menos, os seguintes resultados: (Incluído pela Lei nº 14.230, de 2021)

Ademais, dependerá, cumulativamente:

a. da oitiva do ente federativo lesado, em momento **anterior ou posterior à propositura da ação**;

b. de aprovação, no prazo de até 60 (sessenta) dias, pelo órgão do Ministério Público competente para apreciar as promoções de arquivamento de inquéritos civis, se anterior ao ajuizamento da ação;

c. de **homologação judicial**, independentemente de o acordo ocorrer antes ou depois do ajuizamento da ação de improbidade administrativa.

Portanto, o acordo de não persecução cível sempre dependerá de homologação judicial, ainda que celebrado antes da propositura da ação.

Além disso, poderá celebrar o acordo inclusive em fase de execução.

18. **(Questão inédita) Julgue o item a seguir:**
A lei de improbidade administrativa admite a celebração de acordo de não persecução civil, que pode ser firmado antes ou depois do ajuizamento da ação de improbidade. Admite-se a proposição do ajuste até a fase recursal, sendo impossível a sua celebração na fase de execução de sentença.
Gabarito: assertiva errada.

Quanto à fase do processo para a celebração do acordo de não persecução, prevalecia o entendimento do STJ de que era possível acordo de não persecução cível no âmbito da ação de improbidade administrativa em fase recursal[120].

No entanto, a Lei n. 14.230/2021 inseriu disposição na LIA prevendo que o ajuste pode ser celebrado, **inclusive, na fase da execução da sentença condenatória:**

> Art. 17-B (...) § 4º O acordo a que se refere o caput deste artigo poderá ser celebrado no curso da investigação de apuração do ilícito, no curso da ação de improbidade ou no momento da execução da sentença condenatória.

19. **(Questão inédita) A respeito da Lei nº 8.429/1992, analise as assertivas abaixo:**

I. Pessoas jurídicas de direito privado não podem ser responsabilizadas por atos de improbidade administrativa, pois, ainda que recebam recursos públicos, o bem jurídico afetado com a suposta lesão é o da entidade ou órgão público eventualmente responsável pelo repasse do recurso e não do particular, mero executor da atividade pública, na qualidade de *longa manus*.

II. Constitui ato de improbidade administrativa o mero fato de o servidor público aceitar emprego, comissão ou exercer atividade de consultoria ou assessoramento para pessoa física ou jurídica que tenha interesse suscetível de ser atingido ou amparado por ação ou omissão decorrente das suas atribuições, durante a atividade.

III. A perda da função pública e a suspensão dos direitos políticos só se efetivam com a confirmação da decisão em remessa necessária.

IV. Com o objetivo de apurar qualquer possível ilícito previsto na Lei de Improbidade Administrativa, o Ministério Público, de ofício, a requerimento de autoridade administrativa ou mediante representação formulada por qualquer pessoa poderá requisitar a

---

[120] AREsp 1.314.581/SP, Rel. Min. Benedito Gonçalves, Primeira Turma, por unanimidade, julgado em 23/02/2021 (Informativo 686, STJ)

instauração de procedimento administrativo, mas não de inquérito policial, pois o possível ato de improbidade administrativa não se confunde com ilícito de natureza penal.

Assinale a alternativa CORRETA:

A. Apenas as assertivas II e IV estão corretas.
B. Apenas as assertivas II e III estão corretas.
C. Todas as assertivas estão corretas
D. Todas as assertivas estão incorretas

Gabarito: alternativa D.

Comentários:

O item I está errado.

Nos termos da Lei n. 8.429/92, estão sujeitos ao processo e à sanção por improbidade administrativa:

A. Agentes públicos;
B. Particular, pessoa física ou jurídica, que celebra com a administração pública convênio, contrato de repasse, contrato de gestão, termo de parceria, termo de cooperação ou ajuste administrativo equivalente, no que se refere a recursos de origem pública;
C. Terceiros que induziram ou concorreram para a prática do ato.

O item II está errado. O mero aceite, por parte do servidor, não configura a improbidade administrativa, exigindo-se o elemento subjetivo específico – dolo.

> Art. 9º Constitui ato de improbidade administrativa importando em enriquecimento ilícito auferir, mediante a prática de ato doloso, qualquer tipo de vantagem patrimonial indevida em razão do exercício de cargo, de mandato, de função, de emprego ou de atividade nas entidades referidas no art. 1º desta Lei, e notadamente:
>
> (...)
>
> VIII - aceitar emprego, comissão ou exercer atividade de consultoria ou assessoramento para pessoa física ou jurídica que tenha interesse suscetível de ser atingido ou amparado por ação ou omissão decorrente das atribuições do agente público, durante a atividade;

O item III está errado sob dois aspectos.

O primeiro porque a perda da função pública, assim como a suspensão dos direitos políticos só se efetivam com o trânsito em julgado da sentença condenatória (art. 20, *caput*). O segundo porque a lei de improbidade administrativa veda a remessa necessária.

> A vedação à remessa necessária, incluída pela Lei n. 14.230/2021, supera antiga jurisprudência do STJ no sentido de que qualquer sentença de improcedência ou de extinção do processo na ação de improbidade deveria ser objeto de reexame obrigatório, haja vista o microssistema da tutela coletiva, aplicando-se a lei da ação popular. O art. 17-C, §3º repete a previsão da inexistência de remessa necessária na ação de improbidade.

O item IV está errado. Nos termos do art. 22. da LIA:

> Para apurar qualquer ilícito previsto nesta Lei, o Ministério Público, de ofício, a requerimento de autoridade administrativa ou mediante representação formulada de acordo com o disposto no art. 14 desta Lei, poderá instaurar inquérito civil ou procedimento investigativo assemelhado e requisitar a instauração de inquérito policial. (Redação dada pela Lei nº 14.230, de 2021)

20. (Questão inédita) A respeito da improbidade administrativa, marque a alternativa INCORRETA:

   A. Constitui ato de improbidade administrativa que atenta contra os princípios da administração pública qualquer ação ou omissão dolosa que viole os deveres de honestidade, imparcialidade e legalidade às instituições.

   B. Se houver indícios de ato de improbidade, a autoridade que conhecer dos fatos representará ao Ministério Público competente, para as providências necessárias.

   C. O sucessor daquele que causar lesão ao patrimônio público ou se enriquecer ilicitamente está sujeito às cominações até 30% do valor da herança.

   D. Se houver indícios de ato de improbidade, a autoridade que conhecer dos fatos representará ao Ministério Público competente, para as providências necessárias.

Gabarito: alternativa C.

Comentários:

A **alternativa A está correta** nos termos do art. 11, *caput*.

> Art. 11. Constitui ato de improbidade administrativa que atenta contra os princípios da administração pública a ação ou omissão dolosa que viole os deveres de honestidade, de imparcialidade e de legalidade, caracterizada por uma das seguintes condutas: (Redação dada pela Lei nº 14.230, de 2021)

A alternativa B está correta.

> Art. 7º Se houver indícios de ato de improbidade, a autoridade que conhecer dos fatos representará ao Ministério Público competente, para as providências necessárias. (Redação dada pela Lei nº 14.230, de 2021)

A **alternativa C** está incorreta e é o gabarito da questão. O sucessor ou herdeiro estão obrigados até o limite do valor da herança ou do patrimônio transferido.

> Art. 8º O sucessor ou o herdeiro daquele que causar dano ao erário ou que se enriquecer ilicitamente estão sujeitos apenas à obrigação de repará-lo até o limite do valor da herança ou do patrimônio transferido. (Redação dada pela Lei nº 14.230, de 2021)

A alternativa D está correta e é a literalidade do art. 7º da lei de improbidade administrativa.

21. **(Questão inédita) A respeito da prescrição das ações destinadas a levar a efeitos as sanções previstas na Lei de Improbidade Administrativa, assinale a alternativa correta:**
    A. referidas ações podem ser propostas até dez anos após o término do exercício de cargo em comissão ou de função de confiança
    B. referidas ações podem ser propostas até cinco anos da data da apresentação à administração pública da prestação de contas final pelas autarquias e fundações públicas
    C. referidas ações podem ser propostas dentro do prazo prescricional previsto em lei específica para faltas disciplinares puníveis com demissão a bem do serviço público, nos casos de exercício de cargo efetivo ou emprego
    D. A ação para a aplicação das sanções previstas nesta Lei prescreve em 8 (oito) anos, contados a partir da ocorrência do fato ou, no caso de infrações permanentes, do dia em que cessou a permanência.

Gabarito: alternativa D.
Comentários:

Muita atenção!

> Art. 23. A ação para a aplicação das sanções previstas nesta Lei prescreve em 8 (oito) anos, contados a partir da ocorrência do fato ou, no caso de infrações permanentes, do dia em que cessou a permanência.

Trata-se de regra totalmente distinta da redação original, que previa três prazos prescricionais diferentes, a depender da natureza do vínculo do agente público com a Administração Pública.

Além da alteração do prazo, altera-se o **termo inicial, que se dá com a ocorrência do fato ou cessação da permanência no caso de infrações permanentes**, e não mais a partir da data do conhecimento do fato, como era no regime anterior.

22. (Questão inédita) Julgue o item a seguir:

Não configura improbidade a ação ou omissão, decorrente de divergência interpretativa da lei, baseada em jurisprudência, ainda que não pacificada, salvo se posteriormente não venha a ser prevalente nas decisões dos órgãos de controle ou dos tribunais do Poder Judiciário.

Gabarito: a assertiva está incorreta.

Nos termos da Lei n. 8.429/2021:

> Não configura improbidade a ação ou omissão decorrente de divergência interpretativa da lei, baseada em jurisprudência, ainda que não pacificada, **mesmo que não venha a ser posteriormente prevalecente nas decisões dos órgãos de controle ou dos tribunais do Poder Judiciário** (art. 1º, §8º).

23. (Questão inédita) Servidor público estadual permitiu que fosse utilizado veículo da administração pública estadual em serviço particular. Nesse caso, a conduta do servidor:

A. configura ato de improbidade administrativa que importa enriquecimento ilícito, se tiver havido dolo.

B. configura ato de improbidade administrativa que causa lesão ao erário, desde que a conduta tenha sido praticada de maneira dolosa ensejando, efetiva e comprovadamente, a perda patrimonial, desvio, apropriação, malbaratamento ou dilapidação do bem.

C. configura ato de improbidade administrativa que atenta contra os princípios administrativos, mesmo que não tenha havido dolo.

D. não configura ato de improbidade administrativa, por ausência de tipificação expressa na Lei de Improbidade Administrativa.

Gabarito: alternativa B

Comentários:

A **alternativa A está incorreta**. O ato praticado causa prejuízo ao erário.

A **alternativa B está correta** e é o gabarito da questão.

> Art. 10. Constitui ato de improbidade administrativa que **causa lesão ao erário** qualquer ação ou omissão **dolosa**, que enseje, **efetiva e comprovadamente**, perda patrimonial, desvio, apropriação, malbaratamento ou dilapidação dos bens ou haveres das entidades referidas no art. 1º desta Lei, e notadamente: (Redação dada pela Lei nº 14.230, de 2021)
>
> XIII - permitir que se utilize, em obra ou serviço particular, veículos, máquinas, equipamentos ou material de qualquer natureza, de propriedade ou à disposição de qualquer das entidades mencionadas no art. 1º desta lei, bem como o trabalho de servidor público, empregados ou terceiros contratados por essas entidades.

A **alternativa C está incorreta**. Ver comentário na alternativa B.

A **alternativa D está incorreta**. Ver comentário na alternativa B.

Escola Até a
Aprovação

escola.ateaaprovacao

editoraletramento
editoraletramento
grupoletramento

editoraletramento.com.br
company/grupoeditorialletramento
contato@editoraletramento.com.br

casadodireito.com
casadodireitoed
casadodireito

Grupo
Editorial
Letramento